中共山东省委党校（山东行政学院）精品文库

中国企业集团研究

ZHONGGUOQIYEJITUANYANJIU

■迟树功 著

山东大学出版社
SHANDONG UNIVERSITY PRESS
·济南·

图书在版编目(CIP)数据

中国企业集团研究 / 迟树功著. — 济南:山东大学出版社,2023.7

(中共山东省委党校(山东行政学院)精品文库)

ISBN 978-7-5607-7870-9

Ⅰ. ①中… Ⅱ. ①迟… Ⅲ. ①企业集团—企业管理—研究—中国 Ⅳ. ①F276.4

中国国家版本馆 CIP 数据核字(2023)第 119895 号

策划编辑 刘 彤
责任编辑 刘 彤
封面设计 杨 波

中国企业集团研究

ZHONGGUO QIYE JITUAN YANJIU

出版发行 山东大学出版社
社 址 山东省济南市山大南路 20 号
邮政编码 250100
发行热线 (0531)88363008
经 销 新华书店
印 刷 东港股份有限公司
规 格 720 毫米×1000 毫米 1/16
13 印张 225 千字
版 次 2023 年 7 月第 1 版
印 次 2023 年 7 月第 1 次印刷
定 价 100.00 元

“中共山东省委党校(山东行政学院)精品文库”出版说明

党的十八大以来,以习近平同志为核心的党中央高度重视智库建设和哲学社会科学工作,就建设中国特色新型智库、加快构建中国特色哲学社会科学作出了顶层设计和战略部署。对于党校(行政学院)如何发挥哲学社会科学研究机构和新型智库功能,习近平总书记在2015年全国党校工作会议上提出明确要求和殷切期望,希望党校根据时代变化和实践发展加强理论总结和理论创新,为发展21世纪马克思主义、当代中国马克思主义作出努力。2019年颁布的《中国共产党党校(行政学院)工作条例》在总则第二条中明确指出,党校(行政学院)是党的思想理论建设的重要阵地,是党和国家的哲学社会科学研究机构和重要智库。习近平总书记系列重要论述和国家战略规划为党校(行政学院)加快构建新时代中国特色哲学社会科学,在学习研究宣传贯彻党的创新理论中走在前列提供了根本遵循,指明了前进方向;为充分发挥科研工作基础支撑作用,促进科研智库工作高质量发展带来了崭新历史机遇。

多年来,在中共山东省委的坚强领导下,在中央党校(国家行政学院)的关心指导下,中共山东省委党校(山东行政学院)始终将学习研究宣传习近平新时代中国特色社会主义思想、推进党的思想理论建设作为自身重要职责,着力构建高水平哲学社会科学研究机构和新型智库。全体教研人员秉持“实事求是”的党校校训和党性原则,坚定马克思主义信仰和“党校姓党、对党忠诚”的政治思想境界,勇担新时代理论研究创新的学术使命,以“立时代潮头、发思想先声”的学术担当、“严谨踏实、诚实笃信”的学术风范和“初心如磐、勤耕不辍”的学术情怀,深入研究哲学社会科学领域的理论和实践问题,持续深化对马克思主义基本理论和中国特色社会主义理论体系的研究阐释，科研能力水平不断加强，科研成果数量质量持续提升，为推动党的理论创新和哲学社会科学繁荣发展发挥了重要作用，为推动山东经济社会发展作出了重要贡献。

为充分展示中共山东省委党校（山东行政学院）在哲学社会科学研究和思想智库建设方面取得的重要成果，根据中共山东省委党校（山东行政学院）与山东大学战略合作协议，由山东大学出版社出版“中共山东省委党校（山东行政学院）精品文库”（以下简称“文库”）。“文库”主要收录中共山东省委党校（山东行政学院）获省部级一等奖以上专著和获省部级奖励论文。首批出版的“文库”收录了迟树功、衣芳、钟丽娟、贾英健、王巨新等知名专家的研究专著5部，获奖论文集1部。“文库”成果涉及哲学、历史学、政治学、经济学、法学等领域，皆为作者在长期、扎实的理论研究基础上打造的精品力作，充分展现了中共山东省委党校（山东行政学院）科研工作者深邃的历史思考、执着的学术追求、敏锐的创新意识和严谨的治学态度，这也正是不断推动新时代党校（行政学院）事业高质量发展，深入推进中共山东省委党校（山东行政学院）哲学社会科学研究和思想智库建设的不竭动力源泉。

“文库”作为中共山东省委党校（山东行政学院）重大项目攻关创新的重要组成部分，是一个动态的、开放的系统。在首批出版成果的基础上，中共山东省委党校（山东行政学院）将根据后续成果情况，适时分批推出。“文库”的出版在编委会的领导下组织开展，得到了作者、相关部室研究人员、山东大学出版社的大力配合和支持帮助，在此一并表达最诚挚的谢意。

“文库”出版的组织、联络等事宜，由中共山东省委党校（山东行政学院）科研和智库工作处负责。因水平所限，出版工作难免会有不足之处，恳请读者及有关专家学者批评指正。

面向新时代，阔步新征程。中共山东省委党校（山东行政学院）将坚持以习近平新时代中国特色社会主义思想为指导，坚定不移贯彻落实习近平总书记关于党校办学治校系列重要指示精神和对山东工作的重要指示要求，锚定“走在前、开新局”，以终身为党立言、为人民做学问、为民族复兴增添思想动力为己任，围绕中心、服务大局，发挥干部培训、思想引领、理论建设、决策咨询作用，着力构建出思想、出成果、出人才的重要阵地，努力打造全国一流省级党校（行政学院），为奋力开创新时代社会主义现代化强省建设新局面作出更大贡献。

“中共山东省委党校（山东行政学院）精品文库”编委会

2022年10月31日

再版前言

《中国企业集团研究》1996年由济南出版社初版，2022年被收入“中共山东省委党校（山东行政学院）精品文库”，由山东大学出版社再版，本次再版除个别文字等技术处理，其他都未作改动。

《中国企业集团研究》是较早开展的企业集团的研究成果，也是国家社会科学“八五”规划研究项目的最终成果。《人民日报》《山东社会科学》《东岳论丛》《经济与社会发展》等多家媒体发表了周叔莲、唐昌黎等著名经济学家的评价文章，项目鉴定委员会的专家也对该项成果予以高度评价，认为“这是一项难度较大的科研课题，这项研究开辟了新的研究领域，填补了这项研究的空白点”，“这是一项既有学术价值，又有社会价值，并将会产生巨大经济效益的不可多得的有份量的研究成果”。《中国企业集团研究》获山东省社会科学优秀成果一等奖、全国城市出版社优秀图书评奖一等奖、华东地区哲学社会科学优秀图书一等奖、山东省优秀图书奖等。

《中国企业集团研究》对中国企业集团作了系统的探索研究，形成了特有的理论体系，从研究中国企业集团的发展阶段入手，揭示了中国企业集团产生与发展的轨迹，这是作出的符合我国企业集团发展历程的理论概括，对认识中国企业集团的发展史具有重要的参考价值；阐明了企业集团在行业与地区间的分布状况、类型划分、基本特点、作用、存在的主要问题及发展趋势等一系列基本问题，有利于全面正确地认识企业集团；依据生产力发展的内在要求及行业特点，严格界定了适宜发展企业集团的产业或部门，阐明了在适宜发展规模经济和实行专业化分工协作的产业都应组建和发展企业集团；阐述了企业集团结构的内涵、特点，分析了其组织层次结构，明确了优化企业集团结构应遵循的原则以及建立投融资机制和现代企业制度；从理论上弄清了企业集团规模与经济效益之间的关系、影响企业集团规模的因素，并有针对性地对我国支柱产业、基础产业和高新技术产业的企业集团规模效益进行了具体分析；揭示了企业集团形成过程中竞争与垄断的关系，推进了企业集团在规模经济基础上开展竞争，并提出了建立企业集团垄断与竞争的调节机制，也为制定相关政策和法律法规提供了理论依据；阐明了应建立适合我国企业集团特点的管理模式；科学地总结了外国企业集团可资借鉴的经验等，所形成的理论观点对我国进一步打破企业"大而全""小而全"的组织结构，促进集团成员在"专、特、精、强"基础上实现专业化配套生产的规模经济和创新力，形成集团整体开发创新能力，推动经济体制的深化改革，优化资源配置，培育企业竞争优势等起到了一定的引领作用。书中提出的一些理论观点仍对目前企业集团结构的进一步优化特别是国有企业结构重组、探索混合所有制企业集团运行模式、打造自主可控规模经济产业链、开拓更高层次的国际化、强化企业集团核心竞争力培育、不断形成新的市场竞争优势等有着积极的导向作用。这也是本书不作改动的原因所在。

我国企业集团经过长期的发展现已带动企业摆脱了"大而全""小而全"的组织结构，并走向在不断创新、优化重组中发展规模经济、规模竞争、集团协同发展、打造企业集团核心竞争力、进一步转型升级之路。

借此机会，对研究中所参考的相关文献的作者表示真诚的谢意！

作　者

2023年4月

前　言

本书是国家社会科学“八五”规划青年基金资助研究项目——“中国企业集团研究”的最终成果。该课题经过近几年的研究，于1996年上半年完成；成果除这本书外，还有《我国企业集团的规模结构及演进趋势》的研究报告。

组建和发展企业集团是生产力发展的内在要求，也是市场经济发展的必然产物。20世纪末到21世纪初，我国经济正处于追求物质的极大丰富为主要内容的增长阶段，即使有增量扩张或收缩的变化，增长的总趋势也不会改变。因此，这一时代是一个追求规模经济为主的大批量生产时代。同时，随着我国社会主义市场经济体制的建立，企业将成为市场竞争主体，参与国内外市场竞争，竞争日趋激烈，这一时代又将是一个具有高度竞争性的时代。我国企业为适应时代的这一要求，在不断实现自身积累的同时，必须走集团化发展道路，并把它作为面向21世纪的重要发展战略。

在传统的计划经济体制下，由于条块分割、“分灶吃饭”的财政体制和地方利益的驱动、缺少竞争的压力等，企业往往实行封闭式的经营方式，形成了“大而全”“小而全”的组织结构，导致分散投资、重复建设，有限的资源或本来就稀缺的资源过度分散化使用，生产要素不能在流动中得到优化组合和高效利用，浪费了大量的资源，难以形成在高度专业化分工协作基础上的规模经营，也就不可避免地会出现产品粗制滥造、劳动生产率不高、成本居高不下、开发创新能力弱化、质量难以提高、产品难成系列等问题；尤其与发达国家相比，我国企业的生产技术和设备水平还比较落后，企业的研究开发能力还相对薄弱，这些都影响了我国企业的经济效益特别是规模效益，影响了我国企业参与国际竞争能力的提高。随着我国对外开放的进一步加快，特别是加入世界贸易组织后，一个更为开放的国内外市场必然使我国企业面临新的机遇和挑战。因而,不改组传统的企业组织结构以形成“集团军”,不迅速实行规模经营,就会失去经济发展的机遇,就会落伍,就会犯历史性的错误。

总之,随着社会主义市场经济体制的建立,我国企业如何组建集团以适应社会主义市场经济的要求和参与国际竞争,是一个必须解决的问题。本书围绕这一问题进行了较全面的探讨。我国经济体制改革是一项史无前例的事业,企业组织结构的变革、企业集团的形成与发展同其他改革一样,还有许多问题没有被人们所认识,需要我们在实践中不断地加以探索和总结。

本书由七章内容构成:第一章“我国企业集团的现状”概述了我国企业集团发展的历史阶段,探讨了我国企业集团的现状与发展趋势;第二章“适宜发展企业集团的领域及其类型”不仅对适宜发展企业集团的领域及其依据作了分析,而且概括了中国企业集团的发展类型;第三章“优化我国企业集团结构”,重点在于要构建什么样的企业集团内部结构及其群体结构,探讨了企业集团结构变动的规律;第四章“企业集团规模效益分析”对影响企业集团规模的因素、确立合理经济规模的方法作了阐述,并对我国支柱产业、基础产业和高科技产业企业集团规模效益作了分析,涵盖了有代表性的企业集团规模效益问题;第五章“企业集团形成过程中的竞争与垄断关系”提出了要坚持保护竞争、防止垄断、促进联合的原则,并强调在反对集团垄断的同时,也要防止过度竞争,要探索适度垄断竞争和开展高层次竞争的发展模式;第六章“企业集团的管理问题”分析了我国企业集团的几种主要领导制度,阐述了建立适合我国企业集团特点的管理模式,以及正确处理企业集团与外部的关系问题;第七章“外国企业集团可资借鉴的经验”较全面地概括和分析了外国企业集团的类型及其在经济中的作用、外国企业集团的维系及其领导体制、外国企业集团的规模经营以及外国政府对企业集团的调控等,力图揭示企业集团发展中的共有规律,以吸取其经验教训,少走弯路,促进我国企业集团的健康发展,在国民经济中发挥其骨干作用,推动经济增长方式的转变,构造出新的经济增长点,尽快把我国建设成为世界经济强国。

本书作为一项研究成果,不足之处在所难免,希望专家和读者们批评指正。

作　者

1996 年 5 月

目　录

第一章　我国企业集团的现状

我国的企业集团，是在新旧经济体制并存与转换的背景下发展起来的。它作为现代企业的组织形式之一，在我国已经历了十多年的发展历程。企业集团的产生和发展绝不是偶然的，它在中国迅速崛起是有着客观基础的，是资源合理配置和社会化大生产高度发展的产物，是市场经济发展的客观要求，是横向经济联合发展的必然趋势，是深化经济体制改革的必然结果。

第一节　我国企业集团发展的历史阶段

发达国家的企业集团经历了上百年的演进过程，才具有了今天的形态。而我国的企业集团作为在经济体制改革中出现的新生事物，才经历了十多年的发展历程。尽管我国的企业集团不可能在较短的时期内按照理想的模式形成与发展，但按其规模、紧密程度、实力及功能的不同，大致可将其分为以下四个发展阶段。

一、孕育阶段

这一阶段即发展横向经济联合阶段。为了适应商品经济和社会化大生产发展的要求，使生产力诸要素在更大范围得到优化组合，党和国家从 1978 年党的十一届三中全会以来，制定了一系列的方针政策，鼓励、促进企业发展横向经济联合。国务院于 1980 年春提出了在国家计划指导下“发挥优势，保护竞争，推动联合”的方针；同年 7 月 1 日又作出了《关于推动经济联合的暂行规定》，这对当时一些地区和部门为改变不合理的企业组织结构而进行改组联合试点，开展企业间、地区间、城乡间多种形式和多种内容的经济联合起到了重要的指导作用。之后，国务院于1986年3月23日颁布了《关于进一步推动横向经济联合若干问题的规定》。这些方针政策推动了各种经济联营及经济联合体（企业群体）的蓬勃发展，并为后来形成的企业集团奠定了思想基础和组织基础。

二、初创阶段

在发展横向经济联合的实践中，形成了一些"三不变"（企业所有制性质不变、隶属关系不变、财政上缴渠道不变）的松散型企业联合体。这种松散的生产经营联合体尽管对促进生产要素的重新组合和提高经济效益都起到了积极作用，但同时也暴露出了自身存在的许多弊端。因此，当有些经济管理部门考察和借鉴国外企业组织管理经验，提出了组建企业集团的思路后，有些联营或合营的企业联合体开始改称"企业集团"。1987年，国家体改委和国家经委联合发布了《关于组建和发展企业集团的几点意见》，对企业集团的含义、组建原则、条件、内部管理作了规定，明确了发展企业集团应该遵循的基本原则。之后，各种形式的企业集团迅速兴起。纵观我国各种形式企业集团的形成与发展，大致有三种情形：一是由在开展横向经济联合中所形成的企业联合体发展而来的，二是由原来的行政性工业公司改造而成的，三是在1987年至1988年上半年期间掀起的"企业集团热"中新组建的。

三、完善与提高阶段

中国的企业集团是在经济体制改革中摸索着组建的，再加之其发展过多过快，缺乏充分的思想准备和物质准备，没有组建和发展企业集团的规范性要求，使组建工作带有相当程度的盲目性和草率性，因而所组建起来的企业集团明显带有不规范的缺陷，甚至除其中的少数外，绝大多数都没有突破原来行政性公司和一般松散经济联合体的格局。因此，从1988年下半年以来，各地组建企业集团开始推行规范化，各类企业集团数量上的增长已趋减缓，重点转向旨在增强内在关联度和使其结构、功能发育成型的治理整顿及深化企业改革上，使那些不具备企业集团基本条件的企业联合体（或企业群体），通过兼并、合并、参股、控股等方式，改善企业集团的组织结构和功能，完善企业集团的管理体制和经营机制，使之向深层次联合发展，出现了一批跨部门、跨地区、跨行业、跨所有制的企业集团。从结构上看，大部分企业集团以大型企业为核心或"龙头"，形成了紧密层、半紧密层和松散层等层次结构，把几十家乃至几百家企业有机地联结成一个整体；从功能上看，核心企业进一步增强了投资、设计、开发、创新功能，其他成员企业的优势也得到了进一步的发挥，从而由“大而全”“小而全”转向了“小而专”“大而专”，扬长避短，形成了优势互补的群体优势，企业集团逐步成为名副其实的企业集团。

四、基本成熟阶段

经过前三个阶段的发展，尤其是通过国家一系列促进企业集团发展的政策措施的扶持和引导，企业集团已在许多方面显示出独特的作用。但由于未能彻底解决经济体制中一些深层次的问题，我国企业集团的发展一直未有突破性进展。进入20世纪90年代后，特别是1991年国务院71号文件《国务院批转国家计委、国家体改委、国务院生产办公室关于选择一批大型企业集团进行试点请示的通知》下发以来，党中央和国务院对试点工作非常重视并寄予厚望，在国务院的直接领导下，用较短的时间基本完成了第一批试点企业集团(55家)的组建，办理了工商登记等手续；同时，国务院有关部门按照国务院71号文件的要求，积极制定配套政策措施，到1992年底，出台了10个配套办法；1994年，新税制实施后，国家税务总局及时对试点集团统一合并纳税作出了规定。到目前为止，因特殊原因人事管理办法尚未审定，其他配套办法均已出台。在落实配套政策过程中，有关综合部门和行业管理部门大力扶持，使符合条件的企业集团按规定落实了相应的配套办法。在现有的56家试点企业集团中，有54家企业集团享有自营进出口权，46家企业集团获得了外事审批权，36家企业集团在国家计划中实行单列，33家企业集团成立了财务公司，22家企业集团按规定由集团公司实现了统一纳税，7家企业集团进行了国有资产授权经营的试点。这些配套政策的落实，以及社会主义市场经济体制的确立，建立现代企业制度，确认企业的法人财产权，明晰产权关系，为国有企业的公司制改造创造了条件，有利于扩大企业经营自主权，推动企业集团股份制的发展，理顺企业集团内部的资产关系，彻底突破“三不变”状况，形成有中国特色的企业集团的结构模式、群体管理体制、集约化经营管理体系、集团运营机制，以及规范政府对企业集团的管理，改善企业集团的外部环境，从而使我国企业集团进入基本成熟、健康发展的时期。

第二节 我国企业集团的现状与发展趋势

一、我国企业集团在行业与地区上的分布状况

自1987年国家体改委、国家经委印发《关于组建和发展企业集团的几点意见》后，各地区、各部门迅速掀起了组建企业集团的高潮。据国家体改委对36个省、自治区、直辖市和计划单列市的统计，到1988年底，经地市级以上政府有关部门批准并在工商行政管理部门注册的企业集团就达1630家。另据有关资料，到1992年，在各级工商行政管理部门登记、注册的企业集团达2500多家，其中形成较大规模且经济技术条件较好的大型企业集团有100多家。在1995年评选的“中国脊梁”——国有企业500强中，前10名中就有5家企业集团(宝山钢铁集团公司、中国华东电力集团公司、中国华北电力集团公司、中国东北电力集团公司、中国华中电力集团公司)。

企业集团在部门、地域分布上越来越广。从部门分布情况看，除起步较早、发展较快的机械、轻工、电子、纺织等行业组建了大批企业集团外，化学工业、原材料工业、建筑业、交通运输业、商业、金融业、服务业、农林牧渔业、旅游业和兵器工业等部门，也组建了一批企业集团。从地域分布情况看，企业集团发展具有不平衡性。尽管内陆地区也发展了一些企业集团，但其表现出了发展的滞后性，而经济发达的东部地区，尤其是沿海、沿江对外开放地区，如广东、上海、辽宁、江苏、浙江、山东等地的企业集团发展迅速。

二、企业集团的类型划分

当前，我国对各地区、各部门组建的企业集团，尚无统一的方法和标准进行规范化的分类。因而，人们从不同的角度，用不同的方法，将我国的企业集团划分为多种类型。例如，有的按生产技术联系、按其产出、按工艺构成、按行业构成、按经营区域来划分，也有的按成员单位的所有制构成、按主导企业联合形式、按集团公司与成员企业的财产关系及管理关系、按联合紧密程度、按法人数量等来划分。可以说，目前企业集团分类方法异常杂乱，相互之间交叉重复较多，而且有些方法很不适宜，给企业集团的统计、综合分析研究以及科学分类、综合管理等带来一定的困难。因此，有必要研究企业集团的科学分类方法，以便于进行划分、统计和分类管理。基于这一考

虑，我国企业集团可作如下分类。

按成员企业所涉及的地域和部门进行分类，企业集团可分为跨国企业集团(包括跨国贸易型、跨国金融型和跨国工业型)、全国性行业集团、地区性行业集团、跨地区跨部门集团等。通过此种类型的企业集团可以看出生产力诸要素配置与重组的广度和深度。

仅从成员企业所涉及的部门来划分，可把企业集团分为工业企业集团、商业企业集团、工商企业集团、工贸企业集团、工农企业集团、农工商企业集团、工运企业集团、银企集团、科研生产型企业集团、军民结合型企业集团等。

按联结纽带进行分类，可将企业集团分为两种类型。一是以资金联合为主要联结纽带的股份制企业集团。实践证明，以股份制形式组建的企业集团，集团成员之间以资产为联结纽带，从而同命运，共呼吸，一荣俱荣，一损俱损，有利于形成向心力、凝聚力。二是以经济合同、协议等为联结纽带的非股份制企业集团。目前，此种类型的企业集团占企业集团总数的绝大多数。非股份制企业集团在产权关系、管理制度等方面存在着种种缺陷，难以形成聚集各方优势和促使联合优势得以充分发挥的经营机制。因此，创造条件，促使此类企业集团向以资金联合为主要联结纽带的股份制企业集团转化，并不断完善、提高和发育成型，是非常重要的。

按企业集团组建的目的和功能进行分类，可将企业集团分为以下七种类型。

一是为生产名优产品而组建的专业化配套协作型企业集团。它以名优产品为“龙头”，以主导企业为依托，把一大批相同或相关的产品生产企业和零部件企业联合起来，实现主导企业和配套企业的密切配合，形成适度规模生产经营，以开发和扩大名优产品的生产。如我国的“一汽”“二汽”“重汽”等汽车工业企业集团就属于这一类型。

二是科研生产型企业集团。它是科研单位、高等院校和企业为开发新产品，推动产品不断升级换代，以及推进高技术产业的发展，配置现有科技力量，融通相关学科技术，实现科研生产紧密结合，而实现彼此联合所形成的一种新的科技经济组织。这种类型的集团在我国已受到普遍的重视，显示出了较强的生命力。它的形成与发展对现代科技尤其是电子技术、新能源技术、新材料技术、激光技术、空间技术、生物工程、遗传工程、海洋工程等的研究、开发和应用，都将会产生积极的作用。

三是集约型企业集团。它是为了对资源进行综合利用和深层加工，提高经济效益而建立的企业集团，其内部对人、财、物和供、产、销实行统一管理，统筹协调和平衡。在我国，石油化工企业率先联合组建了这类企业集团。一些石化企业打破行政隶属关系，按照经济合理原则，在一定区域内使炼油、化工、轻工、电力等相关企业实现组织结构的重构与优化，组成了一批石油化学工业企业集团。

四是工商结合型企业集团。这类企业集团以最终产品为纽带，跨越不同的部门，实行关联性生产经营，使供、产、销企业紧密地结合在一起，发挥各自的优势，实现优势互补，从而加速生产的发展，扩大商品流通，获取较大的综合效益。在这类企业集团中，既有为了促使原料供应、加工、销售一条龙协调发展的供产销型企业集团（农工商企业集团就属于这一类型），也有一些仅为促进原材料供应与生产协调平衡发展或生产与产品销售协调平衡发展而组建的供产型或产销结合型企业集团。

五是服务型企业集团。它是为企业生产经营提供技术、管理、信息等各种服务而组建的。这类企业集团又可分为两种：由科研、教育、设计、工艺生产、工具制造、生产经营、设施租赁、信息咨询、维修等企事业单位联合形成的为企业提供服务的企业集团和联社企业集团。联社企业集团是以联社企业为主导企业，吸收相关的企业（主要是集体企业，特别是二轻集体企业）和个人组成的集团，主要利用联社所拥有的资金、技术、经营手段等为其成员单位提供生产、咨询、供销、信息等多种服务。

六是综合型企业集团。这类企业集团多以大型骨干企业或科研、设计单位为依托，联合一大批同类企业或相关的技工商贸及金融等企事业单位，在较大范围实行跨地区、跨部门、跨所有制的高层次的科研、设计、生产、金融、商贸、服务等多角化结合的巨型经济组织形式，形成新的强大的联合优势，具有较强的市场竞争力。

七是外向型企业集团。这种类型的企业集团把发展外向型经济作为战略目标，其生产经营活动主要面向国际市场，生产经营成果的大部分乃至全部是通过国际市场交换得以实现的。它一般包括直接出口的企业集团、经由外贸企业代理间接出口的企业集团以及各种工贸、技贸、农贸、贸工农结合式的企业集团等。其中，有些外向型企业集团以大中型骨干企业的名优产品为纽带，把相同和相关的企业组织起来，实行统一出口商标、统一标准、统一经营、统一价格，实现生产要素的优化组合，消除企业在对外经济活动中的内耗，避免同类产品多头出口、竞相压价，从而提高出口企业的劳动生产率，降低消耗，不断提高产品质量，增强开发创新能力，增强对国际市场的应变能力，使产业结构和出口产品结构与国际市场需求结构保持适应性，争得在国际市场上的有利竞争地位，多创外汇，引进先进技术和必需的设备以装备国民经济各部门，增强自我发展的能力，加快我国现代化建设的进程。

三、中国企业集团的特点

企业集团是适应现代市场经济和社会化大生产的客观需要而出现的一种具有多层次组织结构的经济组织。组建企业集团实质上是对我国企业组织体制进行的一次重大改革。我国企业集团在发展过程中表现出以下特点。

1.法人多元的群体结构

企业集团不是一个单一的经济实体或企业法人，而是由多个法人组成的联合体。这些法人并不局限于企业，也可以是科研单位、高等院校、基金会等。企业集团与企业性公司相比，企业性公司是一个独立的经济实体、企业法人，其下属分公司和工厂不具有法人资格。

2.组织的相对稳定性

从实质上讲，企业集团也是联合体，不过它是一种最高级形式的联合体。一方面，表现为这种联合方式是全面的、长期的，即企业集团的合作可以涉及生产经营业务的各个方面，而且参加企业集团的企业之间要长期协调合作；联结的纽带是稳固的，由于多以契约、资产为联结纽带，尤其以资金投入为最主要的联结纽带，成员之间通过持股、控股、融通资金等方式紧紧地联系在一起，并由此派生出成员彼此间互派人员及生产、技术、销售等方面的联结纽带，使集团成员之间形成了生产经营上风险共担、利益共享的关系。另一方面，企业集团拥有自己特定的联合章程、管理机构、控制协调手段、规章制度以及分配方式等，形成了自己相对独立的控制机制，使这一经济机体得以正常运行。因此，企业集团具有稳定性。

3.组织结构的多层次性和高度专业化

企业集团拥有一定数量的成员企业，并且彼此间依据一定的经济技术关系，即联结纽带，形成了紧密程度不同的多层次结构，包括核心层、紧密层、半紧密层和松散层。企业集团核心层的企业一般是大型骨干企业或控股公司，是自主经营、独立核算、自负盈亏、照章纳税、能够承担经济责任、具有法人资格的经济实体。在核心层企业的外围首先是紧密层，它与核心企业有着紧密的资产联结关系；其次是紧靠紧密层的半紧密层，该层次企业是准集团成员，核心层企业、紧密层企业与这些企业有参股关系；最后是最外层，即松散层，是一批有协作关系的企业。企业集团的这些组织层次，从内到外经济联结程度逐渐松散。

企业集团的组建克服了企业“大而全”“小而全”的组织结构，形成了高度专业化的分工协作关系，企业间的分工范围不断扩大，分工更加精细，协调劳动的空间得以扩延，而且企业集团是建立在现代物质技术基础（包括现代的技术装备、先进的工艺、工程技术、管理技术以及现代信息手段等）之上的先进生产力的集合，小生产和分散企业之间的分工协作无法与之比拟。

4.面向多角化经营

企业集团成员通常实行专业化经营，但企业集团作为一个整体，日益显示出多样化经营的取向。越来越多的企业集团努力适应市场经济需求，坚持一业为主，多角化综合经营，表现为在一、二、三产业中广泛开展经营，既从事各种原材料生产，又经营加工制造业；既经营商业服务业，又经营交通、银行、保险业；既经营国内贸易，又经营对外经济贸易。实现多角化经营的途径，一是根据产品的“工艺相近，结构相似，技术相通”的原则，注意发挥集团成员企业原有的技术、设备和人才等方面的优势，努力在本行业内增加产品的种类，实现横向多样化经营。二是把集团成员企业所需的原材料、零部件或后续产品结合起来生产，实行纵向多样化经营。按其发展方向不同，又有三种形式：(1)前展多样化经营。改变原来只生产半成品、成品的状况，根据其可能性和可行性，延伸到自己生产原材料或零部件。(2)后延多样化经营。根据市场需要和生产技术条件的可能，由原先只生产原材料或零部件，改变为自己直接生产成品销售。(3)前展后延多样化经营。改变原来只生产半成品的状况，既实行前向由自己生产原材料或零部件，又同时后延由自己生产成品。企业集团在实行产品生产专业化基础上，实行产品生产多样化，这不仅可以减少竞争带来的经营风险，而且可以充分利用集团的生产能力，开展综合利用和节约一些共同费用，提高竞争力。三是打破部门界限，发展跨部门的混合多样化经营。它可以避免在单一行业领域中可能面临的巨大经营风险，而且还有利于原有设备、技术、人才优势的充分发挥，因此成为各类企业集团普遍采用的经营战略。

5.发展跨国生产经营

随着我国对外开放的进一步扩大以及市场竞争的日趋激烈，许多企业集团尤其是大型企业集团一般并不局限于国内市场，而是积极向外拓展，努力发展成外向型企业集团，甚至演进成跨国企业集团，形成成员企业的多国性，生产经营的多样化、广泛性，生产经营活动逐步涉及世界经济生活的各个领域，推动各国间的生产、资本、商品、技术、劳务和劳动力的交流，在世界范围内寻求资源最佳配置，提高经济领域的国际化水平。

6.发挥国有大中型企业的骨干作用，促进资源的合理配置

我国发展企业联合，组建企业集团，十分重视依托国有大中型企业，充分发挥国有大中型企业的骨干作用，带动小型企业、乡镇企业共同发展，促进资源在全社会范围内的合理配置、高效利用。

国有大中型企业是我国社会主义市场经济最重要的物质技术基础，是国民经济的支柱，是国家财政收入的主要来源。从数量上看，我国拥有国有工业企业 10.22 万家，其中，大中型工业企业 15211 家，仅占全国国有工业企业总数的 14.9％、全国工业企业总数的 0.15％。这是一个较小的比重，但它拥有的固定资产约占全国的 65％，产值约占 45.6％，实现利税约占 60％以上。在十几个主要重工业部门内部，大中型企业产值占比都超过 50％（电力工业占 88％，钢铁工业占 79％，交运设备占 62％，煤炭、炼焦占 60％，化学工业占 54％，机械工业占 52％）。目前，我国的原油、铁路机车、货车、客车、飞机几乎全部由大企业生产；发电设备、成品油、钢、20 马力以上的拖拉机的产量，大中型企业占 90％以上；大宗主要工业消费品也多为大中型企业所提供。不仅如此，大中型企业的潜力还很大，不少企业有 20％～30％的生产能力没有发挥；许多产品处于 20 世纪七八十年代的水平，也有部分产品达到 20 世纪 90 年代的水平，投入产出比与国际先进水平也差不多。它们的底子厚，设备较先进，技术力量强，管理水平较高，有集约经营和技术进步的优越条件。因此，组建企业集团，以大中型国有企业为依托，发挥其主体骨干作用，将其优势向小型企业尤其是乡镇企业辐射，并实现彼此间的分工协作，国有大中型企业的巨大潜力就会得到较充分的发挥，同时扶持小型企业和乡镇企业迅速、健康发展，充分发挥它们的优势和特长，弥补大中型企业在生产经营方面的不足，有效避免彼此争能源、争材料、争市场、盲目生产等现象，从而变分力为合力，获取较大的规模效益。

四、中国企业集团发展所产生的作用

我国企业集团兴起与发展的时间还不长，尽管还存在着许多问题，但所具有的优势和产生的积极作用日趋明显，主要表现为以下六个方面。

第一，企业集团的兴起与发展，促进了企业组织结构的合理调整，推动了企业的技术进步和劳动生产率的提高，加快了生产发展，提高了企业经济效益。在计划经济体制下，我国企业受条块分割的束缚，长期处于封闭状态，自成体系，形成了极不合理的企业组织结构，该集中生产的集中不起来，形不成规模经济，该分工协作的又分不开来，形不成高效率的专业化协作体系，造成了企业的“大而全”“小而全”状况。这种企业组织结构不可能具备生产经营所需的条件，高度分散化难以扩大生产规模，不利于取得最佳经济效益，也很难适应千变万化的市场需求。企业实行联合，组建企业集团，打破了条块分割、地区封锁的状况，集团成员之间实行高度的专业化分工。其中，大中型骨干企业技术力量雄厚，设备比较先进，管理水平较高，检验手段先进，设计开发能力强，可以负责生产产品的主要部分以及产品整体设计、装配、调试等，中小企业可以承担某些零部件的加工任务，实行严密的专业化配套生产，从而推动企业由“大而全”“小而全”转向“大而专”“小而专”，实现技术进步，提高设计、开发能力和劳动生产率，降低生产费用，提高规模效益。如一汽通过重组东北 7 家轻型车厂，实行高度的专业化分工协作，推进集团化生产经营方式，迅速形成 10 万辆以上的轻型车生产能力，做成了国家想做而没有做成的事，获得了巨大的规模效益，增强了市场竞争力。

第二，企业集团的兴起与发展，有助于促进产业结构、产品结构的调整。由于企业集团是一个庞大的企业群体组织系统且具有组织灵活的特点，它可以容纳多种所有制企业（全民所有制企业、集体企业、个体企业和外资企业等）的联合、多方位企业（跨地区、跨部门、跨行业、跨国界等）的联合、多内容（人、财、物和供、产、销等）的联合，这在客观上有利于企业集团在国家宏观调控政策的引导下进行合理规划布局，把生产力诸要素从狭小的圈圈和框框里解放出来，按照国民经济发展的要求进行新的组合和不断的调整，减少盲目生产和重复布点现象，有重点地向某些产业发展，同时紧缩另一些产业，使产业结构和产品结构在更大的范围内得到调整，使之趋向合理化。在实践中，一方面，一些新组建的企业集团往往是新兴产业和新产品的开拓者，它们的兴起和发展在经济结构调整中起到了积极的推动作用；另一方面，通过组建企业集团，不论采取兼并、合并或承包来壮大集团核心企业的方式，还是采取参股、控股等来壮大紧密层、半紧密层的方式，都可使现有存量资产流动起来，把原来单个企业占有、使用的资产变成企业集团可以合理配置的资产，从而使长期闲置、半闲置、利用率低的资产在合理流动（表现为资产形成合理的流向、流量）中得到充分高效的利用，甚至做到在少增或不增投资的情况下，通过优势互补把国民经济薄弱的、短缺的方面和环节尽快建设起来，使失衡的产业结构、产品结构得到必要、合理的调整，以取得过去单靠新增投资调整产业结构、产品结构所难以取得的效果。

第三，企业集团特别是科研生产型企业集团的形成与发展，加强了教育、科研和生产之间的联系，促进了科技进步和经济建设的发展。国外资料显示，现代工业劳动生产率的提高，有70%左右是靠科技进步实现的。因而，发达国家都把企业集团建成经济与技术的结合体，并用大量的财力、物力和人力建立新技术、新产品研究开发中心，把科技开发与应用作为提高产品竞争力、开拓商品市场和增加利润的重要手段。在我国，由于受计划经济体制的束缚，长期以来科研与生产“两张皮”，彼此之间严重脱节。据1983年统计资料，我国共有科研机构9344个，科研人员120万人，其中60%以上的科研机构独立于企业之外，80%以上的科研人员吃国家的“大锅饭”。至今这种状况也没有多大改变，造成科研单位没有参与企业生产经营活动的积极性，从根本上说缺乏动力和压力，带来的后果是科研单位不熟悉企业的生产经营状况，不了解消费需求的现状和动态，无法使自己的科研工作灵活地适应经济发展的要求；科研单位与生产企业没有共同的利害关系，不能做到休戚与共，缺乏为各类企业提供急需、适用、先进的科研成果的活力；科研单位没有企业为依托，中间试验和工艺研制力量薄弱，提供的技术往往是不完善的，不是应用得慢，转移周期过长，就是成本过高，技术上无法配套，很难在生产中推广应用。凡此种种，我国的科研机构一方面拥有相当雄厚的科研力量；另一方面，工业的技术力量又十分薄弱，许多科技成果难以运用到生产中去，阻碍着科研成果由潜在的生产力转变为现实生产力的进程，制约着经济的发展。企业集团的发育成长必然把科研单位同生产企业联系起来，将科研和生产融为一体，科研单位和生产企业具有共同的利益，利润共享，风险共担，一荣俱荣，一损俱损，利益纽带把它们紧紧地联系在一起，为开发新产品、新技术，开拓新的市场而共同努力。在统一的经济组织内，各方不是各自为政进行科研和生产，而是有计划、成系列地进行合作，既制订近期实施计划，又具有长远发展规划，并针对科研和生产中的问题和发展方向，有重点、有步骤地组织实施，克服了以往的随意性，使科研、设计、生产、推广和应用紧密衔接，实现了人力、物力、财力和智力的有机结合，不仅大大缩短了科研的周期，强化了科研的针对性和应用性，而且能够使处于知识形态的科研成果迅速进入生产过程，转化为现实的生产力，推动经济建设的发展。同时，有利于提高企业素质，不断提高经济效益和社会效益。企业的发展，要靠企业素质的提高，关键是企业中劳动者素质、技术素质和管理素质的提高。组建企业集团，实现科研与生产的紧密结合，集大批优秀的科技人才于一体，形成较强的科技力量，生产企业就可以充分利用科研单位和高等院校的科技优势，提高企业进行技术改造、新产品研制和开发的能力，同时提高技术引进、消化、吸收能力，不断提高产品质量和劳动生产率，降低生产成本，提高产品竞争力，增强企业应变能力，从而获得较高的经济效益和社会效益。又由于企业集团推动人才的联合，促使人才合理流动，使科研单位、高等院校和企业拥有的各种人才集聚在一起，实现合理的智力结构，取长补短，相互促进，协同攻关，容易形成巨大的科技优势，对于充分发挥科技人员的才能，提高整个科技队伍的素质和科研效率，开发新技术和尖端技术，都会产生积极的作用。

第四，企业集团尤其是外向型企业集团的组建与发展，提高了我国产品在国际市场上的竞争力，促进了外向型经济的发展，增强了参与国际经济大循环的实力。我国部分企业集团正在朝外向型企业集团的方向发展，有的已经具备跨国企业集团的雏形或成为名副其实的跨国企业集团。到 1991 年底，中国各类企业集团在境外 100 多个国家和地区兴办的非贸易性独资、合资企业已达 1008 家，累计协议投资总额达 33.49 亿美元，其中中国直接对外投资额已近 14 亿美元。这些外向型企业集团包括：由工贸一体化的外向型企业集团，即以一个或几个大型骨干企业为核心，联合一批在经济技术上有密切联系的企业，生产一种或几种产品并通过自己的销售网络打入国际市场；外贸联营型企业集团，即以一个或几个外贸企业为依托而联合起来，主要为众多的中小企业提供出口服务的企业集团；交通运输型外向型企业集团，即主要以从事国际间海运、空运的公司为依托，联合一批为其服务的企业而形成的企业集团；金融投资型外向型企业集团，即由金融企业通过在国内外投资新建、参股、兼并等形式不断向其他行业发展，进而形成了金融与工商企业紧密结合的外向型企业集团，如中银集团、中信集团等；劳务输出和对外服务型外向型企业集团等。这些企业集团的建立和发展将分散条件下许多企业独具的优势聚集起来，做到扬长避短，趋利避害，实现优势互补，变分力为合力，由小优势变为大优势，形成具有强大实力的能与世界众多强手相抗衡的生产经营者；同时，有利于统一对外，消除内耗和盲目竞争，提高在国际市场上的竞争力。我国在外贸改革中下放了经营权，造成了很多平行的外贸组织，交叉经营太多，出口过于分散。在缺乏有效协调和严格管理的情况下，必然会出现自相竞争、互相倾轧的问题。事实上，平行经营组织太多，也很难协调和管理。因此，除了完善许可证制度及配额管理外，还需要重视组建和发展外向型企业集团。一方面，使外贸企业在更大范围和更高层次上优化组合，强化经济联系，实行对外经营统一的计划、组织和协调，内联外挤，可以消除外贸企业因自相竞争造成的内耗，增强在国际市场上的竞争力；另一方面，可以避免由于国内乱报价和自相竞争产生混乱而给外商带来麻烦和不便，提高我国外贸组织的信誉，增强外商的经营信心和积极性，赢得客户，反过来又为我们做好对外经营创造有利条件。

第五，企业集团的组建与发展，推动经济体制改革的不断深入，促进政府经济管理部门对企业以直接管理为主转变为以间接管理为主，有利于加强和完善宏观经济调控。企业集团依据经济技术联系，跨地区、跨部门、跨所有制组建，这对现行的以政企不分、条块分割为重要特征的经济管理体制恰恰是一个有力的冲击。企业集团的出现和发展使各类经济部门的不适应性都会暴露出来，计划、统计、财政、税收、银行、物资、人事、劳动工资等部门都会面临如何适应这个新生事物的问题，包括其职能、管理方式、手段以及人的思想观念都会发生相应的变化，从而推动经济体制改革的不断深化。

由于现代社会化大生产及市场经济的复杂化，国家面对数以百万计的企业，客观上只能以间接控制为主，而且要有重点地进行管理。企业集团成为国家宏观调控和微观搞活的连接点，将为国家对企业以间接控制为主的宏观管理提供有利条件。企业集团一般是以大中型骨干企业为依托组成的，由于大中型骨干企业领导班子素质较好，政策观念强，因而以大中型骨干企业为核心的企业集团能够较好地处理眼前利益和长远利益、局部利益和全局利益的关系，自觉带领企业集团的其他成员按照经济规律、国家法律和政策办事；国家可以通过企业集团影响整个行业中众多大中小企业的经济活动，发挥行业中的支柱作用，从而提高国家宏观管理效应。那些已在国家计划中实行单列的企业集团，可以迅速地了解国家政策和规划意图，并直接同国家有关部门对话，减少中间环节，提高运营效率。

第六，企业集团将成为我国经济发展的主力军和远征军。由于我国企业集团组建的时间不长及在建立企业集团的外部环境上还存在一些不成熟因素，因而目前企业集团在我国还没有占据应有的重要地位，但其对我国经济发展将会产生的举足轻重作用是不容置疑的。这还可从国际经验中找到答案。在经济发达国家，企业集团几乎都已成为经济战线上的主力军和远征军，其资产在整个经济中占有较大比重。例如，据统计，1989 年日本六大企业集团（三菱、三井、住友、富士、三和、劝业）的企业数（指参加集团社长大会但除金融机构外的 163 家大企业）只占日本企业总数的 0.008%，但其资本金占全国企业总资本金的 17.24%，资产在全国企业总资产中占 13.54%，销售额占全国总销售额的 16.23%。九大综合商社进口占全国的 64.7%，出口占 36.6%。可见，企业集团在发达国家经济发展中占有无可置疑的主力军作用。同时，企业集团又是参加国际市场竞争的远征军。当今世界能够率先打入国际市场，在国际市场上最具有竞争力的，都是实力雄厚的企业集团。例如，以美、英、荷三国资本为基础的石油行业七大公司曾一度垄断了世界石油市场，而这些大石油公司都是三国财团（企业集团）的骨干企业。进入20 世纪六七十年代后，日本的汽车、家用电器、手表、照相机迅速打入了世界各国市场，这些产品的主要制造者几乎全部是企业集团的成员。总的来看，依据国际经验以及我国企业集团建立与发展所产生的作用，随着我国新旧经济体制的转换、现代企业制度的建立与完善，企业集团将成为我国经济发展的主力军和远征军。

五、我国企业集团存在的主要问题

企业集团作为一种现代企业组织方式，在我国已经历了十多年的发育成长过程。它作为一个热点课题，尽管至今仍是毁誉参半，众说纷纭，但认真地加以探究，不难看出主流是健康的，成就是主要的。当然，也确实存在着一些亟待解决的问题。这些问题主要表现为以下五个方面。

1.组建与发展过程仍带有很大的盲目性

一是认识不足，盲目组建。在有些部门或地方，企业对“企业集团”概念还没搞清楚，组建目的仍不明确，不懂得组建企业集团的根本目的在于优化生产要素组合，合理配置经济资源，进行专业化分工协作，提高规模经济效益，就急于联合组建企业集团，仓促办理注册登记，领取营业执照。也有些地方、企业主管部门及企业急于组建企业集团并不是为了使经济资源在合理流动中实现优化配置，形成规模经营，增强市场竞争力，而是为了获取政府的某些优惠政策，使自己得到某些短期利益。二是在组建形式上，当前的企业集团大多是零部件扩散式联合和经营要素互补扩延式联合，缺少以产权为联结纽带的资产经营一体化的紧密聚合形式。许多企业集团仅仅依靠合同、协议等形式过日子，集团成员之间只有经济利益的吸引，没有经济责任的硬约束，极易产生有利则合，无利则散，大牌子底下各干各的情形。三是在集团发展态势上，有时带有一哄而上的“运动式”色彩，盲目地追求数量，对建立和发展企业集团的可能性、可行性研究缺乏深入细致的工作，存在一定的盲目性。许多像这样一哄而起的企业集团，终因组建的基础不牢固，经济关系不顺，矛盾难以解决或迅速解体或名存实亡。

2.在联合方式上存在着某种企业集团的行政化倾向

企业联合组建成集团，应遵循自主、自愿原则和扬长避短、形式多样、互利互惠、共同发展的原则。只有这样做，才会增强企业集团的凝聚力，少走弯路，健康发展。而我国许多企业集团的组建并未遵循上述原则，而是采用行政手段捏合的，缺乏内聚力。有些地区、部门以“转变职能”为名将行政性公司翻牌为企业集团，有的地方这种“企业集团”占其企业集团总数的一半以上；也有些是行政性公司和该行业的主导企业合并成为集团主体，或以政企合一的公司为主体，联合行业中其他企业组成集团。这些企业集团在组织形式上维系着政企合一的形式，在管理上体现着纵向行政隶属关系。由于这不符合经济发展规律，因而必然导致集团成员貌合神离，缺乏内聚力。

3.没有冲破传统的封闭式管理方式，条块分割是横向经济运行的主要障碍之一，严重阻碍企业集团的发展

近年来，社会上打破“三不变”束缚和突破条块分割体制的要求日益强烈，国家有关部门也对此作了一些政策规定。如明确提出“组建企业集团要打破部门、地区、行业、所有制界限，促进企业组织结构合理化”，“要在自愿互利、符合社会需要和互有需要的基础上，由企业自主组建集团”，并强调“各地区和各部门应积极引导和支持本地区、本部门的企业，跨出地区和部门参加集团，并应一视同仁，继续使企业享受所在地区和主管部门的同样政策和待遇。参加企业集团的独立科研、设计单位，亦应继续享受原来的政策待遇”，等等。而由于企业集团组建过程中存在着行政性倾向，主管部门过多地运用行政手段干预企业联合，规定谁与谁不能联合，谁与谁必须联合，

以及资金、技术、物资、劳务等市场发育不健全，许多资源仍依赖主管部门的分配；加之财税体制实行分税制这个容易形成本位利益观念的办法，致使企业集团成员实际上很难突破“三不变”的束缚和条块分割约束。如有些地市80％左右的企业集团还没有突破“三不变”的限制，多数局限在本地区、本行业范围内，这样也影响了企业集团规模的扩大。在“三不变”基础上形成的企业集团，由于隶属关系不变，不仅无法使加入集团的成员形成资产经营一体化的经济实体，而且不利于核心企业把重要的协作配套企业组织成为集团的紧密层，不利于破除在人事安排上按各方利益大小排座次的陈规。这样组建起来的企业集团表面上是新型的经济组织，实际上缺乏向心力。企业集团是多个企业法人联合形成的现代经济组织，非常适合采用股份制形式，但在所有制关系不变的条件下，要通过股份制形式组建企业集团，处理集团内新的财产关系及相应的权力关系，建立强有力的资产联结纽带，都是十分困难的。这种在经济联系上缺乏资金联结纽带，在组织结构上缺少紧密层的状况，是不可回避的一大缺陷。

4.国家与企业集团的关系仍未完全理顺

一是国家对企业集团如何管理的问题仍未解决好。如国家对企业集团的投资功能和融资功能尚未放宽政策；在管理中，有的企业集团在各级政府计划中实行单列，包括全面单列和部分单列，有的却不实行单列。这就会形成市场竞争的不平等条件，造成企业集团之间不平等竞争的矛盾，导致生产、经营、财政和科技管理不协调的矛盾，不利于企业集团的发展和管理。二是对企业集团的成立多头审批，造成了各自为政的混乱状态。从上到下各级政府可以审批，同级政府中体改委、经协办、经委、计委等也都可以审批，结果是谁都可以管，又谁都不管。三是企业集团的组建和发展缺乏法律保障。国家和地方都没有根据企业集团的建立与发展需要及时制定相应的法律法规，而仅凭联合合同、协议或章程等来维系，极不牢靠，政策变动、体制转换、市场变化、经济结构调整、管理者更换、交通运输不畅等都有可能成为撕毁合同、协议，退出集团的理由，这就不利于长期行为的积累，有碍于企业集团稳定、长期、健康地发展。四是政府职能部门对企业集团组建与发展的引导、监督、制约不够，以致有的企业集团走向歧途，产生了不健康的经营意识。如有的企业集团在享受计划单列和自主经营权后，既缺乏自我约束机制，又缺少接受社会监督的自觉性，甚至拒绝工商、财税、审计、金融等部门的监督。有的地方经济管理部门对企业集团缺乏管理的主动性、严肃性，为维护地方和行业的某些利益而不严格履行管理职责，失去了应有的引导、监督、协调、制约作用。

5.集团内部管理体制不规范，某些内部关系尚未理顺，不能充分发挥集团的整体功能

在集团内部管理体制方面，目前部分集团公司虽然名为“公司”，但原工厂制的管理体制没有得到相应的改变，不符合企业集团的规范化要求；部分企业集团在改组过程中不能根据行业及产品的特点、生产经营实际情况设置内部管理机构，存在形式主义；部分企业集团不仅经营管理系统不健全、综合功能差，而且缺乏科学管理，集团章程对内部管理关系及规则规定不明确，制约力不强，没有形成一整套科学的集团内部管理制度；也有部分企业集团在组织集团化经营中仍延续传统的企业管理方法，以对人、财、物、供、产、销六统一的行政管理方式来管理企业集团成员的生产经营活动。

在集团内部仍有未理顺的关系以及亟待改进和完善的方面。主要表现为：

第一，部分企业集团缺乏高标准严要求的工作作风，规章制度不落实，生产秩序和工作秩序混乱，甚至经营思想仍旧沿袭“经营靠计划，盈亏靠财政，发展靠政府”的工作思路，缺少开拓、占领市场的竞争意识和积极主动的创业精神。第二，许多企业集团经济实力不强。即使在现有国家试点企业集团中，部分企业集团的规模实力依然很小，在国内市场上尚不能称雄，甚至还有个别企业集团已陷于微利、亏损的困境。那些已跻身国家500强企业的大集团也难以与国际强手相抗衡。第三，一些企业集团缺少真正的核心企业。一种情况是本无名优“龙头”产品及技术、资金等优势而拼凑起来的企业集团，其中无一家成员企业有能力发挥核心企业的作用；另一种情况是把成员企业共同出资建立的联营公司作为企业集团的核心企业，实际上联营公司可以为成员企业服务，但起不到核心企业的作用；还有一种情况是把行政性公司作为集团的核心企业，由于它主要起行政管理作用，不能承担核心企业的任务。第四，不少企业集团没有形成紧密层，更没有形成多层次的组织结构，因而无法进行生产要素的优化组合和产品结构的合理调整。第五，许多企业集团缺乏资产联结纽带，造成成活率低，稳定性差。究其原因，主要是联结纽带脆弱。有的企业集团把分物、分钱和下达计划等行政权力作为联结纽带，当行政权力减弱时，集团就随之解体；有的企业集团把经济合同、协议等作为联结桥梁和纽带，当市场状况发生变化，尤其影响各自

的利益时,集团成员之间的联合关系就相应削弱甚至解体。现阶段我国企业集团多是以产品(技术)为联结纽带,停留在生产、经营联合上,缺乏足以使成员企业凝聚在一起的资产联结纽带。第六,企业集团生产经营的高层管理与经营决策分散性和低层次的矛盾及集权与分权关系处理不当,在一定程度上影响着企业集团内部关系的协调发展。尽管集团成员之间是平等的法人关系,但其核心企业(处于核心层)与配套企业(处于紧密层、半紧密层、松散层)之间具有某种相关性,产品生产、经营的内在比例及时间定位都有严格的规定和要求。但是,这种严格的规定和要求必须通过各个成员企业来实现。而各个成员企业的经营决策过程具有分散性,特别是不同地区、部门、行业的企业更带有这种特征。同时,由于各成员企业素质不同,经营决策水平也存在着较大差别,从而导致低经营水平与高标准管理要求不相适应的状况。如弱小企业生产设备落后,协作水平低,管理素质差,影响着企业集团内部专业化分工协作向纵深发展,容易导致集团内部管理系统运转的不协调。在企业集团集权与分权关系的处理方面,主要存在两种问题:一是对核心层企业与其他层次企业尤其是紧密层企业之间的管理权限缺乏科学的划分;二是有的企业集团集权过度或分权过多。集权过度表现为核心企业对集团生产经营事务包揽过多,统得过死,不仅成了投资中心,而且成了利润中心,与成员企业功能重叠,进而影响成员企业积极性、主动性和创造性的发挥;分权过度表现为核心企业(或称"集团公司")把投资中心的责任交给了其他成员企业,这些成员企业成为事实上的投资中心,核心企业成了不管事的"婆婆",导致分散投资、重复建设,不能由分力变为合力,减弱了凝聚力,这种情形是功能上没有科学分工与协作的结果,整个集团不能形成有机整体以扬长避短、优势互补,进而会影响企业集团的正常运转。第七,企业集团成员之间存在着利益分配矛盾,权益争议较多。企业集团的利益结构主要包括国家、企业集团、成员企业、职工四个层次的利益关系,比单个企业的利益关系复杂得多。在这样一个多元利益结构中,企业集团与成员企业之间、成员企业之间的利益关系层次一般说来是最有决定意义的层次,直接影响着企业集团的发展前途。正是在这样的重要关系层次上出现了一些不可忽视的倾向:一是存在着不正确的收益分配思想认识。有些企业加入企业集团不是为形成合力,提高资源配置效率和整体经济效益,而是企图吃集团的"大锅饭",只打自己的小算盘,依靠他人捞好处,甚至做出损害集团和其他成员利益的事情。如主导厂片面夸大自身的作用,把自己的利益凌驾于其他成员的利益之上;而配套厂也会认为自己虽不起主导作用,但缺一不可,因此不顾主导厂的利益,片面追求自身的利益。二是分配时忽视或不承认各成员企业原有资金利润率存在差别而出现新的平均主义等,导致利益分配不公。如有的企业集团在分配时,首先按一定比例提取各成员企业的利润,合在一起,然后再按一定比例分配。这样导致资金利润率高的成员企业被提取出去的多,而被返还的少(返还的低于提取出去的);资金利润率低的成员企业被提取出去的少,而被返还的多(返还的高于提取出去的),因而造成了成员企业之间的矛盾,挫伤了成员企业的生产经营积极性。三是既缺乏科学合理的利益分配机制,又缺少明确的经济责任。有些企业集团不是从当年盈利中提取发展基金,而是全部分光吃光,使得其只能维持简单再生产,而无力进行扩大再生产,存在严重的短期行为。也有些企业集团的亏损责任不明,当企业集团在亏损额小于投资额时,规定成员企业按其投资比例承担相应的经济责任;而当资不抵债时,成员企业如何承担经济亏损责任却没有明确规定。

总的来看,由企业集团的内部利益分配不公以及经济责任不明所引起的争议问题较多,这些问题不解决将直接影响到企业集团的巩固与发展。

六、中国企业集团的发展趋势

1.我国企业集团的规模发展趋势

企业集团的发展受社会经济发展状况的制约,不能违背经济发展规律和社会化大生产的内在要求。企业集团联合规模大型化是我国企业集团深化发展的一个显著标志,也是我国企业集团发展的必然趋势。这是因为:一是目前,尽管我国企业集团的数量不少,但规模普遍较小,绝大多数为中小型企业集团,即使是大型企业集团,与国外的大型企业集团,特别是在国际市场中具有竞争力的大型企业集团比较,规模仍显过小。如在世界最大的 100 家财团中,我国企业集团榜上无名。因此,就其规模而言,仍有很大的发展潜力。二是我国现在仍处于由传统产业向现代产业的过渡时期,第一产业在产业结构中所占比重过大,某些在发达国家被称为“夕阳工业”的产业,如钢铁、重化工业、汽车制造业等,在我国现阶段必须大力发展,而按其资金投入、生产技术特征及优化配置生产要素的要求,这些产业的企业组织规模只有大型化才能取得规模经济效益。因而,与这一时期的主导产业、产业技术、产业关联度相适应,在产业组织结构上这些部门的企业集团也应消除其自身存在的分散化、小型化等弊端，促进其向大型化方向发展。三是我国新的市场经济体制的建立为企业集团向大型化、巨型化发展创造了有利条件。旧的经济体制导致了围绕某种产品组成的企业集团多，容纳产品系列的产业性企业集团少；以经济合同、协议等形式和行政捏合为联结纽带的企业集团多，以资产为联结纽带的企业集团少；以单个骨干企业为依托组建的企业集团多，以多个骨干企业为依托组建的企业集团少；单纯以企业为依托组建的企业集团多，以科研单位或再加骨干企业为依托组成的企业集团少；服务配套性企业集团多，生产经营要素重组性企业集团少；由工厂制企业组建的企业集团多，由公司制企业组建的企业集团少；地区性、行业性企业集团多，跨地区、跨部门、跨行业的企业集团少；生产经营性企业集团多，银企集团少；等等。这种状况严重制约了我国企业集团向大型化发展。随着经济体制的转换，社会主义市场经济体制的建立将会为消除企业集团发展的障碍创造条件，多种类型的企业集团将会随之兴起和发展，企业集团的规模也会随之扩大。我国的实践已证明，企业集团的生产与资本的集中程度比较高，企业集团的销售额、资产额、利润额在产业中的比重愈来愈大，显示出了企业集团规模扩大的趋势。

2.企业集团分工专业化日益细化趋势

世界工业生产的分工专业化大致经历了原始专业化或部门专业化、产品专业化、零部件专业化、工艺专业化、生产服务专业化 5 个发展阶段。由于我国企业长期受自然经济传统思想的影响及受条块分割体制的束缚，实行分工协作的社会化大生产意识淡薄，导致“小而全”“大而全”的企业组织结构占据着统治地位。单一企业的这种狭窄的分工专业化生产经营状况导致组建后的企业集团的分工专业化水平仍处在由产品专业化向零部件专业化或工艺专业化过渡的时期。但在发达的工业化国家里，企业集团的内部具有高度的分工专业化，并已达到了工艺专业化或生产服务专业化水平。这从联营生产规模也可以看出。如工业总产值和实现利润占全国整个汽车行业 30%以上的东风汽车集团拥有联营企业 200 多家，而日本的丰田汽车公司的联营企业达数万家，这表明两者在分工协作的广度和深度上都有差距。不过，随着我国企业集团把相互关联的各类企业联系成各种系列关系，如原材料、半成品（零配件）与成品加工系列，零部件、工艺等专业化系列等，这就把企业集团规模扩大与专业化协作结合起来，有利于发展分工专业化协作，推动企业集团内部分工专业化日趋细化，形成高度专业化趋势。

3.从生产、科技、人才、资金一体化逐步向财团型集团发展

中国企业集团始于专业化生产协作,以产品(技术)为联结纽带,而这种生产型的"硬集团"的发展具有很大的缺陷。当主导产品处于发展期,产品市场供不应求时,集团就兴旺发达;而当市场状况发生急剧变化,甚至出现产品滞销积压时,集团就会陷入困境。因此,它需要资金、贸易、科技、服务型的"软集团"与之配套。尤其随着市场经济的发展和生产社会化程度的提高,生产型企业集团的发展需要金融部门作后盾,而银行实行企业化,金融业竞争日趋激烈,也必然要依赖企业集团。生产型企业集团和银行的紧密结合是社会生产力发展和市场竞争的必然结果和基本标志。在产业资本和金融资本结合的基础上,产生了银企结合的财团型集团,其控制着许多公司、银行和企业。如中国西安西郊银企财团、中国国际信贷投资公司、福建投资企业(集团)公司等,作为混合财团,它们都是企业集团的特殊形式。它们克服了金融机构与企业集团之间仅仅停留在贷款者与借贷者或债权人与债务人等方面简单的信用往来关系及银行只能在企业集团的生产经营活动中充当一般"中介人"的角色的局限性。综上所述,企业集团与金融机构相结合也是我国企业集团的发展趋势。

4.资产经营实行股份制形式是企业集团向纵深发展的必然趋势

一方面,由于我国存在着多种经济成分,资金分散现象比较严重,又由于我们所从事的生产是社会化大生产,生产发展中的技术装备程度日益提高,企业规模不断扩大,有机构成迅速提高,创办现代企业所需最低限额资金量大幅度增加,对资金的需求量也越来越大,客观上需要有一定的集资方式将分散的资金迅速集中起来用于生产,要想适应这种需要就必然要发展股份制企业集团;另一方面,随着现有企业集团生产规模的迅速扩大及内部专业化分工协作的不断深化,如何增强企业集团的内聚力,使之成为一个共同承担经济责任和经营风险,共同分享经济利益,"一荣俱荣,一损俱损"的命运共同体,已成为一个日益突出的问题。而出路在于从生产经营向资产经营发展,引入股份制经济机制,通过相互投资、参股、控股等办法实行资产一体化。这是完善企业集团经营机制的要求,是巩固和发展企业集团的必然要求,也是市场经济发展的一般趋势。实践证明,采用股份制形式为企业集团建立现代企业制度、理顺产权关系提供了前提,为进行更大规模的、集团式的专业化分工协作创造了组织前提,也提供了适宜的领导体制,并创造了一种能够妥善处理组织内部利益关系、适合集团化管理的分配制度,做到

了利益共享,风险共担。总之,股份制是重构企业集团的产权关系和再造微观经济基础的重要手段,是企业集团赖以建立、巩固、发展的真正的牢固基础。随着我国现代企业制度的建立和完善,对企业集团进行股份制改造不仅是必要的,而且也是可能的。企业集团股份化是我国企业集团主要的发展趋势之一。

5.企业集团呈现经营多角化发展趋势

在我国,企业集团在兴建的初期阶段,绝大多数以产品生产经营的内在经济技术联系为纽带联合而成,功能不全且经营形式单一。随着市场经济体制的建立和市场竞争的加剧,企业集团从生产型企业集团向生产、科技、金融、贸易四位一体的综合型集团发展,并呈现出全方位、多角化经营发展趋势。企业集团实行多角化经营,既可以实行行业产品系列多角化经营,又可以实行渗透产业多角化经营;既可以在生产领域经营,又可以在流通、服务、科研等领域经营。如我国东风汽车集团、首都钢铁集团等都实行多角化经营,经营范围涉及汽车生产、冶金、机械、化工、造船、运输、建筑、科技、房地产、商业、外贸、金融、轻纺、信息、旅游、服务等产业,实现跨行业投资经营的多元一体化经营。多角化经营促进了企业集团的功能综合化,扩大了企业集团在市场上的活动范围,分散了企业集团的投资风险,便于调整集团结构,增强对市场的应变能力,获得规模效益和综合经济效益。总的来看,我国企业集团将出现经营多角化的发展趋势。

6.企业集团向外向型和跨国集团发展的趋势

随着现代科技的进步,社会分工日益细化,尤其是企业之间分工不断细化,促进了生产的社会化。高度的社会化大生产是以世界市场为舞台的,它的产品也是以整个社会为服务对象的,而且由于受设备、能源、原料、资金、技术、人才、信息等多种生产要素的制约,某些产品绝非是单个企业以至一国企业所能完成的,需要相同相关的多国企业通力合作,形成跨国企业群体优势,才能够得以完成。同时,从适应国际商品交换和国际市场竞争的客观要求来看,当前世界经济发展格局的开放程度越来越高,国际分工协作的社会化程度越来越高,呈现出技术的集约化、生产的集中化和市场的国际化发展趋势,促进了企业组织集团化和经济区域集团化,再加之许多国家尤其是发展中国家越来越重视根据世界经济形势的变化,及时把握、利用国际经济发展中的机遇来发展经济,这一发展趋势加剧了国际市场的竞争。在这种世界经济环境下,我们组织实施外向型经济发展战略,不能不说是一场严峻的挑战。因此，我们发展外向型经济，参与国际经济大循环和国际竞争，仅仅依靠生产经营规模狭小、分散的“小而全”“大而全”企业难以与经济技术实力雄厚的外国企业特别是企业集团进行竞争抗衡，我们就会处于不利的竞争地位。为了不坐失良机，充分利用国际经济发展提供的机遇，充分利用国际市场，发挥比较经济优势，就必须寻求合理的经济组织形式，尤其将沿海、沿江、沿边开放地区具有内在经济联系的企业及内地的部分企业有机地组合起来，形成一批外向型企业集团特别是跨国企业集团，实现外向生产要素的优化组合，消除企业在对外经济活动中的内耗，从而提高出口企业的劳动生产率，降低消耗，不断提高产品质量，增强开发创新能力，增强对国际市场的应变能力，使产业结构和出口产品结构与国际市场需求结构相适应。如此，就会在国际市场竞争中变劣势为优势，变不利的竞争地位为有利的竞争地位。因此，组建和发展外向型企业集团和跨国企业集团成为我国企业集团发展的一大趋势。

第二章　适宜发展企业集团的领域及其类型

研究适宜发展企业集团的领域,认识这些领域中各类生产要素的配置状况,有利于制定相应的政策措施,推动企业集团的发展,优化企业组织结构,促进资源的合理流动,提高资源利用效率。同时,探索企业集团的各种类型,进行合理分类,加以科学、规范地界定,使组建和发展企业集团的实践有所遵循,少走弯路,从而以较短的时间和较小的代价走完发达国家在这方面所走过的道路。

第一节　适宜发展企业集团的领域

一、适宜发展企业集团的领域的依据分析

依据国民经济结构和经济发展阶段,可以把国民经济各部门划分为三次产业。其中,第一产业包括农业(如种植业、林业、牧业和渔业等)。第二产业包括工业(如采掘业、制造业、电力、自来水、蒸汽、热水、煤气等供应业)和建筑业,其中又可划分出600多个工业行业(国家统计局所划工业行业为666个),这些工业行业又包含着大行业、中行业和小行业三个层次。第三产业为除上述第一、二产业以外的其他行业,包括流通部门和服务部门两部分。流通部门又包括交通运输业、邮电通信业、商业饮食业、物资供销和仓储业;服务部门包括金融、保险业、地质普查业、房地产业、公用事业、居民服务业、旅游业、咨询信息服务业和各类技术服务业、文教和科学研究事业等。

在如此众多的领域中,哪些领域适宜发展企业集团,哪些领域不适宜发

展企业集团，是一个值得研究的问题。对这一问题的研究具有重要的理论价值和实践意义。从理论上讲，究竟哪些领域适宜发展企业集团以及适宜发展的程度如何并没有得以解决，理论研究滞后或理论上模糊，就难以正确指导实践以发挥理论的先导作用。从实践上看，确实有些领域不适宜也没有必要发展企业集团，而且有些特殊的产品生产部门及特定的行业保密性较强或很强，如有些军工、高精尖科技产品等，一般不吸收外人参与联营，需要独资甚至垄断经营。如果是国有企业，在其产权界定、评估、量化十分明晰的基础上，可以发展国有独资公司。

总的来看，适宜发展企业集团的领域应具有以下基本特征。

第一，适宜发展规模经济。具体表现为，在长时期内，在一个领域里企业投入的各种生产要素可以同时增加，生产规模随之不断扩大。这种扩大有利于在生产工艺方面采用现代化的、先进的工艺；劳动效率会大大提高；机械设备可得到较充分利用；内部分工更加精细，可减少管理人员的比例，可充分利用副产品，引起内部的某些生产方式的变化以及外部市场条件、原料来源和资金等各方面的相应变化，从而实现生产规模扩大后收益增加的幅度大于规模扩大的幅度，即规模收益递增。而如果生产规模的扩大会使原有的一些优势转化为劣势，如管理层次过多、原料需求过大、劳动需求量大量增加等导致单位成本上升、规模收益递减，那么这种领域就不适宜发展企业集团。

第二，适宜发展专业化分工协作。部门或行业中的许多企业可以从原有的企业中分离出来形成新的企业，并且同类产品由分散生产经营趋向集中生产经营，在这一运作过程中，这些企业专门生产经营一定的产品或产品的某些部分或某些工序作业，配备专用的生产经营设备，有特殊的工艺过程以及相应的专业技术人员和工人。在这种高度专业化分工的基础上实行协作，有效合理地配置资源，充分利用生产要素，扩大劳动的空间范围，缩短产品生产所需要的劳动时间，并使劳动专业化、工具专门化，有利于改进技术，提高劳动熟练程度，从而促进劳动生产率的提高，并使研究与开发工作具有更高的效率；统一大量购入原材料等有利于推销费用和流通费用的节约；管理人员和工程技术人员的集中使用，既能使人才得到充分利用，又能形成较大的节约。因此，在适合发展专业化分工协作的领域组建企业集团，能使资源得到合理有效的配置，降低生产经营成本，增强开发创新能力，提高经济效益和社会效益。

二、适宜发展企业集团的领域

并不是每个领域都需要企业集团这种组织形式，各部门、各行业要探索适合自我发展的企业组织形式。结合发达国家的企业集团分布状况及我国的国情，可以看出企业集团主要分布在以下领域。

1.宜于发展规模经济的支柱产业，如机械、汽车、电子、石油化工、建筑等产业

我国国民经济支柱产业的总体发展水平与国际相比差距较大，主要表现在以下几个方面。

一是增加值占GNP(国民生产总值)的比重较低。如1992年，我国支柱产业的增加值约为4074亿元，占GNP的比重为17%。其中，机械工业占6.2%，建筑业占6%，石化工业占3%，汽车工业占1%，电子工业占0.8%。按国际上考查支柱产业的标准，即按某一产业的增加值占GNP的比重至少应达到5%来衡量，以上支柱产业增加值占GNP的比重平均只有3.4%，尤其是资金、技术含量较高的石化、汽车、电子产业所占比重明显偏低。

二是发展速度缓慢。20世纪80年代，我国机械工业是超前于全国工业发展的，但超前系数(即机械工业年均增长值与全国工业年均增长值之比减去1)不高，只有0.066；机械工业对GNP的超前系数也只有0.43。与国际水平相比，不仅大大低于经济发达国家，也低于印度、巴西等发展中国家。

1992年，我国汽车产量首次突破100万辆大关，达到108万辆，比1991年增长52%。对于我国来说，汽车产量迈过百万辆的高台阶的确是历史性的巨大成就，但若将这一数量放在世界范围内衡量，则显得微不足道了。我国汽车产量仅占世界汽车总产量的1.5%，其中轿车产量16万辆，占我国汽车总产量的15%。而在国外，1991年，日本轿车产量为1324.5万辆，美国880万辆，法国500万辆，我国与发达国家相比差距仍然很大。

石油化工是现代工业的一个新兴部门，是成长产业。1992年，我国乙烯产量达到200.34万吨，塑料330.8万吨，合成纤维188.17万吨，分别是1978年的5.3倍、4.9倍、11.1倍。但与发达国家相比差距不小。1989年，世界乙烯产量为5388.5万吨，其中我国乙烯产量为139.54万吨，占世界总产量的2.6%，相当于美国产量的8.8%，日本的24.9%，西德的46.7%，法国的55.3%，意大利的60.2%。我国乙烯产量不仅大大低于美、日、德、法、意等发达国家，而且落后于韩国。1991年，韩国乙烯产量达到255万吨，我国仅为176万吨。

1990 年，我国人均乙烯产量只有 1.37 千克，人均塑料产量 1.99 千克，人均合成橡胶产量 0.28 千克，均为世界平均水平的 10%左右。目前，世界上已广泛采用合成材料替代天然材料和金属。在 1950～1990 年，全世界的钢产量增长了 3 倍，乙烯和塑料产量则增长了 60 倍，其主要原因是生产可代替钢材的塑料的成本只及钢材的 1/2。全世界塑料产量相当于钢产量的 1/8，我国只有 1/29。国外以塑代钢的比例达到 50%，我国不到 10%。

20 世纪 80 年代，我国电子工业增长率为 22.8%，增长系数(即电子工业增长速度与 GNP 增长速度的比值)为 1.5。与国际相比，美国为 1.5，日本为 1.9，德国为 1.3，韩国为 2，平均为 1.7。从日本和韩国电子工业赶超先进国家的实践看，我国现阶段电子工业的增长系数起码应为 2。据预测，20 世纪 90 年代世界电子工业的增长系数也在 2 左右。但是，从近几年我国电子工业增加值占 GNP 的比重看，1991 年为 1%，1992 年为 0.8%，增幅有所下降。

造成上述我国支柱产业普遍存在的突出问题的原因，主要是经济规模小、生产集中度低、专业化水平差、自主开发创新能力弱、市场竞争力弱。以汽车工业为例，当前，国际汽车企业汽车年产量 100 万辆以上为大型企业，50～100 万辆为中型企业，50 万辆以下为小型企业。据专家研究测定，汽车生产企业最小有效经济规模应为 40 万辆。目前，我国整车制造厂达 125 家(其中国家大型企业 58 家)，超过美国、西欧、日本厂家的总和，但其中只有一汽、二汽、上海大众等几家的年产量超过 10 万辆，年产量达 1 万辆以上的也仅有十几家，其余的 100 多家整车厂年产量不足 5000 辆。我国 108 万辆汽车是由 125 家整车制造厂和近万家零部件厂生产出来的，而日本丰田汽车公司与 34000 多家紧密或松散的成员企业进行专业化分工协作生产，1992 年的汽车产量达到 400 万辆，占该国汽车产量的 31.5%，是我国汽车生产总量的 3.7 倍。由此可见，我国汽车制造离工业化规模经济相差甚远。厂家分散、产品质量较差、技术水平较低，与当前世界汽车工业技术的高度现代化，生产与销售全球化、集约化、专业化及企业高度集中化的发展主流，形成了十分明显和强烈的反差，与国际水平相比落后了一大截。就乙烯而言，其经济规模应在年产量 30 万吨以上，国际上的最大规模已达年产量 70 万吨，而我国乙烯的生产规模明显偏小，大部分乙烯生产装置只有十几万吨的生产能力。我国集成电路总产出量刚刚突破 1 亿块，而美国、日本则以 6 亿块为发展的初始规模。这表明，我国的这些支柱产业不仅宜于组建企业集团，发展规模经济，而且发展的潜力还很大。

2.资金密集型产业

这类产业有机构成高，在劳动力和资金的构成中单位活劳动占用的资金较多，其产品成本中物化劳动消耗较大。如电力工业、燃料工业、冶金工业、机械工业、化学工业、造船工业、远洋运输、航空运输等产业都属资金密集型产业。由于资金密集型产业有机构成较高，需投入的资金量较大，技术装备程度也较高，因而需要分散生产经营的众多企业（包括金融企业）发展经济联合，组建企业集团，依靠群体优势，推动这类产业的发展。

3.技术（知识）密集型产业

这是依据劳动力技术装备程度而划分的一种产业，按劳动力与技术装备的比例来区分，凡是机械化、自动化程度高，工艺先进，技术人才集中，产品技术复杂的部门都属该类产业。其特点是生产中生产技术起决定性作用，价值中生产资料转移和工资加入部分较少，而创造部分较多。如电子工业、原子能工业、飞机制造业、宇航工业、通信等。

4.劳动密集型产业

它是指在单位劳动生产资料和劳动力两种因素的配合比例中生产资料或资金占比较小的一类产业。它具有有机构成低，单位活劳动占用的资金数量较少，产品成本中活劳动消耗较大等特点。在我国，一般农业、轻工业和一些中小型企业是劳动密集型产业。其中，农业中为工业提供原料的农、林、牧、渔各业，轻工业中的食品工业、纺织工业、服装工业、皮革工业、钟表工业、陶瓷工业、文化用品工业等都宜于组建和发展企业集团。在我国目前条件下，推动劳动密集型产业中企业集团的发展，充分发挥我国劳动力资源丰富的优势，对扩大就业、调整经济结构、提高经济效益等都具有重大意义。

5.某些第三产业

作为三次产业的重要组成部分的第三产业，是提供满足人类基本物质资料需要以外的进一步需要的产品和服务的部门。它以服务业为主，包括交通运输、邮电、煤气、自来水、仓储等公用事业方面的服务业，商业、外贸等流通方面的服务业，银行、保险、证券公司、合作基金会等金融方面的服务业，饮食、旅游、娱乐等个人消费方面的服务业，科学、教育、新闻、出版、电视等情报信息方面的服务业。其中，金融、保险、交通运输、仓储、旅游、房地产、外贸、大型商业连锁店、科研、教育等部门更宜于发展企业集团。

从产业演进规律来看，第一产业向第二产业转移、第二产业向第三产业转移是社会生产力发展的必然结果，标志着人类社会生产水平的提高。现实情况是，发达国家第三产业在国民经济中所占比重较大，而经济落后国家第一产业在国民经济中居主要地位。我国作为发展中国家，已进入工业化前期阶段，第二产业的发展快于第一产业，高于第三产业，该产业领域组建和发展企业集团应是当前的重点。

我国拥有 1001.71 万家工业企业，其中城乡个体工业企业 800.74 万家，集体所有制工业企业 186.30 万家，全民所有制工业企业 10.22 万家。受资金、技术水平、人才、管理水平、市场前景等多方面因素的制约，能够发展成为企业集团的只是少数，部分大中型骨干企业将会发挥"龙头"作用来组建企业集团，一部分中小型企业将会以成员企业的身份依附于大的集团；城乡集体所有制工业企业和个体工业企业中的多数仍将以现有的方式自主经营，并不依附于某家企业集团。因此，走集团化道路只是企业继续发展可供选择的一种模式，并不是唯一的模式；要允许不同行业的企业依据经济规律的要求，认真探索适合自己发展的组织形式，也要引导、鼓励企业在适宜发展经济联合的领域组建企业集团。

第二节　中国企业集团的发展类型

目前，我国企业集团仍然需要巩固和发展，因为有一些类型的企业集团还只是雏形。它既反映了企业集团不成熟的一面，也表明其处在不断发展和完善的过程中。根据市场经济条件下企业规模结构变动的趋势以及生产要素配置的合理化要求，为使企业集团便于组建、巩固和发展，并不断获取规模效益，我国应主要发展以下类型的企业集团。

一、股份制企业集团

进入 20 世纪 90 年代，我国的企业集团在巩固提高的基础上稳步发展，已成为推动我国企业组织结构、国有资产经营形式、国民经济管理形式重新构造的重要组织形式。企业集团的发展面临着如何突破原有体制束缚，稳步走上健康发展道路的问题。

当前，我国的企业集团还没有普遍推行股份制，集团的凝聚力无法在资产关系上体现出来。我国的多数企业集团是通过以下三种途径组建起来的：一是在发展横向经济联合基础上建立起来的。20 世纪 80 年代初，国务院提出了"发挥优势，保护竞争，推动联合"的方针，并制定了《关于推动经济联合的暂行规定》,促进了多内容、多形式经济联合的发展,出现了许多联合体,随着联合体内部联系的加强,部分联合体变成了企业集团。二是在发展专业化协作的基础上建立起来的,它们和日本的企业系列相似。这种企业集团往往以某种名优产品为"龙头",以一个大企业为核心,联合一批中小企业形成。三是由行政性公司改成的。这些行政性公司原来只是具有行政管理职能,20 世纪 80 年代初,政府对它们进行了改组,赋予其一些经济职能,到 20 世纪 80 年代后期,随着市场取向改革的深入以及企业集团的迅速发展,它们又变为集团公司(集团的核心企业),并把原先与它们有行政隶属关系的部分企业划为自己的成员企业。从 20 世纪 80 年代末以前企业集团的形成可以看出,不论是由哪种途径组建起来的,它们的联结纽带都比较单一,主要通过核心企业的"拳头"产品或技术优势来影响控制其他的联合企业(如通过扩散产品的某些零部件生产、咨询、技术转让、商标、专利、培训等),也有部分资金上的联系(如投入技术改造资金等),但不通过股权分红,通常按出资比例享受利益并承担责任。这种缺少资产联结纽带的企业集团,向心力不强,处于很不稳定的状态。为使企业集团走出困境,向规范化发展,其最佳选择应是实行股份制。建立股份制企业集团不是人们主观随意的选择,而是由客观的经济条件和企业集团本身的特点所决定的。

(一)建立股份制企业集团的必要性

第一,只有组建股份制企业集团,才能克服产权分割的矛盾,实现集团资产一体化,明晰产权关系。股份制企业集团以资产联合为基础,实现投资主体多元化。参股者按照"投资共筹、风险共担、收益共享"的原则,将资金、技术、设备、商标、专利等生产要素作价入股;通过集团公司对成员企业参股和控股、集团成员企业相互参股,并向外扩股,从而形成企业集团成员之间不受部门、地区和所有制界限束缚的相互投资、互相入股渗透的资本联合体。这种联合体具有新的紧密联结纽带和新的产权关系,因而使企业集团变成了以资产为纽带的资产经营一体化的经济实体和彼此间利害与共的利益共同体。这就从根本上解决了产权分割的矛盾,既促进了企业集团提高企业集中度和改变管理关系,又理顺了企业集团内部的产权关系,有利于企业集团的顺利发展。

第二,构建股份制企业集团,有利于实现政企职责分开,转变企业集团经营机制,形成多层次制约机制和合理的法人治理结构,并实现决策科学化。股份制企业集团的形成,能使各成员企业把资产所有者的最终所有权与企业法人所有权分离,建立所有权组织和经营权组织,实行董事会领导下的经理负责制，董事会负责决策，经营权则由董事会聘任的管理人员（经理、厂长等）承担，这就从法律上和事实上使企业集团的管理机构与管理职能双重化，因而可以在集团内部用经济手段调节经济活动，实现生产要素在集团内部的统一调配。这在一定程度上对真正落实企业经营自主权，使企业进一步摆脱政府附属物的地位有着重要意义，并为企业集团的预算硬化和行为合理化奠定了基础。股东代表与职工代表共同组成监事会，监督企业集团的经营管理活动，使企业集团形成基于各方对自身利益维护的多层次制约机制，可以使企业经营机制产生积极效应，既有利于体现各主体的制约权力，又有利于它们正确履行制约行为的责任。另外，由股东、管理人员、技术人员和职工平等地组成企业集团最高决策机构董事会，共同研究决定重大问题，有利于实现企业集团决策的科学化、民主化。

第三，构建股份制企业集团，有利于建立合理的利益分配机制，正确处理集团内部利益关系。股份制是一种产权关系比较明晰的企业组织制度，与之相联系的是它有一套比较合理并行之有效的按股分红的分配制度，这种制度依据股东“权益大小取决于股份持有量”的原则，能使企业集团成员各股东的权、责、利关系按股权平等、按股分红的规则得到正确处理。因而，这种分配制度不仅适用于同一企业内部股东之间的利益分配，而且适用于不同企业之间进行参股、控股时的利益分配。这就在分配制度上为实现集团化管理创造了必要条件，实现了集团内在利益分配上的统一。集团公司或母公司在以股份为纽带把各个子公司、孙公司、关联公司紧密地联结在一起的同时，在分配上也必然要求采取公司组织的分配方式；而作为集团，这种分配方式不仅对避免各成员企业之间的利益纷争是十分必要的，而且能使集团内各成员企业真正成为“联资、联心、联力”“一荣俱荣，一损俱损”的命运共同体，有效规范企业集团的行为，增强集团的凝聚力，保证其健康、稳定地发展。

第四，构建股份制企业集团，有利于实现生产要素的合理流动和优化组合，提高资源配置效益。在旧体制下，企业资产相对凝固僵化，流动余地很小，一方面大量设备闲置，另一方面大量投资重复建设，造成很大浪费，并且企业（主要指国有企业）单纯依靠国家投资，不仅使国家背负沉重的投资包袱，而且由于资产损失实际无人负责，投资效益低下。因此，寻求资源合理流动和实现资源最优配置已成为当前经济改革的重要内容之一。而用股份制来构建企业集团是实现资源优化配置的最佳企业组织形式。在股份制企业集团内部，通过折股、划股的办法，将企业的生产要素划为股份，由集团统一规划协调、统一管理，有利于实现集团内生产要素的合理流动与优化配置。这不仅可以减少或避免许多浪费，而且可以减少因要素不能流动而对企业发展所产生的制约，还可以有效解决资源短缺与生产要素闲置的矛盾，有利于发挥企业集团整体最大规模效益。由于股份制企业集团发行的股票是资源存量的价值形式，有广阔的活动空间，可以通过股票的流通，横贯不同所有制、地区和部门，体现产权的流动和兼并，形成经营多样化，促使企业结构、资源配置更趋优化合理。

从实践来看，我国近几年组建了大批企业集团，其中绝大多数是以行政权力和契约方式组建的，只有极少数是按股份制的组织形式建立的。这两种不同办法组建起来的企业集团，其效果截然不同。以行政方法和契约方式组建的企业集团，其成员各方往往互有戒心，难以冲破"三不变"的羁绊，发展步履艰难，计划难协调，投资难控制，产品难开发，出口难统一，配套难同步，因而稳定性和凝聚力很差，多数陷入困境。而按照股份制方式组建的企业集团，由于建立了现代企业制度，明晰了产权关系，加速了资本的集中，明确了出资者与经营者的权、责、利关系及集团内各企业间的权、责、利关系，增强了各方的责任感，形成了风险共担的命运共同体，呈现出了强大的生命力和凝聚力，促进了生产经营的蓬勃发展。

综上可见，股份制企业集团是一种重要的企业集团类型，是我国企业集团发展的方向。因此，对现存的非股份制企业集团，应进行股份制改造；对新组建的企业集团，要努力创造条件，使其按股份制方式进行构建。股份制企业集团应成为我国企业集团的主要类型，并应在各种类型企业集团中占较大比重。

（二）股份制企业集团的基本类型

1.集权型股份制企业集团

集权型股份制企业集团（见图 2-1）分为四个层次。

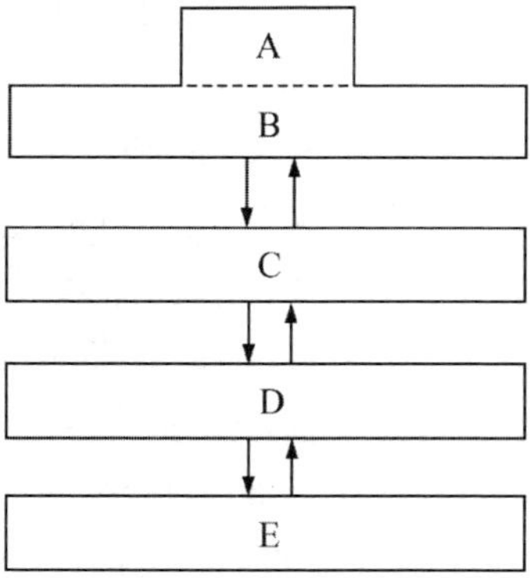

图 2-1　集权型股份制企业集团

第一层次是核心层，由两部分组成，即图 2-1 中的 A 和 B。其中，A 是集团公司，可称为企业集团的总部；B 是集团公司的直属单位，既可以是生产厂家，又可以是分公司。直属单位本身不是法人，没有法人资格。集团公司和直属单位合在一起形成企业法人。因此，它们是资产经营与利益一体化的经济实体。

第二层次是紧密层，即图 2-1 中的 C，是企业集团核心层的控股企业。它可以是一个企业，也可以是若干个企业，每个企业都是独立的法人。

紧密层企业成为企业集团核心层的控股企业，主要是通过以下途径实现的：一是核心层企业对集团成员企业或非成员企业进行兼并，为被兼并企业承担债务，购买兼并企业的全部或部分资产等，使被兼并企业成为核心层企业的全资子公司或控股公司；二是当某些集团成员企业进行公司化改造时，核心层企业对它们进行控股，成为它们的法人股东，而被参股的企业则成为核心层企业的子公司；三是从核心层企业分离出新的子公司，这种新公司是核心层企业的生产单位或者经营单位，分离前它们并不具有法人地位，而分离后拥有了独立的法人地位，但它们的资产仍属于核心层企业，成了核心层企业的全资子公司；四是设立新的独资或合资企业。为了企业集团的发展而创办一些新公司，如新产品和技术开发公司或联合销售公司等，这些公司有的是核心层企业独立设立的，有的是采用股份制形式由集团的成员企业或与外资联合开办的。

第三层次是半紧密层，即图 2-1 中的 D，是企业集团核心层或紧密层控股企业的参股企业。半紧密层企业既可以是一个，也可以是若干个，每个参股企业都是独立法人。

核心层企业和紧密层企业对半紧密层企业进行参股，主要是通过以下途径实现的：一是集团的一些成员企业进行公司化改造时，核心层或紧密层企业乘机对它们进行参股，成为它们的法人股东，而被参股的企业则成为核心层或紧密层企业的关联公司。二是核心层和紧密层企业对其他成员企业或非成员企业进行兼并，如为被兼并企业承担一定的债务，购买被兼并企业的部分资产等，使被兼并企业成为核心层和紧密层企业的关联公司。

第四层次是松散层，即图 2-1 中的 E。核心层、紧密层和半紧密层的企业与松散层企业通过签订经济合同、技术协议等，建立稳固的分工协作关系，从而在企业集团内部形成“金字塔”式的资产组织与管理结构。此种类型适合于核心层由单一的骨干企业构成，采取“强弱”联合、“大中小”型企业联合方式的集团。

2.分权型股份制企业集团

分权型股份制企业集团(见图 2-2)分为四个层次。

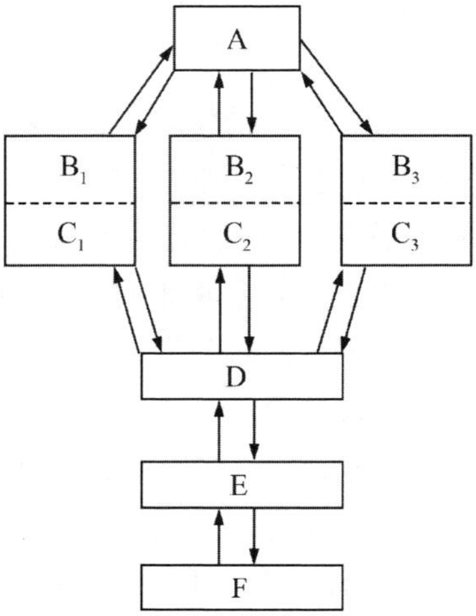

图 2-2　分权型股份制企业集团

第一层次是集团核心层,由三个部分(三种企业)组成,即图 2-2 中的 A、B、C。A 是集团公司,也可称为集团总部。B(B_1,B_2,B_3…B_n)是分公司,分公司可以是一个,也可以是若干个。C(C_1,C_2,C_3…C_n)是生产厂,它们分属于各相应的分公司,这三个部分合在一起形成融资产、经营、利益于一体的经济实体,是独立法人。其中,集团公司主要负责投资,是核心层的投资中心。分公司本身不是法人,但可以是集团公司的委托法人,主要从事生产经营活动,是企业集团的经营中心(也称利润中心)。生产厂也不是法人,只从事生产活动。生产厂既可以是一个,也可以是若干个。

第二层次是紧密层,即图 2-2 中的 D,是企业集团核心层的控股企业。每个控股企业(紧密层企业)都是独立法人,具有法人资格。紧密层企业可以是一个,也可以是若干个。

第三个层次是半紧密层,即图 2-2 中的 E,是企业集团核心层或紧密层企业的参股企业。每个参股企业都是独立法人,具有法人资格,独立行使民事权利和承担民事责任。半紧密层企业既可以是一个,也可以是若干个。

第四层次是松散层,即图 2-2 中的 F。这一层次的企业通过经济合同、技术协议等与核心层、紧密层或半紧密层的企业形成固定的协作关系。

3.管理型股份制企业集团

管理型股份制企业集团(见图 2-3)分为四个层次。

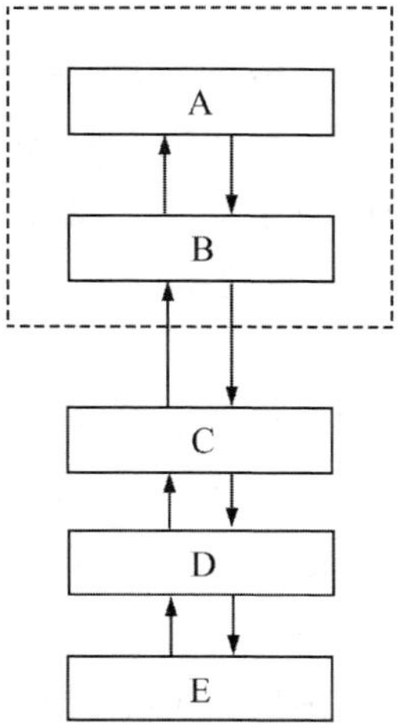

图 2-3 管理型股份制企业集团

第一层次是核心层,由两个部分组成,即图 2-3 中的 A 和 B。A 是集团公司,也称集团总部,是独立的企业法人。集团公司主要对企业集团成员企业进行管理和控制,不从事实际生产经营活动。B 是集团公司的全资企业,可以是一个企业,也可以是若干个企业。这些企业均为独立法人,在集团公司的控制和管理下相对独立地进行生产经营活动,并和集团公司一起成为企业集团的核心层,仍具有资产、经营、利益三统一特征。

第二层次是紧密层,即图 2-3 中的 C,是企业集团核心层企业的控股企业。该层次企业由核心层企业通过投资参股掌握控股企业的财权,或通过购买股票掌握控股企业的决策权等控制方式而形成。紧密层企业既可以是一个企业,也可以是若干个企业。每个企业都是独立法人,都具有法人资格。

第三层次是半紧密层次,即图 2-3 中的 D,是企业集团核心层企业和紧密层企业的参股企业。企业集团要想增强产品开发能力、技术开发能力、经营能力等,辐射到四面八方,就必须建立众多的具有广泛间接联系的参股企业。这一层次的企业既可以是一个企业,也可以是若干企业。每个企业都是独立法人,都具有法人资格。

第四层次是松散层次，即图 2-3 中的 E。这一层次的企业可称为核心层、紧密层和半紧密层的"卫星"企业。这种关系通常以契约形式加以规范确立。每个松散层次上的企业都是独立法人，具有法人资格。这样企业集团就既有一个核心层的经济实力雄厚、管理水平高、竞争力强、经济效益好、有带头或成套产品、能发挥综合优势的资产、经营、利益统一的主体企业，又有一批直接联系的控股企业，还有众多间接联系的参股企业和协作企业，就成为名副其实的结构合理、功能齐全的企业集团。

（三）构建股份制企业集团面临的主要问题

1.股份制模式的选择问题

采用股份制的企业集团必然要涉及是采取有限责任公司模式，还是采取股份有限公司模式的问题。在我国，对企业集团进行股份制改造或组建新的股份制企业集团是一个复杂的系统工程，涉及方方面面的理论和实践问题。从我国的现状看，对于股份有限公司模式的企业集团的推行，不宜操之过急，要积极稳妥。这是由我国所具有的特殊国情决定的。首先，从历史的视角考察，股份制是在私有制基础上逐渐发展起来的一种企业制度，是市场经济和社会化大生产的必然产物。我国在公有制基础上发展股份制，是前无古人的事业，是没有任何现成的经验可资借鉴的改革探索，有许多复杂的情况有待于研究。其次，考虑到股份发行会涉及社会资金流向、流量及分散的众多股票持有者的利益，加之目前有关的法律法规尚不成熟且缺少配套制度，过急容易产生混乱，反而不利于今后股份制经济的发展。最后，这是由我国的企业集团现状决定的。我国一些企业集团处于"明亏"或"潜亏"状态，在这些企业集团发展股份制难度较大，谁愿意向亏损企业投资？又有谁愿意去买亏损企业的股票呢？基于上述考虑，除对盈利企业集团积极稳妥地试行股份制外，当务之急，要着重考虑对"明亏"或"潜亏"企业集团进行适宜的制度创新，使它们活起来。这里要解决好两个问题：一是要通过产权制度的改革，找到建立现代企业制度的实现形式，逐步增强企业集团内部活力，增强其自我约束、自我发展的能力；二是改革企业集团现有的组织结构，促进资源合理流动，实现资源的合理配置和有效利用。

从产权制度的改革来看，在我国比较可行的办法是对企业集团进行一般性的股份制（主要指采取有限责任公司模式）改革，这是由于这种一般性的股份制不仅具有股份制产权明晰、政企分开、投资主体多元化，以及能够较好实现自主经营、自负盈亏、自我约束、自我发展等优点，而且设立程序简便、内部机构精干灵活(由于出资者人数较少,可以不设股东大会,也不设监事会,仅设董事会即可),投资者交付股金或以资产折股,但资产不一定划分为等额股份,也不发行股票,而只涉及产权关系的界定、划分和量化等长处。所以,在企业集团中推行一般性股份制改革更具有现实意义和可操作性。这种改革为以后的产权重组、交易、兼并、转让以及破产、倒闭、拍卖、清偿等提供了条件,有利于促进企业集团遵循优胜劣汰法则,不能在市场竞争中扭亏转盈、发展壮大,就要依法破产、倒闭,最终使资源趋向合理流动和优化配置。

2."国家股"由谁来代表和操作的问题

企业集团实行股份制,既然也有一个明晰产权和量化产权的过程,也要改变企业集团的领导体制和管理体制,那么同样会遇到"国家股"(国有资产所有权)由谁来代表的问题。如果还让政府部门代表,那么就会违背我们进行改革的初衷,势必会把政企不分合法化。国有资产所有权究竟由谁来代表和操作?这应从两个层次上加以认识。第一,随着政府所有者职能与社会管理者职能的分离,国家应成立国有资产管理委员会。它是国有资产的产权管理部门,是国有资产管理的决策机构,行使所有者职能,主要从方针、政策、法律法规等方面对国有经营性资产、非经营性资产、资源性资产进行宏观管理和监督,并着重从价值总量上保证国有资产的安全与增值。第二,要实现国有资产管理职能与资产经营职能的分离。成立国有资产投资经营公司,使之成为投资经营国有资产的中介机构,受国有资产管理委员会的委托或授权,行使所有权代表的职能,具体操作国有资产所有权,是参与市场竞争的平等的法人实体。它通过管理、规划、投资、协调、监督等职能,保证由其投资与经营的国有资产的增值。

根据企业集团的特点、作用和地位,国家对部分企业集团可实行国有资产授权经营。由国有资产管理部门(国有资产管理委员会或国有资产管理局)将企业集团中紧密层、半紧密层等成员企业的国有资产统一授权给集团核心企业——集团公司经营和管理,建立核心层企业与紧密层企业等成员企业之间的产权联结纽带,使核心层企业成为集团的母公司,紧密层、半紧密层的成员企业成为其子公司、孙公司。授权经营后的集团公司董事会一般享有以下权力:决定集团公司和全资子公司的重大经营事项,并依据持股比例参与决定控股和参股子公司的重大经营事项;决定企业组织结构和管理体制;统一决定授权范围内国有资产的配置和管理方式;决定授权范围内企业合并、兼并、股份制改组、资产交易和产权(股权)转让,或提出方案报批等,集团公司将统一对国家承担授权范围内的国有资产保值增值的责任。1992 年,国家对第一汽车集团、东风汽车集团、中国重型汽车集团、东方电气集团、中国五矿集团、天津渤海化工集团、中国纺织机械集团和贵州航空工业集团实行了国有资产授权经营,而且随着国有企业公司化改造的逐步开展,国家将会对更多的企业集团实行授权经营。通过国有资产的授权经营,集团公司与集团内的其他企业的关系发生了根本变化,彼此间的关系更加紧密了。例如,至 1992 年底东风汽车集团已经拥有 22 家全资子公司和控股子公司,45 家参股企业。

二、产品型企业集团

产品型企业集团是以大型骨干企业为集团核心企业,以名、优、特、新产品为“龙头”,把一批相同或相关的产品生产企业及零部件企业组织起来,实行专业化分工协作,具有一定经营规模的企业集团。

产品型企业集团在我国形成最早,分布最广,数量最多,往往以生产某种或某几种产品为目标来组建,其中又可分为以下四种联合方式。

1.一条龙型

它也称“龙头”导向型。是指以名、优、特、新产品为“龙头”,以大中型骨干企业为依托,大中小企业配套;集团内的生产经营活动实行统一协调和平衡,按生产加工顺序实行一条龙生产,形成从原材料、半成品到最终产品生产和销售联合的企业集团。

2.伞状辐射型

这是指以一家大型骨干企业为核心,以该企业所具有的可供辐射的名牌优质产品为“龙头”,联合专业化生产协作企业,向外逐层辐射,形成联合密切程度松紧不同的多层次的配套协作网络系统,以实现大规模的批量生产所形成的企业集团。如以加工组装整机生产企业为核心,以其名优产品为“龙头”,将其大部分需加工生产的零部件向周围扩散出去,把零部件配套生产企业联合起来,集中生产某种产品。它往往由加工组装整机生产企业带头组建企业集团管理委员会或董事会,对集团内部的生产经营活动进行规划、协调与平衡。

3.多核星座型企业集团

这是指以系列名优产品、产品的深度加工为“龙头”,以多个骨干企业为核心，通过技术指导、专利转让和专有技术、质量把关、产品检测等形式，跨地区、跨部门集结相关企业，在许多地域设立若干核心企业及配套生产厂家，共同生产相同产品而形成的企业集团。这种企业集团在地域上表现为形成了多个核心，且分散布局，一般形成几个核心地域，同时几个核心地域又有各自的外围地域和辐射地域，外围地域和辐射地域有时又具有相互联系的特点。这种企业集团在空间上虽表现得不紧凑，但各骨干厂或核心厂所在地却拥有高度集中和实力雄厚的工业中心及联系较紧密的企业联合体。这种类型企业集团的核心企业属于同一经营领域，它们结合在一起能够迅速提高产品生产能力及进行产品的系列分工，有利于增强市场控制力。

4.项目成套型企业集团

这是为保证大型建设项目所需设备生产供应的成套性而组建的企业集团。这种集团随项目成套的复杂程度和成套工程项目承包的深广程度而不同。如有的集团仅以一个骨干企业为核心，联合行业内一些相同及相关的企事业单位形成；有的集团则以成套设备生产供应为纽带，由行业内几个相互配套的大中型骨干企业联合组成集团核心层，并由各核心企业以自己的产品为“龙头”，联合一批相关的企事业单位，形成有自己特色的企业系列，形成大型复杂工程的配套能力。

产品型企业集团的成员间围绕产品生产实行分工协作，其中生产名优产品的大型骨干企业技术力量雄厚，设备比较先进，管理水平较高，检验手段先进，把部分零部件扩散出去，集中力量负责生产产品的主要部分以及增强装配、调试、开发、设计能力，中小企业承担某些零部件的加工任务，实行高度的专业化配套生产，从而改变企业“大而全”“小而全”的状况，促使企业组织结构转向“大而专”“小而专”“小而精”，实现企业组织结构的合理化；在实行专业化生产的基础上，推动企业的技术进步，提高劳动生产率，降低生产费用，提高产品质量，扩大产品的生产能力及市场占有率，提高企业的经济效益。

三、行业型企业集团

行业型企业集团是指具有内在经济、技术等联系的同行业企业基于共同的利益和一致的目标，以经济合同和技术协议等为联结纽带或以资金联合为主要联结纽带，自愿联合所形成的企业集团。

行业型企业集团的形成能够遵循专业化分工协作的原则把行业内生产

要素合理地组织起来，提高同行业生产的集中度，发挥联合和协作的优势，提高行业生产能力；有利于聚集财力引进国外技术，并在大规模的集团范围内迅速推进技术进步，尤其可以集中同行业技术优势，运用系统工程，开发高、精、尖产品，组织专业化系列生产；有利于把“大而全”“小而全”企业低水平重复的投资存量比较充分地运用起来，把投资集中地用于经济发展最需要的方面，使投资结构合理化，提高资产存量和增量的利用效益；能够在行业的更大范围、更高视角，依据消费结构的变化来实行产品生产的规划、设计，以及进行有效生产，推动同行业产品结构的合理化，并依靠群体优势制造单个企业难以承担的产品，尤其是复杂设备；有利于以行业集团的优势发展出口产品，开展对外贸易，参与国际市场竞争；对提高行业规模经济效益具有特别重要的意义，由于我国行业生产和集中度较低，专业化协作水平低，较多的大中小企业是全能厂，以致形不成规模经济，无法取得规模效益，而通过组建行业集团，不仅可以提高生产的集中度，扩大生产规模，而且可以把一大批大中小企业按照专业化协作原则组织起来，取得应有的行业规模经济效益。综上可见，行业型企业集团很适用于技术（知识）密集型产业和资金密集型产业。

根据集团成员企业所涉及的部门，集团可分为工业企业集团、商业企业集团、外贸企业集团、运输企业集团、金融企业集团、军工企业集团、建筑企业集团等行业型企业集团，每一行业型企业集团又可细分出许多种企业集团。如工业企业集团又可分为：钢铁企业集团、煤炭企业集团、石油企业集团、天然气企业集团、橡胶企业集团、塑料企业集团、化肥企业集团、汽车企业集团、飞机企业集团、摩托车企业集团、船舶企业集团、宇航企业集团、电子计算机企业集团、电器电子企业集团、电力企业集团、精密机器企业集团、通信设备企业集团、办公设备企业集团、医疗设备企业集团、药品企业集团、光学仪器企业集团、玻璃企业集团、农机企业集团、建材企业集团、木材加工企业集团、纺织企业集团、服装企业集团、家庭日用品企业集团、包装用品企业集团、造纸企业集团、印刷企业集团、烟草企业集团、食品企业集团等。

由于各行业型企业集团所处的行业差异较大，因而其所形成的条件、特点及适应的范围也就不同。因此，需要作具体的分析，以避免在组建和发展过程中步入误区。

（一）工业企业集团

在我国，工业企业集团是一种新的工业企业组织形式。它不同于单个的、零星的企业联合，也不同于以往的行政性工业公司，并与其他行业性企业集团有一定的区别。

1.工业企业集团形成的条件

工业企业集团的产生，不是人们主观随意选择的产物，而是由市场经济发展规律决定的，并受客观经济条件所制约。因此，组建工业企业集团，必须考虑需要与可能，绝不能不顾客观经济条件的许可而盲目组建。

首先，要根据经济形势的发展及市场需求变化的状况来确定是否组建企业集团及组建何种类型和多大规模的企业集团。从工业部门内部来看，企业组织结构不合理，可以考虑通过改组、调整，组建结构合理的企业集团来加以解决。这里还必须指出，不是所有的工业企业都有参与企业集团的必要。总之，要充分考虑客观需要与可行性。

其次，要根据社会长期需求量（也称动态需求量）大小来决定工业企业集团的规模及联合的内容。凡是适销对路，市场需求量很大，且长期供不应求，需要长期大量增产的产品，其生产联合规模可大些，扩大与其需求相适应的生产能力；反之，市场需求量小且需多品种多规格的产品只能进行多品种、小批量生产，其企业集团规模也应小些，并要求企业集团具有多种生产能力。

最后，要充分考虑企业的生产技术特点及水平。由于企业所属部门如电子工业、机械制造业、化工部门、纺织业等的生产技术特点及水平不同，因而联合的条件会存在很大的差异。一般来说，组装性行业，即产品由各种零部件装配而成的行业，它们的产品和工艺可以分解，并且具有同类性和通用性，这类行业适合发展在专业化分工协作基础上的含有多层次的紧密程度不同的企业集团。而有些流程装置工业，如化工、电力、冶金等行业，其生产主要集中在各种联动机上，在密闭的管道输送下进行化学和物理加工。为了提高生产连续性和实现资源、能源的综合利用，保持生态平衡，它在地域上要求更高些，更适合在各企业专业化生产基础上组成具有紧密层次的企业集团。

总之，建立工业企业集团，必须从经济发展的需要出发，结合生产技术、管理等多方面的可能和经济上的合理性，并着眼于国民经济全局进行具体研究和分析，以便正确选择、构建切合实际的且能够产生较高社会经济效益的工业企业集团。

2.工业企业集团的特点

(1)统一标准。工业企业集团的成员之间具有内在的经济联系,拥有相同或相关的技术基础。为了确保最终产品的质量,工业企业集团在技术、工艺水平、产品检测手段上都有统一的要求、统一的标准。

(2)比例性。工业企业联合形成企业集团后,企业之间随之形成更高层次的分工协作关系,产品由企业分工生产,客观上存在一定的比例关系。如主导厂与配套厂之间、配套厂之间都存在一定的比例关系,这种比例关系主要表现为生产能力上的配套。如果集团成员企业之间的比例关系不合理,整个生产过程就难以维持下去,同时造成设备的闲置、资金的积压和人才的浪费等。可见,工业企业集团具有高度的比例性。

(3)连续性。工业企业集团形成后,它的性质决定了其生产具有连续性。配套厂或主导厂生产的间断往往直接影响最终产品的完成。只有主导厂和配套厂、配套厂之间密切配合,连续生产,尤其对需长期大量生产的产品或批量生产的产品进行连续生产,才有利于缩短生产周期,减少在制品和占用的流动资金,提高经济效益。因而,工业企业集团具有生产连续性的特点。

3.工业企业集团的技术开发问题

(1)必须高度重视技术开发。技术开发是指开发前所未有的新技术,包含从研究或试制起直至新产品投入批量生产的一个完整创新过程。其实质是把科学技术潜在的生产能力转化为直接的生产能力。技术开发是一项创新活动,与科学管理构成企业集团起飞的两只翅膀。工业企业集团是否重视技术开发,能否有效地进行技术开发,直接关系到能否适应消费需求,不断推动技术进步,采用新工艺、新流程、新设备,开发新产品,提高产品质量和劳动生产率,降低生产成本,开拓国内国际市场,提高经济效益,振兴国民经济,富民强国这样一个重大问题。当今世界市场的竞争实质上是科技、人才的竞争,因而,世界各国都普遍重视技术开发,把它当作振兴经济、增强国力的一条捷径。因此,工业企业集团应对技术开发投入大量的人力、物力和财力,并把技术开发本身作为研究对象,探索它的原理和运行机制,掌握其发展趋势,寻找技术开发的成功之路。

(2)技术开发的途径。工业企业集团的技术开发可有多条途径,但基本上可分为两种,即独创性技术开发和综合性技术开发。

独创性技术开发建立在成熟的基础科学研究基础上,通过应用研究取得技术上的重大突破，创制出新工艺，制造出前所未有的新产品，推动新兴工业的兴起和发展。如 20 世纪出现的原子能技术、激光技术、电子计算机技术使原子能、电子计算机等工业迅速崛起，也使这些新兴工业领域的公司、企业集团获得了惊人的经济效益。

独创性技术开发在科学研究分类中属于应用研究。它的研制时间一般较长，却是一项极其重要的技术开发工作。尤其是要使一个国家成为科技发达国家和世界经济强国，就必须在这一领域不断增加投资。作为工业企业集团就更应该义不容辞地承担起这个责任。

综合性技术开发是利用现有的技术重新组合，使其系统化而创造出具有新功能的生产能力及新产品。综合也是一种创造。这类技术开发往往建立在技术引进的基础上，通过吸收、消化、综合和创新，变成自己的东西，然后再以崭新的产品返销出去。如日本在 20 世纪 60 年代综合了美国及苏联的高炉高温高压技术、奥地利的氧气顶吹炼钢技术、德国的炼钢脱氧技术、法国的高炉吹重油技术、瑞士的连续铸钢技术、美国的带钢轧制技术之后，形成了世界一流的钢铁冶炼技术，并在改进中创制出转炉未燃气回收技术，至 20 世纪 70 年代反而作为专利向国外进行技术出口。再如，日本松下电器公司的电视机驰名世界各国，而它却是引进、消化了 400 多种技术的综合产品；日本本田公司的摩托车著称于世，是对世界上 500 多种摩托车生产技术综合的结果；石油化工技术也是对世界上 300 多种技术综合而成的。

综合国内外的先进技术是一项综合性的技术开发工作，已成为各国、各地区发展经济，推动科技进步的一条捷径。它比单纯引进设备进行使用更能提高技术水平和经济效益。但必须看到，综合性技术开发并非易事，它必须建立在自身雄厚的技术开发能力的基础上，需要进行强有力的组织、协调，并具有一大批从事技术开发的科技力量，对现有技术进行综合性再研究，才能开发出更先进的技术。我国工业企业集团的形成为开展综合性技术开发工作创造了条件，在这方面是大有可为的。但也应坚持独创与综合相结合，才能在激烈的市场竞争中立于不败之地。

（二）商业企业集团

1.商业企业集团的基本类型

商业企业集团是指若干商业企业根据彼此间内在的联系、商品流向和流量，为便利社会消费需求，获取商业规模经济效益，在自愿基础上组建的商业企业联合体。我国商业企业集团经过近几年的发展，形成了多种类型，概括起来有以下六种。

(1)平行型。它是本行业内同类商业企业联合组建的商业企业集团。如批发业之间联合形成的批发商业企业集团,零售商业企业联合形成的零售商业企业集团等。

(2)垂直型。它是指在销售环节上商业企业联合组建的商业企业集团。如批发、零售一条龙式的商业企业集团。

(3)购销型。它是指由商业企业围绕某些商品的收购和销售而组建的跨地区的商品购销企业集团。如工业品联购分销企业集团和农副产品分购联销企业集团。

(4)相近型。它是指百货与饮食、服务业本着就近原则组建的综合性商业企业集团。建立此种类型的商业企业集团,有利于满足人们的多种生活需要,并能获得综合经济效益。

(5)外向型。它是由一家或几家外贸企业为核心,联合一批外贸企业组成的企业集团。它的经营活动主要面向国际市场,其主要任务是收购数量众多的国内企业的产品进行出口,同时经营进口业务。

(6)综合型。它是以综合商社为核心,由众多商业企业(包括内贸企业和外贸企业)联合组成的企业集团。综合商社的带动作用使这类集团形成了一个以贸易为主体,集贸易、金融、信息、综合组织与服务功能于一体的跨国企业组织形式,是集实业化、集团化、国际化于一身的大型贸易集团。其特点是,在经营上,讲求部门专业化和经营品种、经营范围、经营方式的综合化相结合;在经营战略上,采取以规模经济优势和低价优质的综合性服务取胜的策略;最本质的特征是其功能的多样化和功能的再生机制,这也是这类企业集团生命力经久不衰的源泉。

2.商业企业集团的作用

各种商业企业集团的兴起和发展已成为推动市场经济发展的又一个生长点。尽管我国商业企业集团组建与发展的时间还不长,但人们已经看到了它对我国经济体制改革和市场经济发展产生的深远影响和独特功能。主要表现为以下几个方面。

第一,优化组织结构。组建商业企业集团加速了社会化、专业化、协作化进程,有利于相同或相关的商业企业之间产生广泛的联系,破除商业企业长期存在着的地区封锁、画地为牢等条块分割格局的种种束缚,消除封闭式经营方式,扩大经营的范围和空间,有利于克服长期以来解决不了的“小而全”、低水平重复、乱铺摊子、零星分散等顽症，使商业企业间扬长避短，互促互补，趋利避害，从而促使商业组织结构日趋合理化。

第二，充分发挥商业的桥梁作用，沟通生产和消费，促进生产，满足消费。生产的目的是消费，但消费能否实现，不仅取决于生产，而且取决于流通。若生产的商品在流通领域阻塞，消费就不可能实现。随着社会生产力的发展和市场经济体制的建立，有越来越多的商品需经流通领域进入消费领域，而商业企业集团尤其是各级批发商业企业集团以及以综合商社为核心的企业集团的建立，迅速扩大了商业企业的规模，极大提高了商业企业的经营水平，能够在更大的区域根据商品的不同特点组织购销活动，增强购销能力；还可以疏通渠道，减少不必要的流通环节，避免商品的迂回运输，特别是对一些不需季节性储存、不易保管、宜于随产随销的产品，以及某些品种、规格、花色、式样复杂且消费需求变化快的商品，可以做到产销直接见面，改变以往进入流通领域的商品往往要经过产地商业批发企业转售给销地批发企业或转售给零售企业，再由零售企业出售给直接消费者的僵化销售方式，从而使货畅其流，顺利地流转到消费领域，并能迅速将消费需求信息反馈给生产企业，这对生产的发展起着巨大的促进作用，同时也极大地满足了消费需求。

第三，有利于提高商业经济效益。商业企业集团的形成能够加速商品流转速度，缩短再生产过程的流通时间，减少商品流通资金的占用，节约流通费用，获得较高的规模效益。我国的中小型商业企业占商业企业总数的90%左右。从零售业来说，组建企业集团以建立一般规模的企业集团为宜，也包括连锁式企业集团；但就大型商业（主要指批发业）来说，随着生产力水平的提高和市场经济的发展，大量生产需要大量销售，也就需要有大商业，即组建大型商业企业集团。总的来看，组建商业企业集团不仅有利于形成大规模的经营能力，以适应大规模生产发展的需要，而且由于众多商业企业的联合，可以取得较大的规模效益，甚至小型零售服务业通过组建商业企业集团，联合采购、融通资金、联合销售、互通信息等，也能取得一定的规模效益。

（三）服务型企业集团

服务型企业集团是由服务行业的企业联合而成的，主要以第三产业为其发展的主要领域。随着我国产业结构的不断演进，这类企业集团会得到迅速发展。根据企业集团所处行业的不同，大体可分为交通运输型、饮食服务型、旅游服务型、综合配套服务型、金融服务型等。

1.交通运输型

这种类型集团是以从事国内或国际海运、空运的大公司为“龙头”,联合一批为其服务的企业而形成的。这种集团一般规模较大,且具有行业的垄断性。如以中国国际航空公司为核心而形成的中国国际航空运输集团,以中国远洋运输总公司为核心而形成的中国远洋运输集团,都属于这种类型。

2.旅游服务集团

随着我国改革开放的不断深入,旅游业方兴未艾,推动了旅游服务集团的兴起与发展。这种集团的特征是对外提供各种劳务和服务,往往以大型旅行社为核心组成。如以中国国际旅行社为核心形成的中国国际旅行社集团就属这种类型的企业集团。

3.饮食服务集团

这是由饮食企业联合组建的企业集团。如上海锦江集团就是起步早、发展快的饮食服务集团。这家集团是于1984年以上海的十大饭店、友谊汽车队和一家技术研究中心为主体成立的。到1989年拥有成员企业107家,并开始由饮食服务集团向综合型企业集团发展。

4.综合配套服务集团

随着饮食、旅游等行业的发展,与此相适应出现了综合配套服务集团。如由旅馆设备供应公司、清洁服务公司、洗衣厂、家具厂、对外服务公司、印刷厂、广告装饰公司等企业联合组建成的综合配套服务企业集团。这类企业集团的形成对扩大服务内容,提高服务质量,增加服务领域的经济效益和社会效益都具有重要的作用。

四、跨行业型企业集团

跨行业型企业集团是以实力雄厚的某一个或某几个大型企业为核心,联合不同行业的企业所组成的企业集团。其特点是一业为主,多种经营,形式多样。这类企业集团通常以资金为联结纽带,以成员企业相互投资入股的形式联合而成,共同开拓市场。跨行业型企业集团由于涉及不同的行业,实行的是多角化经营,因此,容易形成综合的生产、销售和服务能力,从而使企业集团具有较强的竞争力和应变能力,适应多层次、多样化的市场环境,有利于分散市场竞争带来的风险。跨行业型企业集团包含多种具体类型,认识和把握这些类型的企业集团需作具体分析。

(一)工商企业集团

随着市场经济的发展,市场的不断扩大和消费变化的多样化,要求生产与流通紧密衔接,因此,工业企业和商业企业的联合就成为一种必然。工商企业联合的最高形式是企业集团。工商企业集团具有以下两种基本类型。

一是由工业企业同产地商业企业(包括批发企业、零售企业)或销地商业企业(包括批发企业、零售企业)联合形成的工商企业集团。参加这种工商企业集团的工业企业通常规模较大,具有大批量生产能力,因而需要与大批发企业和众多的零售企业协作与联合。

二是由工业企业与商业企业共同投资,建立厂店一体化的企业集团,实行统一生产经营,扩大适销对路产品的生产。这种工商企业集团的最大特点是使人、财、物和产、供、销实现了高度的统一。

工商企业集团的形成使生产领域和流通领域都发生了巨大的变化。最主要的作用是促进了生产的发展,搞活了流通,提高了工商企业的经济效益和社会效益。具体来说:第一,由于生产领域和流通领域的企业之间实行联合,把分属两个领域的产、供、销三个环节紧密衔接,消除了生产与流通的脱节现象,从而有利于社会再生产的顺利进行。第二,工商企业集团的形成为生产企业增添了“千里眼”“顺风耳”,共同的利益和一致的目标驱使商业企业及时、全面地研究市场需求状况及消费动态,掌握消费结构和主要品种的供需情况,及时地直接向生产企业反映消费需求,如对商品的数量、质量、花色、品种、规格的需求,对短线产品提出增产建议,对长线产品提出调整意见,让生产企业能够接收到正确的市场信息导向,配合生产企业增产适销对路的商品。生产企业根据商业企业提供的市场信息,及时作出新的生产决策,调整产品结构,使之与消费需求相适应,尤其是在动态上能够适应消费结构变化的状况,减少生产中的盲目性,生产符合市场需求的产品,减少或避免产品的积压,克服浪费现象,从而促进生产的发展,实现增产增收,提高经济效益。同时,商业企业与生产企业可直接开展购销业务,商业企业可跨地区、跨部门直接从生产企业进货,减少流通环节,形成顺畅的购销渠道,有利于加速商品流通和资金周转,降低流通费用,节约大量资金,提高商业经济效益。

(二)工贸企业集团

工业企业与外贸企业联合,形成工贸企业集团,其主要类型包括以下三种。

1.代理式工贸企业集团

这是契约式联合的工贸企业集团较普遍采取的形式。它由外贸企业接受工业企业委托,以外贸企业的名义对外进行交易,费用由委托单位支付,外贸企业对外负责签订合同,在销售中起中介作用,不承担业务风险。

2.合资经营式工贸企业集团

这也是工贸企业联合组建集团所采取的一种形式。即由工业企业和外贸企业共同投资,生产经营某种出口产品(包括建立出口生产基地),共担风险,统负盈亏,形成以资产为联结纽带的工贸企业集团。

3."龙头"带动式工贸企业集团

它是以外贸企业为基础,以名优产品为"龙头",以生产企业为依托而建立的工贸企业集团。这类工贸企业集团以生产为主,兼营外贸业务,其产品以外销为主,并兼顾内外销,以广阔的国内市场来适应国际市场起伏兴衰的变化。其好处是可进可退,有回旋余地;同时,还能带动同行业的竞争,促进企业的发展。

工贸企业集团的建立,所产生的积极作用主要表现在三个方面:第一,工贸企业集团的建立使工贸企业形成一个拳头,实行统一价格,统筹货源,统一对外,避免了互相削价竞销、自相倾轧,杜绝了客户钻竞销空子的现象,并为部分原来卖低价的老合同、老品种争取加价、卖好价、多创外汇创造了条件;同时,由于实行统一经营,价格一致,方便了客户,也有利于消除"怕吃亏"之忧,增强了正当商人的经营信心。第二,工贸企业集团的建立有利于克服工贸企业之间相互封锁、信息交流不畅所造成的产销脱节,使生产企业有机会参加对外洽谈、出口销售等业务,便于掌握海外各地的市场潜力、消费习惯、外贸特点、经营方式等,预测市场需求的发展趋势,增强对国际市场变化的应变能力,减少或避免外贸生产的盲目性和库存积压,不断提高外贸经济效益。第三,工贸企业集团的建立有利于生产企业获得更多的机会学习国外的先进技术和管理经验,培养和训练一批熟悉生产及掌握外贸专业知识的各类人才,使企业素质得到全面提高;同时,也有利于调动工贸企业的积极性,充分发挥各自的优势,形成新的生产力。

(三)农工商企业集团

农工商各类企业联合组建企业集团具有重要的意义。长期以来,我国农业处于单一生产农产品的状态,而且农产品的生产与加工相分离,产销往往脱节,导致生产具有很大的盲目性。如外贸公司收购兔毛,农村就一哄而起养兔子，一旦外贸公司不收了，农民就杀兔子；当外贸公司又收购山楂，农村就又开始大规模种植山楂树，一旦停收，农民又一起砍山楂树。究竟国际市场对农产品的需求状况如何，农民心中没底，容易造成人力、物力、财力的巨大浪费，伤害农民的生产积极性。通过实行农工商联合，建立农工商企业集团，彼此间的联系紧密了，形成了利益共同体，这不仅可使工商企业向农业增加投入，如投资建立农产品出口基地，而且能使农民获得及时准确的外贸信息，使生产、加工和销售相互衔接，使农产品得到深层加工增值，在国际市场上有销路，加速农产品的流通，并且根据国际市场的走势来安排中长期计划，有利于相互约束以避免生产经营中的短期行为，使产品结构与国际市场需求结构相适应，从而获取较高的国际比较效益。

综上可见，在我国发展农工商企业集团是十分必要的。为推动我国农工商企业集团的健康发展，今后应重视发展以下两种主要类型。

1.“一条龙”型

这是指农工商企业之间不论以资金为联结纽带，还是通过经济合同、技术协议等形式来组建集团，都紧紧围绕产、加、销“一条龙”式运作。它一般由农产品生产单位（如农场、农业生产专业户、农业生产承包队等）提供农产品，工业企业负责初加工和深加工，商业企业负责销售，农工商企业三方紧密配合，实现产、加、销活动紧密衔接。

2.资金联合型

这是指由农工商企业以合资形式组建的企业集团。它的主要特征是由农工商企业三方共同投资，在集团内部实行统一计划与管理，对农产品生产、加工、包装、储藏、运输和销售等生产经营活动实行统一规划与协调。

（四）科研生产型企业集团

1.科研生产型企业集团的特点

科研生产型企业集团是由生产企业与科研单位、高等院校共同组成的集团。它是一种组织现有科技力量，融通相关学科技术，实行科研生产紧密结合的新型科技经济组织。科研生产型企业集团具有以下三个显著特点。

（1）科研和生产寓于一体，实现科研与生产的高度统一。科研生产型企业集团克服了科研和生产的脱节现象，各方能够有计划、成系列地进行合作，既制定近期实施计划，又具有长远发展规划，并能够有针对性、有重点、有步骤地组织实施，克服了以往的随意性，实现了科研、设计、试生产、推广、应用等各个环节的紧密衔接，具有高度的统一性。

(2)科研与生产关系的稳定性。科研生产型企业集团形成后,加强了科研与生产的联系,形成了比较稳定的关系。一是由于形成了约束机制,联合各方之间签订联合协议,制定有联合章程,严格规定成员单位各方的权利和义务,任何一方都不得违约,否则,将会受到相应的处罚或制裁;二是在集团内,科研单位和生产企业有着共同的利害关系,利益共享,风险共担,利益纽带把它们紧紧地捆在了一起,从而形成了彼此之间关系的稳定性。

(3)具有较强的开发创新能力。科研生产型企业集团一经形成,较之一般的工业企业集团具有较强的开发创新能力。这是因为,这类集团集中了大批优秀的科技人才于一体,形成了较强的科技力量,拥有一定的试验手段,具有独立研制新产品的能力;同时,也提高了技术引进、消化、吸收能力。由于集团内生产企业的配合可为开发创新能力的提高提供资金、物资和相关设备等方面的条件,也容易较快形成生产能力。

2.科研生产型企业集团的基本类型

科研生产型企业集团的组建方式、成员构成情况不同,发展目标及其功能各异,因此,可对这类集团进行具体分类。

(1)科研先导型。这种集团以科研为“龙头”,集结具有优势的科研单位、高等院校(主要是理、工、医、农的某一系、所、室、科)和相关企业,以开发高新技术产品或形成新兴产业为集团的主要功能。这种集团一般以科研单位为核心,依靠强大的科技辐射力实现与相关企业的联合。

(2)生产依托型。这种集团通常以大型骨干企业为依托,联合相关的科研单位和高等院校而形成。从其目标和任务来看,它既可以围绕技术改造、新技术开发或引进技术消化、吸收进行协作,又可围绕资源综合开发和利用、新产品研制或新工艺开发应用等进行合作。其活动包括科研、产品设计、生产工艺准备、试制鉴定、批量生产和销售等许多环节。

(五)银企集团

当我们考察国外集团性组织时,几乎是毫无例外地看到了金融资本和产业资本互相渗透和融合。在我国企业集团发展过程中,离开了金融渗透和银行等金融机构的介入是难以想象的。由于企业集团发展过程中伴随着生产的集中,必然要有资金的集中。在现行的经济体制下,即使各集团成员的资产存量关系由资产所有者出面协商得以调整,但其不断增长的资产增量投入关系却难调整。传统的金融体制使资金的纵向管理和各金融企业条块分割并存,无法使资金集中于企业集团。如果金融企业进入企业集团,实现金融与产业的联合，资金的纵横管理关系在一个有序化的企业集合体中统一，就有利于或能够解决上述矛盾。银企集团的形成有利于银行打破信贷资金单一的纵向分配体制，各商业银行之间可以融通资金，其内部也可实行信贷资金的联合融通，从而促进资金的横向融通，更好地为集团企业的发展服务。大型企业集团需要巨额投资，由于有金融企业作为成员单位，集团内企业不仅可以优先得到银行提供的资金，而且可以通过成员银行的“协调融资”利用其他金融机构的资金，甚至以一家银行为核心，联合众多银行组成银团，联合放款。同时，银行同企业联合，向企业投资参股，能够完善银行资产结构，有效解决银行投资行为的短期化倾向；更重要的是，可以使银行把资金的供应重点转移到与社会化大生产相适应的企业中去，扶持优先发展的产业，推动产业结构的合理调整，实现资源的优化配置。

目前，银企集团在我国处于初创阶段，概括起来有以下两种基本形式。

1.契约式银企集团

它是由金融企业（既可以是同一商业银行，也可以是不同的商业银行，如工商银行、建设银行、中国银行、交通银行、农业银行、城市信用社、农村信用社等）与工商等企业，在自愿、平等协商基础上，订立联合协议、合同和章程而形成的经济组织形式。

2.参股式银企集团

它由银行和企业共同投资入股形成。它既可实行单向投资入股，又可实行双向投资持股。从单向投入看，或是银行向企业集团投入，持有企业集团内的企业股票，或是集团成员企业持有银行的股票；从双向投入看，就是银行和集团成员企业互相持有对方的股票。银企彼此相互持股形成集团的紧密层，共同派人组建最高决策机构——董事会，下设经理及经理人员组成的管理机构，负责整个银企集团的经营管理工作。

银企集团的形成，拥有集资、融资方面的独特优势，容易迅速扩大集团生产规模，提高银企集团的经济实力，因而在产业范围方面，可以涉足多产业领域，发展多角化经营。它将会成为国民经济中最具影响力的企业集团。

（六）军民结合型企业集团

我国军工企业与民用企业实行联合，组建军民结合型企业集团是十分必要的。

第一，组建军民结合型企业集团是促进经济发展的需要。我国自 20 世纪 60 年代起进行了大规模的三线建设，集中全国的力量建成一批军事工业基地，同国民经济的各个部门相比，军工企业在技术、设备、人才、科研力量、测试手段等方面占有突出的优势。但长期以来，这种优势没有得到充分发挥，尤其军工企业研究出的新材料、新技术、新工艺等得不到及时的推广和应用。而许多民用企业设备简陋，工艺落后，技术力量薄弱，劳动条件差，迫切需要军工企业为它们的技术改造提供装备及其他方面的帮助。通过组建军民结合型企业集团，军工企业的许多优势和多种潜能能够得到充分发挥，弥补民用企业的不足，形成新的生产力，促进经济的发展与繁荣。

第二，战争的特点和规律以及军事装备生产的特点要求军工企业与民用企业必须实行联合，建立企业集团。战争的不可避免性、突发性和高耗性，以及现代军事装备产品具有的技术密集、发展变化快、平时需要量小、战时需要量大且急切等特点，不仅要求国家拥有一定的国防实力和国防工业，而且要求国防工业和民用工业具有生产足以保证在未来战争中取胜的技术先进的武器装备的能力，这在一定程度上有赖于军工企业与民用企业的联合，以至组建企业集团。同时，战争的间歇性和短暂性决定了平时军工产品需求量小，这要求国防工业在和平时期完成军工产品生产和科研任务的同时，与民用企业建立企业集团，发挥自身的优势，装备国民经济其他部门，大力开发和生产技术先进的民用产品，解决军工企业存在的生产能力与“吃不饱”的矛盾。

第三，促进军民结合型企业集团的发育成长是现代科技发展的内在要求。现代科技发展的特点是在一切可能发生作用的领域互相渗透、互相促进。现代军事工业多为技术密集型或知识密集型行业，许多先进科学技术总是由军用“溢出”到民用，促进民用产品生产水平的提高。当然，民用企业也拥有一定的先进技术，同样可以影响军工生产技术的提高。这种军工产品与民用产品性能上的通用性和技术上的渗透性必然导致生产的统一性，而生产的统一性在企业集团这一组织形式中能较好地得以实现。

第四，组建军民结合型企业集团有利于推动军工体制的改革。我国军工企业大多数是封闭式经营模式，自成体系，计划靠指令，物资靠调拨，产品靠包销，与民用企业彼此隔绝，使军工生产局限于品种少、批量小、综合生产能力无法发挥的状况。这就要求军工企业与民用企业联合组建企业集团，打破封闭状态，实现在专业化分工协作基础上的集团化生产经营。这既有利于不断生产和开发出适合国家需要的军工产品，又有利于不断生产、开发出满足人们生活需要的民用产品，实现“保军转民，以民养军”的目标，并充分利用组建企业集团为军工企业转轨变型提供的有利机会和条件，形成经营型的组织机构和开放式的军民结合的新的管理体制。

第五，组建军民结合型企业集团是提高军工生产效益的需要。近几年军工企业的产品生产任务骤然下降，造成许多军工企业连年亏损，某些军工企业不得不依靠国家贷款维持。因此，军工企业必须根据军工产品与民用产品性能上的通用性和技术上的渗透性调整生产结构，使军工技术优势迅速向民用产品生产转移，有针对性、有计划地使部分军工产品生产与民用产品生产合并，走集团生产路子，以增加盈利，不断提高军工企业的经济效益，利国利民。

综上可见，发展军民结合型企业集团是十分必要的。为推动军工企业参与企业集团，由单纯生产军工产品转向军工产品和民用产品兼顾，应首先确定向生产民用产品发展的正确方向。民用产品选型要与军工产品生产工艺相近、产品结构相似、技术相关，且为市场所需。实现军工企业转型的重点是跟踪世界高技术尤其是军事高技术的发展，不断以先进的军事装备武装我们的军队；用军工先进技术改造国民经济中的传统产业；发挥仿制能力强的优势，积极生产进口替代产品；发挥多方优势，促进出口产品生产的发展；发展新兴产业，促进产业结构、产品结构的合理化。为此，应努力做到以下几点：(1)围绕技术引进、消化、吸收和创新发展联合，形成具有较强消化、吸收和创新能力的军民结合型企业集团。(2)围绕增强出口创汇能力组建军民结合型企业集团。当前和今后，应以出口产品生产为中心，以力量雄厚的军工企业、民用企业、外贸企业为依托，实行优化组合，改造和装备出口基地，发展一批外向型企业集团，开发出有竞争力的产品，开拓国际市场。(3)围绕推动技术进步组建集团。当前，许多民用企业中的中小企业特别是乡镇企业，人才匮乏，技术落后，设备简陋，制约着它们的发展。为此，军工企业应重视同中小型企业联合组建企业集团，加强对中小企业的技术改造，迅速提高技术水平，为振兴地方经济发挥应有的作用。(4)围绕资源的开发和综合利用组建企业集团，不断提高对资源产品的精加工、深加工能力和综合利用水平，将低值资源变成增值的商品。

五、外向型企业集团

外向型企业集团是指若干具有内在经济技术联系的企业，基于共同的利益和一致的外向经营目标，自愿联合而形成的经济组织。我国企业集团在发展中趋向外向化、大型化、多角化，是发展市场经济和参与国际交换及国际竞争的客观需要和必然趋势，也是我国企业集团走向成熟的重要标志。

为了正确分析、把握各种外向型企业集团，必须清楚外向型企业集团的基本特征。概括说来，外向型企业集团具有以下基本特征。

第一，外向型企业集团的核心企业往往拥有一种或多种主导出口产品或其他外向型经贸业务。而集团成员都围绕着设计、研制、开发、生产、销售这些产品或开展这类业务而实行分工协作。

第二，外向型企业集团主要面向国际市场，并以参与国际市场竞争为主要目标，其产品出口、劳务输出或其他对外业务占较大比重，直接创汇额占年销售额的较大份额。

第三，外向型企业集团一般在国外拥有自己的办事机构或代理机构，也有些外向型企业集团对外进行直接投资，设有自己的国外分公司，或对国外企业进行参股，使企业集团朝国际化方向发展。

第四，外向型企业集团一般都实行多角化经营，包括经营环节（产品研制、生产、销售等）多元化和产品经营多样化，即所谓经营的多角化。由于国际市场竞争日趋激烈、风险大，而实行多角化经营能够保证企业集团有更大的回旋余地，有利于分散、减少经营风险，掌握经营的主动权。

根据外向型企业集团的特点和不同的划分标准，可将外向型企业集团区分为多种类型。

按照生产经营性质区分，外向型企业集团包括五种类型。

1.外贸型

这是较为普遍的一种外向型企业集团。它的特点是以一个或几个大型外贸企业为核心，联结若干中小型外贸企业组成集团。其主要任务是收购众多的大中小型企业的产品进行出口。外贸企业集团的建立，一方面，使外贸企业在更大的范围和更高的层次上优化组合，强化经济联系，实行对外经营的统一计划、组织和协调，内联外挤，从而消除因平行的外贸组织过多、交叉经营太多、出口过于分散、自相竞争和过度竞争等造成的内耗，增强在国际市场上的竞争力；另一方面，可以避免由于国内乱报价和自相倾轧产生混乱而给外商带来麻烦和不便，提高我国外贸组织的信誉，增强外商的经营信心和积极性，赢得客户，反过来又为我们做好对外经营创造有利条件。

2.技工贸结合型

这是外向型企业集团中最有实力的一种类型。其基本特点是以具有雄厚科研实力的科研单位、大型骨干企业为核心，联合一批相同及相关的科研单位和企业(包括生产企业、外贸企业),生产一种或多种名优产品,不断研制开发新产品,并通过自己的销售系统打入国际市场。

3.金融投资型

这是以大型金融企业为核心,通过在国内外投资新建、兼并、参股和控股等形式不断向其他部门拓展,进而形成金融和工商等企业紧密结合的外向型企业集团。我国的中信集团就是这种类型的企业集团。

4.运输型

这是一种以从事国际陆运、海运、空运的企业为"龙头",联合许多配套服务企业而形成的外向型企业集团。这类企业集团一般处在资金密集型行业,其规模都较大,容易形成行业的垄断性。如以中国远洋运输总公司为"龙头"而形成的中国远洋运输集团,以中国国际航空公司为"龙头"所形成的中国国际航空运输集团,都属于这种类型。

5.对外服务和劳务输出型

这种外向型企业集团的特点是对外提供多种服务和劳务,多集中在旅游、饮食、建筑等行业。如以中国国际旅行社为核心形成的中国国际旅行社集团,以中国建筑工程总公司为"龙头"组成的中建集团,上海锦江集团等,都属于这种类型的企业集团。

按企业集团所属企业是否跨国,外向型企业集团又可区分为跨国型和非跨国型两种类型。

跨国型企业集团是指在其他国家拥有分公司或子公司、孙公司、参股公司的企业集团。有些企业集团虽然在国外设立自己的销售机构或办事处之类的机构,但由于这些机构只是集团的管理机构或办事机构,不是经济实体,因而不能称为跨国型企业集团。跨国型企业集团多集中在工业部门。通过发展跨国型企业集团,可开辟新的生产经营领域,冲破某些国际贸易壁垒,拓宽从国外获取短缺资源的新渠道,带动国产设备及其他产品的出口,有利于吸收国外的先进技术和管理经验,促进国内投资结构、产业结构的合理调整和管理水平的提高,这与典型跨国公司的经营战略是有区别的。跨国公司实行的是全球经营战略,其经营活动实现了国际化,而且企业自身也实现了国际化,即变成了典型的国际企业,它很难转变成国内公司。

非跨国型企业集团是指在其他国家没有分公司或子公司、孙公司、参股公司的企业集团。这种企业集团多集中在外贸、劳务输出、旅游和饮食等经营服务部门。工业部门的不少外向型企业集团在兴建的初期也属于这种类型。

第三章　优化我国企业集团结构

优化企业集团结构是一项复杂的社会系统工程，不仅涉及企业集团的群体结构、企业集团的内部结构，而且涉及组成产业系统的诸多企业、企业集团相互联系和互相作用的形式和方法，以及产生的各种经济关系。研究优化企业集团结构问题对于合理调整企业组织结构，促进产业结构不断向高级化演进，实现国民经济稳定、持续、健康发展，都具有极其重要的意义。

第一节　企业集团结构的内涵、特点及其优化的原则

一、企业集团结构的内涵

所谓结构，就是组成特定系统的诸多要素相互联系和相互作用的形式和方式。它是表示动态的概念。企业集团结构是指构成企业集团这一经济系统的诸多要素（包括各类企业、相关的事业单位及各类企业集团）相互联系和相互作用的形式和方式。企业集团结构的合理化是要优化企业群体组织结构，解决社会生产力的合理配置问题，以提高企业集团的经济效益和宏观经济效益。

企业集团内部结构的构成要素是企业集团内部的各个单位，上至集团总部、总部职能部门，下至分公司、子公司、关联公司、协作单位以及生产车间、班组等。这些单位如何有机地组织起来，是解决单个企业集团内部生产要素合理配置问题的关键，它的形成和变化主要取决于企业集团的规模、管理手段、管理水平以及所处的领域、外部市场和企业集团的发展战略等因

素。优化企业集团内部结构为的是提高微观经济效益。

二、企业集团结构的特点

企业集团结构具有自己的特点,主要表现为:一是整体性。企业集团作为一个整体系统,是由各类企业以及人、财、物和供、产、销等多因子、多变量、多层次、多目标组成的复杂动态整体系统,诸多组成要素是它的一部分或一个方面,是从属于这个整体系统的。由于诸多组成要素之间的内在经济技术联系和作用,企业集团结构具有不同于其组成要素的性质和特点。因而,任何组成要素不能替代由它们组成的企业集团结构,企业集团结构也不是这些组成要素的机械组合,而是通过优化选择形成的多种优势集中的有机组合体。二是相关性。它是指构成企业集团整体系统内在结构要素之间的相互联系、相互制约关系,这些关系决定了要素在企业集团整体中的地位和作用。如具有雄厚经济技术实力的大型骨干企业往往要发挥核心作用,相同或相关的中小企业通常只能起配套协作作用。三是目的性。人们组建企业集团,并使之形成一定的结构是有目的性的。从根本目的来讲,是适应生产力和市场经济发展的要求;从直接目的来讲,具有营利性,以获取规模经济效益。四是复杂与变动性。从静态看,企业集团结构与单个企业结构相比是非常复杂的,从动态看,就更复杂了。不仅如此,由于产业结构的不断变动,与此相适应,企业集团群体结构以及各自内部构成要素及相互关系也将随之变动,不仅有量的变化,而且存在质的变化。五是调控机制的相对独立性。企业集团作为一种经济联合组织形式,与一般的企业联系、经济协作、经济往来等有着根本区别。它作为一种经济组织,有自己特定的联合协议、章程、管理机构、控制协调手段、规章制度及分配方式等,形成了相对独立的调控机制,包括调整内部结构及集团扩张或合并、解体等,直接影响集团群体结构。

研究企业集团结构,就是要对上述企业集团结构的内部及其特点进行具体分析,全面深刻地揭示其内在联系及运行规律,达到优化企业集团结构的目的。

三、优化企业集团结构应遵循的原则

1.国民经济比例关系协调发展的原则

只有国民经济各部门、各部门内部的比例关系比较协调,社会再生产才能够顺利进行。作为国民经济细胞的企业集团是各产业的支柱力量，企业集团结构的形成与变动对产业结构的变化将产生重大作用，表现为积极的促进或消极的抑制作用。因此，组建和发展企业集团，优化企业集团结构，应遵循产业结构演变规律和轻重工业结构演变规律等。如在产业结构演变方面，随着经济增长，第一产业的比重呈减少趋势，第二产业的比重先增加后减少，第三产业的比重呈增加趋势。尽管各国在这种总的变化趋势中所呈现的特点不同，但这种变化总趋势已为许多国家的经济发展所证实。与此相适应，企业集团在各产业中的份额应与产业的发展状况相一致，这有利于促进新兴产业的形成，推动产业结构的不断演进，实现产业的高级化。

2.有利于资源合理配置的原则

优化企业集团结构的基点在于合理配置资源，表现为社会劳动力资源、劳动资料、自然资源（包括生态资源、生物资源、矿物资源）等在全社会范围内的合理配置和有效利用，按照国民经济发展的要求进行组合和不断调整，减少盲目生产和重复布点的现象，实现资源配置、利用的最佳效益。

3.经济效益和社会效益统一原则

企业集团结构是否合理，其重要的标准之一就是看其能否实现经济效益和社会效益的统一。能够产生经济效益的某种企业集团结构并非必然产生社会效益。如那些仅从本地区、本部门、本行业或本单位利益出发形成的企业集团结构，只服从于狭隘的经济利益，不会产生较高的社会效益，甚至有害于社会效益的提高。因为这种企业集团结构往往阻碍企业群体组织结构的合理调整，难以形成合理的企业集团规模，人为地为资源的优化组合增设障碍。当然强调社会效益绝不是否定经济效益，而是要以经济效益为基础，以社会效益为目标。因为没有经济效益也就不会有社会效益，两者是辩证统一的关系。

4.层次性原则

企业集团结构是纷繁复杂的，但不是杂乱无章的，而是有其层次性，有规律可循。因此，优化企业集团结构一定要遵循其层次的特性，重视整体与层次、层次与层次之间的相互联系、相互作用的关系。

从时间上看，发展企业集团，建立合理的企业集团结构，应考虑到有先有后，有重点、有步骤地进行。那些具备条件的地区、行业可率先发展，如果地区的资本积累水平、企业经营管理水平、科技进步水平较高，投资环境良好，以及经济、文化等整体素质较好，那么可把规模经济作为发展战略摆到经济发展的重要位置，推动规模经济最有效的组织形式——企业集团的发展；而在一些经济基础仍然比较薄弱的地区，应首先把工作的重点放在调整优化结构，加速经济总量的积累上，在这一发展基础上可考虑把规模经济作为该地区的经济发展战略加以推行。根据我国生产力水平及产业结构状况，我们应该在支柱产业（汽车工业、钢铁工业、建筑业、石油化工、机械电子工业等）和基础产业（能源、交通运输、原材料、邮电通信等产业）方面优先重点发展企业集团。

从组织的难易程度看，既要注意组建低层次的企业集团，即那些技术起点低、难度较小、花费力气小、投资少、见效快的集团（主要是劳动密集型企业集团），又要重视发展高层次的企业集团，即那些技术起点高、难度大、投资多、近期效益不明显的企业集团（主要是技术密集型或知识密集型企业集团）。这种高层次的企业集团对国民经济的发展会产生巨大的影响。

从空间上看，既要注意发展地区性及全国性的企业集团，并推动行业性企业集团向跨行业、跨地区、跨所有制扩张，实行多角化经营，又要重视发展外向型企业集团，尤其是跨国型企业集团。

5.扬长避短、优势互补原则

构建企业集团结构应遵循扬长避短、优势互补原则，发挥出参加集团的各方的优势，用自己的优势弥补其他集团成员的不足，也利用对方的优势弥补自己的不足。这种扬长避短、优势互补原则只有建立在高度的专业化分工协作基础上才能形成“1＋1＞2”的规模效应。那种违背扬长避短、优势互补原则，仅为扩大单位经济规模而拼凑出的企业集团，从本质上说，与规模经济根本沾不上边，充其量只是扩大了统计核算范围而已。因为它不是对大小不同的企业按照专业化分工协作关系进行组合，使之成为一个具有内在紧密联系的优势互补的企业群体，也就不可能获得理想的规模经济效益。

第二节　企业集团的内部结构

一、一般企业集团的组织层次结构

企业集团是由多个法人联合而成的经济组织（也称为“经济联合体”，在欧美则往往被称为“利益集团”“财团”“总公司”）。参与集团的企业依据彼此之间一定的技术经济关系形成紧密程度不同的多层次结构，一般来说，都包括四个层次，即核心层、紧密层、半紧密层和松散层，并分别由核心企业、紧密层企业（基本企业）、半紧密层企业（“卫星”企业）、松散层企业（协作企业）所构成（见图 3-1）。

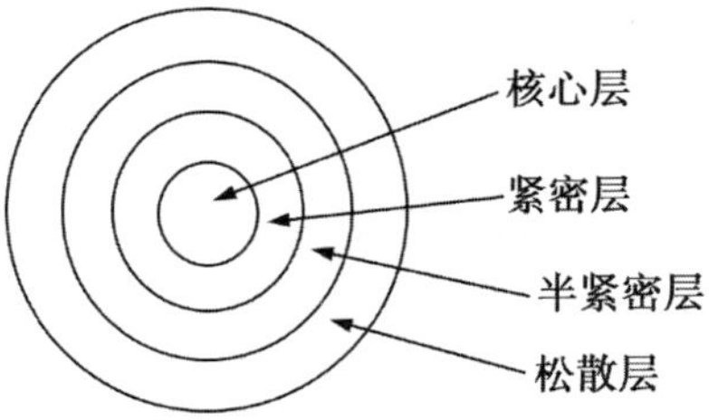

图 3-1　企业集团多层次结构示意

不同层次的企业在企业集团中被有机地结合起来，各自发挥着不同的功能和作用。

核心企业是在企业集团中发挥主导作用的企业。它有别于企业集团，可称之为集团公司，其中有的能够发挥企业集团的领导机构的作用，并有可能与紧密层企业在人、财、物和产、供、销方面实现“六统一”。集团公司是企业集团的核心，是整个企业集团的灵魂，其状况直接影响其他成员企业乃至整个集团的发展。还应指出，在一个集团内，核心企业可以是一个，也可以是多个，并随集团经营状况的变化而变化。

紧密层企业是指那些在企业集团中起骨干作用的企业。紧密层企业一般都为大企业（包括工业企业、金融企业、商社等）。紧密层企业之间的相互关系体现了企业集团的许多特征，如紧密层企业的经理与核心企业的经理通常组成集团的管理委员会；集团内企业间的相互持股，也大多是这些企业间的相互持股。

半紧密层企业往往是核心企业、紧密层企业的参股企业，其中包括了大企业的关联公司。与核心企业和紧密层企业比较，半紧密层企业的规模、影响力都较小，处于受控制的地位。当然，半紧密层企业的地位也是可改变的，如果其规模扩大、影响力增强也可以转化为紧密层企业。

松散层企业是指那些为企业集团提供协作服务的企业。松散层企业的规模一般较小，更多的是实行高度专业化配套生产。尽管从严格意义上讲松散层企业不是集团成员，但通过稳固的协作关系，这些企业被称为企业集团的协作企业，集团仍能影响和部分控制这些企业。

二、股份制企业集团的结构

股份制企业集团的结构，包括层次结构、股权结构和权力结构。

（一）股份制企业集团的层次结构

股份制企业集团的层次结构包括核心层（由母公司及分公司组成）、控股层（即紧密层，由若干子公司组成）、参股层（即半紧密层，由若干关联公司组成）、协议层（即松散层，由若干个固定协作单位）组成（见图 3-2）。

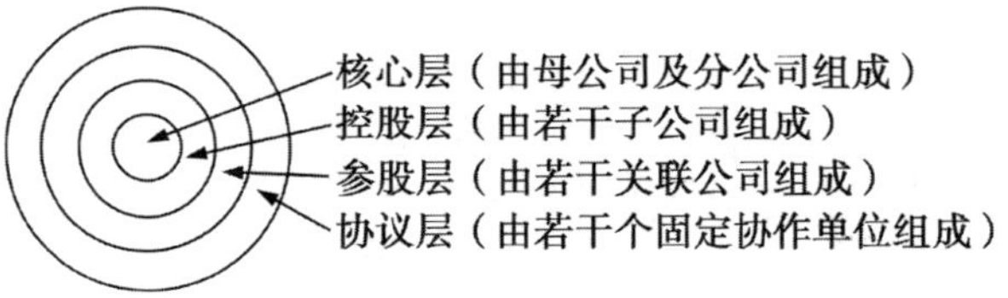

图 3-2　股份制企业集团多层次结构示意图

母公司（或称总公司）是通过掌握其他公司股票，能实际控制或影响其他公司经营活动的公司。母公司作为企业集团的核心企业，一般应具备下列特征：(1)具有法人地位和雄厚的经济实力；(2)在集团中处于主导的核心地位；(3)拥有一定数量的分公司和子公司；(4)发挥集团投资中心的功能；(5)具有统一的发展战略和整体规划。

分公司是总公司的一个分支机构，不是独立的法人，即不具有法人地位，进行独立核算，并拥有较大的经营自主权；不实行自负盈亏，而由总公司对其统负盈亏。它一般以总公司的名义或受总公司委托进行业务活动。

子公司是指一定比例以上的股份被另一公司所拥有而受其控制的、具有独立法人地位的公司。它受母公司的实际控制。母公司对子公司的控制是通过股权的占有关系实现的。就是说，母公司不是直接依靠行政权力来控制子公司，而是通过行使其股份进行。同母公司一样，子公司也是独立的法人，拥有自己的公司名称和公司章程，可以独立召开股东大会和董事会，具有自己独立的经济利益；可以用自己的名义进行业务活动和民事诉讼活动，并以自己所有的财产对自己的债务负责，与母公司互不连带。基于母公司拥有子公司多数股份的所有权，母公司对子公司的经营决策、战略方向及人事任免等方面有着重要影响，拥有对子公司的重大事项的决定权，尤其是能够决定子公司董事会的组成。

关联公司是指母公司或子公司持有该公司一定数量的股票，但未达到控股程度。

固定协作企业是指同母公司或子公司形成固定业务协作关系，一般没有相互参股、持股关系，习惯上被人们称为松散的企业集团成员企业。

如果按照资产的组织方式（资本控制或持股关系等）来区分，企业集团可分为横向结构和纵向多层次结构两大类。其中，横向结构的企业集团又可分为单向结构和环状结构两种（见图 3-3 和图 3-4）。

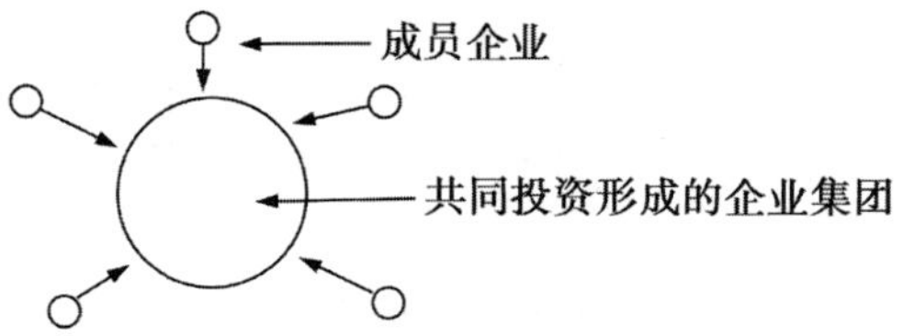

图 3-3　单向结构的企业集团

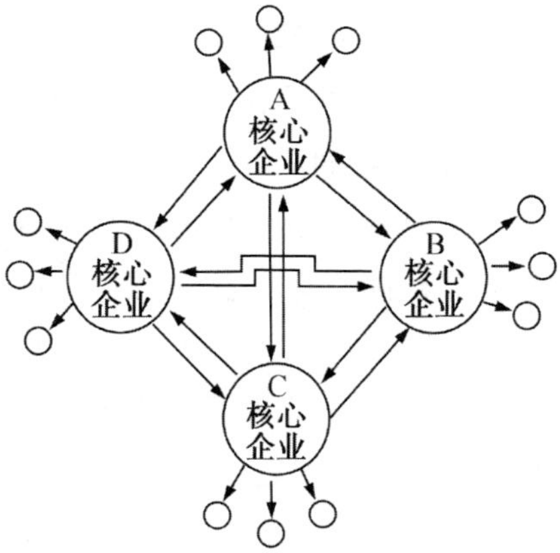

图 3-4　环状结构的企业集团

在横向结构的企业集团中，单向结构的企业集团是由各集团成员共同投资形成的。这种投资是单向的，即集团成员对企业集团的投资，而不存在集团公司对其他成员以及成员之间的相互投资所形成的持股或控股关系。

在这种结构的集团中,谁投资股权就归谁所有,并以此得到相应的收益,从而使产权关系明晰化,也有利于冲破条块分割的束缚。

环状结构的企业集团,其主要成员之间相互持股,并在这种相互持股关系基础上实行人员互派,形成一种“你中有我,我中有你”的结合格局。如图 3-4所示,D 核心企业持有 C 核心企业的股份,C 核心企业持有 B 核心企业的股份,B 核心企业持有 A 核心企业的股份,A 核心企业持有 D 核心企业的股份,还可以形成 A、B、C、D 各核心企业之间相互交叉持股,从而形成企业集团。其中,A、B、C、D 各核心企业,既可以是工业企业,也可以是金融企业、综合商社等。环状结构的企业集团反映企业之间的横向结合状态,是一种“强强联合”,表现为实力雄厚的企事业单位之间的联合。

纵向多层次结构的企业集团是指通过层层逐级控股关系或持股关系而形成的企业集团。它表现为集团中母公司(核心企业)控制子公司(紧密层企业)的股份,子公司又控制孙公司(半紧密层企业)的股份,孙公司又控制重孙公司(关联企业)的股份,从而形成了“金字塔”式的资产组织结构(见图 3-5)。

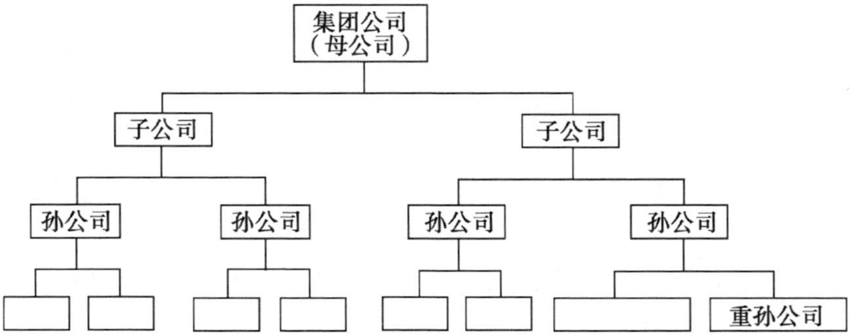

图 3-5　纵向多层次结构的企业集团

当然,这种结构的划分是相对的,在具体的企业集团中,这几种结构还可以交叉。在横向结构的企业集团中,也可有纵向持股关系。如图 3-4 中的 D 核心企业还可以纵向控股或持有其他企业的股份,甚至可以通过纵向控股或持股关系形成大集团中的一个小企业集团(或称企业集团中的一个旁系集团)。在纵向结构企业集团中,也可以形成横向的控股或持股关系,如子公司之间、孙公司之间、重孙公司之间或各层次之间都可相互持股或控股。从我国企业集团的结构形态看,纯粹的单向结构型、环状结构型或纵向多层次结构型的企业集团较少，而两种或两种以上结构型相结合的混合结合型居多。

（二）股权结构

组建股份制企业集团，股权应如何设置、应形成怎样的股权结构是不可忽视的问题。我国现阶段允许多种经济成分共存，除了全民所有制经济和集体所有制经济外，还存在个体经济、私营经济、外资等。不仅如此，还形成了不同的利益主体，如事业单位、社团等。凡是有资金的法人和自然人、社团和外资经济，经批准后都可以投资入股。因而，究竟设几种股权及各种股份分别占多大比重，应按照生产经营的需要和当时所处的经济环境来确定，不存在一个固定不变的模式。通常情况下，按投资主体不同，一般可划分为国家股、法人股、个人股和特种股。

国家股是指政府用国家财政和地方财政收入投资所形成的股份以及政府指定的国有单位持有的股份、国有企业的净资产（包括固定资产、国拨流动资金、生产发展基金、专项拨款及无形资产等）所折股份。设置国家股，就会遇到国有股股权行使问题。在我国按照把政府的行政管理职能和资产管理职能分开，既确保国家对国有资产的所有权，又建立起企业法人财产权制度的改革思路，适宜采用两个层次来行使国有股股权：一是成立国有资产管理部门，如国有资产管理委员会或国有资产管理局。其任务是制定国有资产管理的各种政策、法令、规章制度、考核指标和奖惩办法等。二是成立各种国有资产经营管理公司。其任务是执行国有资产管理的各种政策、法令和规章制度，保障国有资产的完整和增值，防止国有资产的流失，负责国有资产投资的收益分配和回收投资的再分配，向有国家股的股份制企业集团（也包括企业）委派股东代表。当然，国有资产管理部门还可以将国家股直接授权集团公司来经营管理。

我国现阶段，从总体上讲，企业集团和企业实行股份制，必须贯彻公有制经济为主体这一原则。而具体到每一家企业或企业集团，要根据具体情况选择不同的股权结构。如涉及国防建设或关系到国计民生的基干产业的企业集团，实行股份制时必须坚持以公有制经济为主体，国家股要占绝对优势；以原国有大中型骨干企业为核心组建的企业集团实行股份制时，国家股要占多数，对紧密层企业国家股要力争达到控股水平。对通过横向经济联合、吸引外资或社会招股建立的一般企业集团实行股份制时，通常不强调国家股、法人股、个人股或外资股谁占多数谁不能占多数。

法人股是指作为民事权利主体享有民事权利和承担民事义务的组织持有的股权。日本和欧洲的许多企业集团股权结构的一个特点在于法人持股比重大。从日本全部股票上市公司持股主体的持股比例之演变来看，金融机构和企业法人(其核心是大企业)持股比例持续上升，而个人持股比例持续下降。1950 年，金融机构和企业法人持股仅占 15.5%，而个人持股则高达 69.1%，但到 1993 年，这两个比例分别变成了 69%和 23.2%。持股结构的另一个特点是由于法律对持股有限制，一般大公司相互持股以 2%～4%最多，而集团内每家企业持有另一家企业股份的平均比例(称平均持股率)一般并不高。1977 年六大企业集团(三菱、三井、住友、富士、三和、劝业)平均持股率为 2.19%，到 1989 年已下降到 1.42%。尽管平均持股率不高，但集团成员企业被本集团各成员企业持股率的合计(称相互持股率)却不低，如 1989 年六大企业集团相互持股率平均为 21.64%。近年来比率虽有所下降，但下降幅度并不大。再如德国企业集团的股权结构在法人持股占优势这一点上与日本相似，并且德国工商企业法人持股率还高于日本。如在 1990 年，企业集团中个人持股占全部股权的 17%，非金融法人占 42%，人寿保险占 12%，银行占 10%。

而在我国股份制企业集团中，国家股占的比例最大，法人股次之。应该指出，法人持股是股份制企业集团的一大特色并具有重要意义。通过法人相互交叉持股来组建企业集团，一是能够形成稳定的股东。一般来说，个人股东持有股票往往以获取红利和股票升值带来的“资本收益”为目的，因而具有不稳定性，经常随股价变动被买进卖出。法人持有股票则是为了在某种程度上影响被持股企业的经营，一般不随股价变动而抛售，因而比较稳定，有利于稳固企业间的协作关系，减少企业倒闭的危险。二是法人股东虽不以追求股价上涨带来的“资本收益”为目的，但仍有抬高股价、压低分红的倾向，因为抬高分红是法人股东彼此支付、相互抵销，而得利的却是个人股东，实际增加了费用负担，因此具有压低分红的倾向。同时，法人相互持股需大量购买股票，使一些企业股票供不应求，刺激股价上涨，有利于企业筹集资金，使企业经营者得以运用廉价的资金。三是通过法人相互持股突出经营者集团的作用，有助于突破原有行政隶属关系的束缚和弱化行政干预，促进政企分开，转变经营机制，推动企业向自主经营转化。实践证明，在若干法人单位投资参股新组建的股份制企业集团，由于不存在行政主管部门，或虽有行政主管部门，但主要是挂靠而不是直接隶属关系，企业拥有较大的生产经营自主权，基本上能根据市场的变化自由地进行生产经营活动。四是一旦有集团外的企业或外国企业收购的可能性时，集团成员单位可以迅速采取一致措施，阻止此类事件的发生。但是，相互持股形成的共同利益整体所产生的排外现象应引起重视。因此，有必要对相互持股的方式、比例等作出法律规定，尤其是对相互持股的比例要作出严格的界定。

个人股是指城乡居民和企业职工持有的股份。个人股分为公开发行股票的个人股和不公开发行股票的个人股。对于公开发行股票的个人股，凡是中华人民共和国公民包括本企业职工都可以购买，这种股纯属个人股，其性质属于私有。而不公开发行股票的个人股(也称企业职工合作股)，只能由本企业职工购买，而且往往是限量的，大家都购买等量的股份。这种股份不能转让，其性质是合作经济性质。个人股和职工股对吸收社会闲散资金，将部分消费基金转化为生产基金，对抑制通货膨胀等都具有积极的作用。但我们不能把个人股的作用估计过高，把它看作是筹资的主要渠道，也不能认为只要企业职工购买本企业一定数量的股票，就能够把企业的经营成果与职工的切身利益紧密地结合起来，从而大大调动职工的积极性、主动性和创造性。从我国现阶段来看，由于劳动者收入水平普遍较低，能用于积累并转化为股票投资的部分毕竟是有限的，因此，个人股的投资额在企业的整个股权结构中一般只占较小的份额。即使在发达国家，个人股东的数量虽然庞大，但持股率并不高。如1990年德国企业集团中个人持股占全部股权的17%，而非金融法人占42%，人寿保险占12%，银行占10%。再如，1986年日本上市企业的个人股东持股率仅为24%，并有不断下降趋势，而法人股东的持股率高达66%，呈上升趋势。另外，股息或红利对职工积极性的刺激作用是有限的，也不会有工资、奖金那样来得直接与强烈。

特种股也叫外资股，是指外国的政府、法人或个人向中华人民共和国企业投资所形成的股份。从长远来看，我们利用股份制吸收外资将是引进外资的一种有效形式。

除上述四种股权外，有些股份制企业或企业集团还设置企业职工集体股，即把原企业积累的职工福利基金和奖励基金等转化为投资所形成的股份，其股权由职工选出的代表行使，红利归原企业职工共有。

(三)组织结构

这里讲的组织结构是指企业集团的组织结构，而不是集团公司的组织结构，两者是有区别的，不能混淆。企业集团核心企业的集团公司的组织结构是一个企业的内部组织结构，仅包含集团公司中的各个部门和人员的构成以及这些部门和人员之间的关系。而企业集团的组织结构是指某一企业集团中的各部门、各成员企业和人员的构成以及这些部门、企业和人员之间的关系。企业集团中各部门、各企业以及人员之间的分工与协调形成了企业集团组织结构的基本框架，并由权力结构（通常由股东大会、监事会和董事会三种机构组成）、部门化、管理幅度、成员企业设置等一些基本要素构成。这个问题将在第六章“企业集团的管理问题”作进一步的论述。

第三节　中国企业集团的群体结构

企业集团的群体结构不同于某一企业集团的内部结构，群体结构所要研究的是“宏观结构”，而内部结构指的是“微观结构”。建立合理的企业集团群体结构对于实现企业集团在各产业间的合理布局，带动资源在产业间的合理配置，推动产业结构和产品结构的合理调整，与消费结构保持动态适应性，促进国民经济高速、持续、协调发展，尽快把我国建设成为一个世界经济强国，都具有极其重要的意义。

一、企业集团群体结构的优化与加快支柱产业发展

进入 20 世纪 90 年代，我国农业的发展已经基本满足了城乡居民对食物的需要；工业消费品也由短缺转变为低水平过剩或特定时期的某种结构性短缺；能源和原材料产量已居世界前列，如煤炭产量已居世界第一，钢铁产量跃居世界第二。从发达国家实现工业化历程来看，当农业和劳动密集型产业发展基本满足人们吃饭、穿衣等需求后，一般人均国民生产总值达到 300～400 美元时，经济发展就会出现一个新的跳跃，即以满足新的更高层次的消费需求为目标，集中发展资金密集和技术密集型产业，从而使经济发展进入一个以重化工业为主的工业化阶段。同时，随着人们消费水平和生活质量的提高，以家用电器为代表的“千元级”单件消费品的消费阶段将渐渐过去，居民消费结构将进入以汽车、住宅为代表的“万元级”单件消费品的消费阶段。为了消费住房、轿车等高档耐用产品人们必须有一个较长的储蓄过程。在这一时期内，由于新的居民消费热点尚未形成，大量收入转化为储蓄进入银行，居民家庭收入分配中的消费比重明显下降，而储蓄倾向明显加强。居民消费需求结构的升级，又必将带来产业结构的升级。若是消费家

电产品，每件所需金属和化工材料最多不过十几公斤，而消费汽车这类产品，则需要几百公斤乃至成吨的金属和化工等材料，因而需要消费更多的能源(煤炭、石油等)，也需要更多产业部门的配合，如机械、电子等部门的配合。住宅需求将带动建筑业的发展，也相应带来了对钢铁、建材、化工等产业的强大需求。由此不难看出，钢铁工业、汽车工业、建筑业、机电工业、石油化工应是我国现阶段的支柱产业。

支柱产业的产业关联性较强，技术含量高，市场前景极为广阔，对于促进产业结构的升级，提高国民经济的总体素质至关重要。因此，一方面，把大力培育和支持支柱产业作为国家产业政策的重要内容是完全必要的，而不能单靠发挥市场机制的调节作用；另一方面，由于目前这些产业普遍存在集中度过低、投资过于分散、生产规模不大、技术水平不高、产品质量差、创新能力弱及价格过高等现象，因而支柱产业必须确立合理的企业组织结构，它不仅表现为集中化，而且表现为集团化和合理的企业集团群体结构。下面对支柱产业企业集团群体结构作些具体分析。

(一)汽车工业企业集团群体结构

汽车工业是一个高度综合性的工业部门。一方面，具有产业关联度高，附加值、需求弹性和技术进步率高等特点，可以促进钢铁、塑料、交通等多种行业的发展；另一方面，汽车工业虽然需要巨额投资，但可以采用多种先进技术，资金回收快，利税率高，可以成为一国的重要财源。因此，所有工业发达国家都将汽车工业作为工业化进程中的支柱产业。我们可以看到这样一个规律：凡是工业发达国家，汽车工业都十分发达；凡是汽车产量最多的国家，都率先获得了经济的高速发展。汽车工业的支柱地位以及它的超前性是不以人们的意志为转移的。美国、德国、法国、日本、韩国等国家的经济起飞都和汽车工业的发展密切相关。我国汽车工业是从 1953 年开始起步的，1958 年汽车产量只有 1 万辆，现已突破年产百万辆的生产大关，并达50 多个品种，初步形成了中型卡车为主，轿车、重型车和微型车等为辅的较为完整的汽车工业体系。我国汽车工业在一般年份的增长速度都超过同期国民经济增长指数 3 个百分点，并且生产的卡车出口额 1989 年达 1.8 亿元，1991 年达 2.3 亿元，呈现出不断增长趋势。但还必须看到，随着我国三次产业及人民群众生活用车需求量的急速增长，我国汽车工业的发展已经严重滞后。加入世贸组织后，中国汽车工业将面临着国际市场激烈竞争的严峻考验，不能不说中国汽车工业面临着挑战和机遇。

中国汽车工业目前存在的问题,可概括为以下五个方面。

1.投资严重不足

新中国成立后从第一个五年计划开始,我国汽车工业在全民所有制企业中的投资比重仅为0.89%,在长达30多年的时间里,这一投资比重从未超过1%,直到1985年才逐渐超过1%。由于从中央到地方财力有限,全国在新中国成立40多年来对汽车工业的累计投入为220亿元,这个数字仅是美国1985年一年对汽车工业投资的1/10。中国汽车工业目前已形成355亿元的固定资产,但这个数额仅相当于美国通用汽车公司的1/12,日本丰田公司的1/8,德国大众公司的1/4。汽车工业是技术、资金密集型产业,据国外资料,每形成一辆汽车(通常指轿车或轻型车)生产能力,需投资1万美元。而在我国,据有关人士估算,我国目前汽车产品的工厂成本水平大致为:排气量1.6～1.8升的轿车为每辆8万～10万元;排气量1.6升以下的轿车为每辆5万～6万元;微型车每辆为3万～4万元。由于汽车行业规模经济显著,最小有效规模或说合理规模最小为年产40万辆,轻型汽车的经济规模也须达到15万辆,要形成这样的能力,往往需要几十亿美元的投资。由此可见,投资不足必将制约汽车工业的发展。

2.集中度过低

比投资不足更为严重的是有限投资的分散化,集中度过低。中国目前共有整车制造厂125家,汽车改装厂650余家,这些汽车厂分别隶属于中央的几十个部委和全国20多个省、自治区、直辖市以及一些计划单列市。这些汽车厂年产超过10万辆的仅有几家,年产万辆以上的仅14家,近百家企业的年生产能力在千辆左右,甚至年产百辆、几十辆的厂家也不乏其例。而同时起步同期发展的日本年产量却达到1100万辆(其中丰田汽车公司年产量达400万辆),连20世纪70年代才起步的韩国仅在10年中都发展到年产130多万辆。我国汽车生产厂家的总数相当于世界主要汽车生产国汽车厂总数的1/2,但1991年生产的汽车数量仅占全世界汽车产量的1.42%。美国、日本、德国、法国、意大利各国只有十来家大的汽车公司,但其汽车产量却占世界汽车总产量的80%以上。1988年美国生产汽车1121.7万辆,仅通用、福特、克莱斯勒三大公司的汽车产量就达1019.4万辆,占总产量的90.88%,去年这三大公司的总资产达4122.1亿美元,销售额达2704.6亿美元。1988年日本五大汽车公司、德国三大汽车公司、韩国三大汽车公司和意大利菲亚特一家公司的汽车产量分别占各国总产量的78%、75%、98%、

96.4%。而我国汽车工业三厂集中度仅为30%左右。我国汽车工业投入本来就少，再加上重复建厂、投资严重分散化、集中度过低，汽车工业难以形成规模优势。造成这一状况的主要原因是中央与地方财政分灶吃饭，各自为政；国家对进口汽车征收高关税（目前，中国轿车的进口税率为180%～220%），国内汽车市场尤其是轿车供不应求，造成价格扭曲。例如，在国际市场上约5000美元的国产奥迪牌轿车在国内市场售价高达30多万元人民币；长安微型面包车，国际市场怎么也卖不到2万元，而国内起码得6万元左右。这种高利润的诱惑使很多地方、部门认为投资建汽车厂有利润，于是千方百计地上汽车项目。这些综合因素是造成盲目上马、一哄而起造汽车，重复建厂、投资严重分散化的深层次原因。而低水平的重复建设、重复引进又造成资金、物资、人才、技术的巨大浪费，使有限的资源得不到最佳配置。极为严重的是，这种盲目投资争上汽车厂的势头至今有增无减。

3.产品结构不合理

我国汽车产量虽有较大幅度上升，但产品结构长期呈现出一种重生产轻消费的畸形状况，即在全部汽车产量中，载货汽车所占比重过大，乘用车特别是轿车所占比重过小，而且载货汽车系列内部缺重少轻的问题也一直很严重。据统计，1991年我国各类汽车的总产量约65万辆，其中重型车、中型车、轻型车（含微型）、客车、轿车产量占汽车总产量的比重分别为3%、33%、35%、16%、15%。可见，轿车产量占汽车总产量的比重偏低，即使到了1993年，我国轿车年产23.4万辆，占汽车总产量的18%，这个比重仍然很低。到目前为止，我国汽车工业产品结构失衡问题仍未得到根本解决。

4.产品质量差

我国汽车质量差也是一个较为突出的问题。据统计，国产汽车经济寿命一般是10～15年，而外国汽车一般为15～30年；国产汽车自重比其他国家的高10%～20%，油耗比其他国家的高10%～30%；外国汽车的无故障里程一般为1.5万～2万公里，而国产汽车往往只有1000～2000公里，以及一些国产汽车噪音、排污量都超标。造成产品质量差的一个重要原因是缺乏优质的零部件。一辆汽车由2万多个零部件组成。但由于整车与零部件价格比价不合理，生产整车利润高，而生产零部件利润较小，因而零部件产业投入不足，致使许多零部件厂基础差、起点低、产品质量差。零部件质量差，整车质量也就难以提高。

5.缺乏开发创新能力

这一问题表现在各类汽车的生产方面，尤其以轿车更为突出。1958 年中国一汽先后生产出国产“东风”和“红旗”牌轿车，之后上海轿车厂生产出“上海”牌轿车，从此结束了中国不能生产轿车的历史。但由于种种原因，改革开放以前，中国轿车工业处于小批量生产的缓慢徘徊发展状态。改革开放以后，轿车市场不断扩大，中国汽车工业开始与国外投资者合作，引进技术和车型，如上海的桑塔纳、北京的切诺基、广州的标致、一汽的奥迪、二汽的雪铁龙等。我国轿车工业引进、消化、吸收能力很弱，目前引进的一些轿车车型与国外相比已落后，有些很快将被淘汰。发达国家汽车工业一般 2～3 年就能研制开发出一个更新颖、更美观、更节油、技术性能更高的新车型，因此具有很强的竞争力。巧妇难为无米之炊。中国的轿车工业没有自己的新车型研制开发能力，因而很难在国内外汽车市场上参与竞争，尽快成为汽车工业生产大国的发展战略也就难以实现。

我国汽车工业走入发展的误区，出现上述困境，原因是多方面的，其中最重要的一条原因是企业组织结构不合理。因此，要迅速调整汽车生产企业的组织结构，提高汽车工业生产集中度和企业规模，实现大规模、大批量的现代化汽车生产模式，走出一条自主开发、自主生产、自主销售、自主发展，参与国际竞争的道路。国家应从体制上彻底解决汽车工业投资分散、汽车生产厂家太多太滥的状况，打破部门、地方、所有制的局限，走集中联合的道路，形成少数在国内外市场具有较强竞争力的特大型汽车工业企业集团，彻底结束我国目前汽车工业投资分散、乱上项目、小批量、小生产、低效益、过度竞争的混乱局面。为此，我们要认真总结国内外的经验教训，借鉴工业发达国家的成功经验，强化政府的宏观调控功能，实行重点扶持、政策倾斜的方法，择优选择 3～5 家综合条件较好的大型骨干企业进行重点培植。考虑将企业总量规模、生产批量的先进性、产品结构的合理性、产品的先进性、资源利用效果的高效性以及国际竞争力方面作为选择条件和政策倾斜的标准，利用产业标准和经济杠杆，使支柱企业集团的资源优先得到保证，自主权优先得以落实，经济利益优先实现，使之成为我国汽车工业的“火车头”，以带动整个汽车产业的发展。同时，也要通过政策、法律法规来引导众多的汽车生产厂家走专业化分工协作的道路，与之配套。

从我国汽车工业的现状来看，年产 15 万辆以上、年销量 10 万辆以上的企业有：一汽集团、东风集团、上海汽车工业总公司、天津汽车工业总公司；

年产10万辆以上、年销量8万辆以上的企业有：中汽总公司；年产2万辆重型汽车、年销量达到1.5万辆的企业有：重汽集团、东风汽车公司。上述企业经济实力和技术水平较强，国家应予以重点支持。其中扶持一汽集团、东风集团、上海汽车工业总公司、天津汽车工业总公司各自尽快形成50万～100万辆的生产能力，并使一汽集团、东风集团成为具有综合生产能力的特大型汽车工业集团。如一汽集团将形成中型、轻型、轿车系列产品生产能力，东风集团将形成重型、中型、轿车系列产品生产能力。同时，两者都应确立向轿车倾斜的发展战略。上海汽车工业总公司、天津汽车工业总公司、中汽总公司成为以生产轿车为主的大型汽车工业集团，重汽集团成为以生产重型汽车为主的大型汽车工业集团。这几个大型或特大型企业集团的形成与发展，将会强有力地推动我国形成拥有完整的汽车产品系列和在先进技术基础上自主设计、开发、生产、销售的能力。这种企业集团群体结构既可以避免分散的过度竞争，又有利于防止只此一家的垄断经营，形成一定的垄断竞争性。把我国汽车工业放在国际市场竞争中考察是十分必要的。

在国家扶持下，大型汽车工业集团应在自愿、互利原则下，通过兼并、资产划转、参股、控股等形式进一步扩大企业联合，吸引其他的整车生产厂家和改装厂加入集团中来，按照专业化分工协作的要求进行配套生产，实现横向成系列，纵向一条龙。这样集团公司可集中力量规划、设计开发新车型，研发关键零部件生产、大批量生产专用设备和工装（主要包括各种检测设备、焊接夹具和大型冲压模具等）的制造技术，从而形成本国自主的技术开发能力，使民族汽车工业具有自立的根基，彻底摆脱以往“引进技术、设备→国产化→再引进→再国产化”的等距离技术追赶的困境，跳出跨国公司为我们后起国家设置的陷阱。

为使这些大型或特大型企业集团形成合理的组织结构，必须推行全面的系统性计划。根据现代公司配套体系的经验，应建立一个多级配套结构，其中要把那些最好的具有一定规模的零部件厂家划为一级配套厂，并由集团公司对生产关键零部件的骨干厂实行控股，形成企业集团的紧密层，然后逐渐增加系统化项目和配套厂的数量，建立起二级配套厂（一般为半紧密型）。另外，利用零部件订货一体化系统，扩大零部件生产协作关系，形成一大批稳固的协作单位。在这一发展过程中，要充分考虑汽车工业所具有的明显的前后产业链效应的特点，合理吸收不同行业的企业（包括前位产业的钢铁、有色金属、电子、橡胶、合成树脂、涂料与玻璃，后位产业的石油炼制、汽车成品与零部件的分销和售后服务等企业)加入企业集团,以便于协调彼此间的平衡发展关系。

作为支柱产业的支柱企业集团,普遍存在着发展与投资不足的矛盾。因此,为解决这一矛盾,除国家应在投资上倾斜,成立汽车工业投资公司外,还要制定支柱产业融资法,允许汽车工业集团在国内外招资集股,办理家庭购车分期付款或开办购车储蓄,把那些具有购车能力的家庭的资金直接吸收到汽车生产领域。这不仅能解决因资金不足所导致的扩大再生产问题,而且可以使这部分家庭成为国产汽车稳定的消费者,形成外国汽车难以进入的特殊的消费市场。

(二)机械工业企业集团群体结构

国民经济建设现代化的程度和国民经济的“质量优势”取决于机械设备的性能、质量、效率和更新速度。这决定了机械工业应成为国民经济的支柱产业。

新中国成立40多年来,我国机械工业发展速度很快,特别是改革开放以后,我国机械工业进入了发展最旺盛、实力增长最快的新时期,取得了举世瞩目的成就。如为国民经济各部门研究制造成功140多种大型成套设备,成为我国工业中最大的产业之一。但从总体上看,我国机械工业离国民经济支柱产业的要求还有相当距离。其主要存在的问题:一是基础薄弱,开发能力差。机械工业供不应求的矛盾长期存在,突出反映在基础机械、基础零部件和大型成套设备不能满足国民经济迅速发展的需要方面;同时,存在着科技开发能力弱,某些技术领域与国际先进水平相比差距有进一步拉大的趋势。二是技术进步体现不够,高水平产品比重小,产品质量不稳定。机械工业应是对技术进步、应用先进技术最为敏感的产业之一,但目前我国机械工业生产手段陈旧落后,先进工艺采用少,高水平产品比重低。如机械工业产品、性能水平多数处于20世纪六七十年代的水平,落后于工业发达国家15～20年,因而技术进步对产出增长的贡献率只有30%左右,附加值率只有26%～28%,都远低于工业发达国家40%～60%的水平。三是分散重复现象严重,生产集中度低。机械工业是经济规模和专业化生产效益显著的产业,但由于历史的原因,企业组织结构点多批量小,很多适宜大批量生产的产品都达不到经济规模标准,集中度低,专业化水平低,机械工业规模效益优势没能充分发挥出来。

解决机械工业存在的问题,实现机械工业的全面振兴,除需要国家制定相应的产业政策外，还应大力调整企业组织结构，促进机械工业企业组织结构趋向合理化，形成一批具有较强竞争力的大型企业集团，并形成合理的企业集团群体结构。按照国民经济发展需要和机械工业振兴战略，应重视在适宜实行专业化分工协作、适合大批量生产的产品生产领域组建企业集团，当前应特别重视建立下列企业集团：(1)组建基础机械行业企业集团，发展现代机械工业需要的基础机械，在较短的时间(10～15 年)内，实现以数控机床、数控锻压设备及数控系统为代表的基础机械行业能为机械工业发展高新技术产品和重大成套设备提供所需的现代工艺装备。(2)组建基础零部件行业企业集团。基础零部件是机械工业的基础，是技术装备水平的基础，越是现代化、高水平的主机、装备，对其要求就越高。通过发展基础零部件行业企业集团，生产出高性能、高质量的诸如液压、密封、气动、轴承、模具、低压电器、仪表元器件等重点基础零部件，能为重点主机和重点工程配套机械产品的质量、可靠性、耐久性提供保证。(3)组建大型成套装备行业企业集团，为国民经济建设提供先进的质量可靠的重大技术成套设备，应瞄准能源、原材料、交通等国民经济重点领域需要的重大技术成套装备，重点是电力设备、矿山设备、石化设备、建设机械、水利设备以及汽车、机车车辆、船舶、民用飞机制造等所需设备。(4)组建食品包装行业企业集团。食品包装机械作为机械工业的新兴行业，在国民经济中的地位和作用越来越重要，发展前景广阔，将成为机械工业的一个大行业。这种企业集团的形成有利于制造、开发出高质量、高效率的食品包装机械，提高食品包装的档次。(5)组建农机行业企业集团，围绕耕、播、排灌、除草、防治病虫害、收割、脱粒、运输等开发适合我国各地农业需要的农机具，为尽快实现农业机械化、现代化作出贡献。(6)组建船舶企业集团。船舶工业是劳动密集型、资金密集型和技术密集型行业，进行行业封闭式生产经营肯定行不通；同时，国际船舶市场的高风险性和竞争性使得当代各国造船业的发展呈现出相同的趋势，即集团化生产经营，特别是大型船舶的生产经营更是如此。如日本、西欧、韩国的一些著名船舶制造公司一般都拥有数家规模庞大的造船厂，而且公司本身又都从属于实力雄厚的大企业集团，并多有金融界作为后盾。而我国较大的造船企业，如大连、江南、沪东等造船厂，建造能力一般在 20 万～30 万吨，只相当于国外大型造船企业的 1/10。至于资金、技术等方面的差距就更明显了。因此，我国单个造船企业的经济实力和技术水平是难以与先进造船国家的竞争对手相抗衡的。要使我国船舶工业能够在国际市场上占有一定的位次，就必须把分散的造船企业联合起来，分别以大连造船厂、江南造船厂和沪东造船厂等骨干企业为核心，组建起几家中国特大型船舶制造企业集团，统一对外，依靠群体力量参与国际市场竞争。(7)以我国部分名优摩托车生产企业为核心，组建数家摩托车企业集团，开发生产出自己的“拳头”产品，开拓国内外市场。

总之，要根据国内外市场需求和潜力，按照规模经济要求，结合我国机械工业的发展重点，提高生产集中度，发展各种机械工业行业性企业集团。同时，在此基础上推动集工、贸、金融于一体的大型、特大型企业集团的发展，使之成为具有较强科研、设计、制造、销售、外贸、金融、信息等多功能的“国家队”，培育机械工业新的生长点，促进机械工业企业走向世界，参与国际分工与竞争，充分利用“两种资源”和“两个市场”，使其成为名副其实的支柱产业。

(三)电子工业企业集团群体结构

研究电子工业企业集团群体结构就是要合理调整电子工业企业的组织结构，促进生产要素在该领域的合理流动，不断提高生产要素配置的效益，以振兴电子工业，使之成为真正的先导产业和支柱产业。

今天，随着我国改革开放的进一步深化和即将加入世界贸易组织，中国电子工业与国际电子工业、中国市场同国际市场将进一步联系在一起，电子工业必须更加自觉地参与国际分工与国际竞争。而进入 20 世纪 80 年代，世界电子工业高速发展，平均增长速度为 13.4%；20 世纪 90 年代，发展速度预计为 10%。到 2000 年，电子工业产值将达 1.8 万亿美元，可望成为世界第一大工业产业。这意味着我国电子工业既面临机遇，又面临挑战。

在机遇和挑战面前，我国电子工业必须解决好以下四个主要问题。

第一，基础薄弱，发展滞后。如 1990 年，我国是世界十大电子生产国(地区)之一，但电子工业绝对产值仅为美国的 6.4%、日本的 9.1%、德国的 33.3%、韩国的 42.9%，居世界第九位，这与拥有 12 亿人口的大国地位不相称。目前，国外电子工业已进入超大规模集成电路阶段，“一兆位”存储器已大批量生产，而我国还没有完成由分立器件向集成电路的转变及对先进生产技术的掌握；国外集成电路生产线已普遍采用 6 英寸、0.8 微米工艺，最高生产水平为 8 英寸、0.5 微米，而我国只掌握5 微米技术；国外科研水平已达到 256M 动态存储器、0.25 微米工艺，单片集成 5.6 亿个元件，到 2000 年，1000M 动态存储器、0.1 微米工艺技术将投入生产，而我国只研制出 3 微米技术、64K存储器样品，甚至绝大部分企业不具备开发能力，许多关键产品还不能生产，与改造传统产业的要求相差甚远。这主要是由于管理体制不适应导致技术人才力量薄弱。发达国家电子工业技术人员的比重高达47%，而我国只有12%。

第二，产品技术水平较低，产品质量不够稳定。基础零部件和电子元器件对电子产品的质量和水平起着决定性作用，而基础行业又是电子工业中最薄弱的环节，基础零部件不仅品种少，而且寿命一般比国外同类产品短一半甚至更多。总的来看，我国电子产品的寿命、可靠性、精度、效率和能耗都比国外同类产品低1～2个等级；通过引进国外先进技术达到世界先进水平的产品产值只占总产值的20%左右，从平均水平看，达到国际20世纪70年代初水平的只有30%左右，大部分产品比国外先进水平落后约20年。我国电子工业技术水平尚处于跟踪、仿制阶段，缺乏自我开发、自我配套能力。

第三，尚未摆脱电子工业产业结构的低水平状况。在我国电子工业产品结构中，消费类电子产品的比重高，反映高技术产品和基础实力的投资类产品及元器件产品的比重过低。1991年，我国投资类、消费类和元器件的电子产品产值占电子工业总产值的比重分别为14.9%、49.2%、35.9%，其中消费类电子产品产值约占总产值的50%，说明我国电子工业产业结构还处于低级水平。

第四，产业集中度低，尚未形成规模经济。由于体制上的缺陷，电子工业不仅存在着投资不足和资金使用分散现象，而且重复建设和重复生产现象相当严重。这不仅会浪费宝贵的资源，而且无法组织社会化大生产。高、精、尖及名优产品的生产更是批量小、集中度低，总体上还未形成规模经济。

综上可见，20世纪90年代我国电子工业将经受机遇与挑战并存的考验，我们必须站在新的高度，重新规划和设计我国电子工业振兴战略，建成支柱产业，增强电子工业在国内外市场的竞争力。为此，必须实施发展大型企业集团战略，依托大型企业集团推动资源的优化配置，克服资金分散使用、重复建设和重复生产，不断增强开发创新能力。这也可以从国外发展的成功经验中得到说明。如1983年韩国政府以高强度投资的方式重点支持三星和金星两家大型企业集团，以国际市场为目标，以存储器为竞争产品，在几乎没有设计能力的情况下，仅用两年时间就完成了大规模集成电路技术的引进和开发，并于1985年投入巨资建厂，生产出256K ROM等4种产品，并于1987年对美出口；1993年6月，三星电子建成世界第一座能处理8英寸晶片的大规模集成电路工厂，投资6.4亿美元，日产16兆DRAM 300万块，每年可出口3.5亿美元，占领29%的国际市场。对我国电子工业来说，必须通过组建企业集团，在规模经济和高速度中求发展，绝不能靠等距离引进和仿制过日子，要将当前电子工业重复、分散、小生产的生产格局转向联合投资、集约经营、规模经济的发展轨道，要依靠大型企业集团集中人才、资金和物力，在大规模引进、综合、消化、吸收多国先进技术及招聘关键性人才（如招聘外国高级设计人员）的同时，增设研究机构（也包括在发达国家设立研究所，启用当地技术人才解决技术难题和收集情报），增加研究经费，组织同行业产业技术研究组合，在研究基础上实现创新，达到技术自立，摆脱对国外技术的依赖，使电子工业达到赶超世界先进水平之目标。为此，应建立起以大型企业为骨干，大中小型企业相结合的企业集团规模结构，并在此基础上形成一批拥有"拳头"产品、面向国内外市场、竞争力强、规模化经营的企业集团，并使之达到合理的群体结构，从而建设一批高起点、大批量、产业化的重点项目，形成一批世界一流水平的电子产品生产基地。为此，应重点建设好以下电子企业集团。

一是投资类电子企业集团。要根据市场需求，重点组建和扶持此种类型的大型企业集团，如集成电路、通信设备和电子计算机等电子企业集团，并为国民经济各部门和传统产业改造服务。

集成电路是电子信息产业的基础，是微电子技术的核心，也是发展最薄弱的环节。它的发展及在各个领域的广泛应用极大地推动了科技进步和经济增长。集成电路产业作为战略产业，其技术水平和产业规模已成为衡量一个国家经济发展、技术进步和国防实力的重要标志。我国集成电路产业应本着"集中力量、重点突破、跨越发展"的原则，推动上海贝岭公司、上海飞利浦半导体公司、无锡华晶公司、绍兴华越公司和首钢NEC公司5家大型骨干企业、10多个专业生产厂点和几十家设计、开发研究单位发展联合，组建大型或特大型电子企业集团，形成我国集成电路产业，并使之在"九五"期间力争以年均30%的速度增长，建成0.5～0.6微米集成电路芯片生产线和封装生产线，到2000年全国集成电路年产量达到10亿～12亿块，尽快缩短我国集成电路水平与国外水平的差距。

围绕信息化工程的市场需求，尤其是围绕重点产品专项，组建企业集团，提高装备的自给率和市场占有率。目前，我国通信事业仍然很落后，严重制约着经济的发展。我国未来的通信市场极为广阔，发展潜力很大。今后，组建的电子企业集团应针对庞大的市场需求，做好产品选型，确定产品系列，重点抓好程控交换机、光纤光缆、移动通信设备（蜂窝式移动通信网、BP 机移动通信设备、800MHZ 公用集群系统、公用无绳电话系统、专用移动无线电话系统等）、传真机、电话机、中小型卫星通信地面站、各类通信终端产品等信息化工程配套产品的开发和生产。

围绕电子计算机与软件组建企业集团。此种企业集团应在微型机、打印机、磁盘机及系统开发和软件产业方面大力开拓，以满足计算机与软件市场的需要。就微型电子计算机企业而言，目前我国共有 36 家，具有一定经济规模的只有四五家，现有的生产能力达 15 万部，通过联合改组，形成集团化生产，使生产能力再增长一倍，基本可适应市场需求。当然，还需要根据国内外市场的变化不断进行产品开发和生产，提高水平、质量，形成具有竞争力的“拳头”产品。

二是消费类电子企业集团。组建此种类型的电子企业集团对于继续稳定发展消费类电子产品，满足人民物质文化生活和增加出口创汇都具有重要意义。从出口创汇看，今后 10 年消费类电子产品仍将是我国出口的主要产品；从国内市场看，农村市场有待开发，潜在需求很大。因此，要面向“两个市场”，继续稳定地发展消费类电子产品，要加快提高彩色电视机、录像机、摄像机的国产化水平，形成规模经济。其中，彩色电视机行业原有定点生产企业 57 家，还有不少非定点企业，1990 年总装能力近 2000 万台，而近几年每年产量约为 1000 万台，生产能力仅发挥 50%，即使考虑近期国内外市场需求增长因素，现有生产能力仍有较大富余，而且目前生产彩电的厂家多，大部分企业年产量不足 10 万台，规模效益不高。鉴于此种情况，在限制再上此类项目的同时，要引导彩电生产厂家发展横向联合，建立彩电生产企业集团，实行彼此间的分工协作，以减少产品在低层次上的重复生产，最大限度地扩大规模生产能力，并形成系列产品，不断增加产品品种，提高产品质量和档次，降低生产成本，使我国彩电生产水平具有国际竞争力。同时，还要重视组建企业集团以发展音响产品（收录放机、组合音响）、显像管（彩色显像管、黑白显像管、显示管）、显像管玻壳（彩色显像管玻壳、黑白显像管玻壳）、电视发射设备和差转设备、电子保健产品等。其中，摄像机一类的产品是集光、电、机一体的高科技产品，资金密集，不宜分散投产，要防止出现新的重复建设和引进，要靠走集团化、集约化道路来进行生产。

三是电子元件类电子企业集团。组建这类电子企业集团，有利于增强投资类产品和消费类产品的配套生产能力。电子元件生产受电子整机市场的制约，随着投资类电子产品的高速发展和消费类电子产品的稳定增长，各类电子元件（包括电容器、电阻器、电位器、电感器与磁性材料、接插件、敏感元器件、混合电路等）的市场需求仍将会有较大幅度的增长。

为了促进上述几类电子企业集团的形成，带动电子信息产业的发展，要以现有较大的企业为起点，实行资本扩张和组织扩大，逐步形成规模经济。如把目前规模较大的上广电、熊猫、彩虹、长虹、联想、华录等电子企业作为集团核心企业，来组建大型电子企业集团，以提高电子产品生产的集中度，使这六大企业集团销售额由占全系统的20%左右再有所提高。也可以在竞争中推进联合，组建较大的集技、工、贸、金融于一体的综合型企业集团。

（四）石油化工企业集团群体结构

我国把石油化工列为国民经济的支柱产业之一，是因为它在国民经济中占有极其重要的地位，发挥着巨大的作用。主要表现为石油化工工业能够引导、带动其他产业乃至整个国民经济发展，并且有很强的纵向带动和横向联系效应，可以广泛地服务于社会和迅速地积累资金。如石油化工的重要产品——合成材料不仅可以代替一些与农业有关的天然材料（如棉、麻、木材和天然橡胶等），有利于节约土地资源，调整农业结构；而且石油化工作为能源、原材料工业，其产品既可直接为国防军工、纺织、轻工、化工、交通运输等提供各种能源和原材料，又可为人们的衣、食、住、行、用和医疗卫生、文化生活提供各种物质材料和耐用消费品；又由于石油化工是在高温、高压、深冷、易燃、易爆、强腐蚀等特殊条件下进行的，其所需的机泵、容器、仪表、高速转子、离心压缩机、计算机控制等设备必须先进、可靠、耐用，这就要求相关产业如冶金、机械电子等不断改进技术和装备，改善产品性能，提高产品质量，因而石油化工带动了这些产业的技术进步。更为重要的是石油化工的收入弹性系数比较大，技术含量高，附加值大，生产效率提高快，有较好的经济效益，能够比较快地积累资金，在经济起飞中能够发挥重要作用。战后美国经济的繁荣、西欧经济的复兴、日本经济的崛起和韩国经济的起飞，都在很大程度上依赖于石油化工的加速发展。我国石油化工工业经过40多年的发展，已经有了一定的基础，如20世纪60年代建设了上海高化和兰化，20世纪70年代又建设了燕山、金山、辽化、金陵等大型企业，20世纪80年代又相继建成了4套30万吨乙烯、3套大化肥和2套大化纤工程，新建和扩建了一批炼油厂，并在老企业中建成了一批炼油深度加工、综合利用装置和储运设施等，为我国石油化工工业的进一步振兴奠定了基础。但还必须看到，我国石油化工工业的整体水平与世界先进水平相比还有很大差距。一方面，石油化工产品增长率低，在国民经济中所占比重偏小。例如，1983～1991年，我国油品、乙烯、塑料、合成纤维、合成橡胶产量虽总体上快于同期国民生产总值的增长，但远低于国外振兴石油化工支柱产业时期的水平，并且石油化工产品自给率较低。另一方面，合成材料人均产量很低，人均原油加工量只占世界的3.7%，乙烯占3%，塑料占2.9%，合成纤维占8.6%，合成橡胶占3.6%，石油化工产品产量的综合水平约占世界的3%左右，这与我们这样一个占世界总人口22%的大国地位极不相称。

为把石油化工建设成为国民经济支柱产业，使我国成为石化工业强国，必须实行集团化发展战略，建立以各种石油化工产品为系列的、不同规模的专业化集团，向石油化工中下游深度加工延伸，向上游石油开发拓展。同时，在发展专业化集团的基础上，逐步形成集实业、商业、外贸、金融、工程、科技、信息、咨询服务于一体的跨行业、跨产业的大型多角化经营的石油化工企业集团，以及形成一个集探、采、炼、化、产、供、销、工、贸于一体的跨国石油化工企业集团。组建这种上下游一体化经营的石油化工企业集团，可以调节上下游利益不均的矛盾，自行缓冲、填补油价涨落而引起的上下游收益波动，上游产业的资金短缺、经营风险可以由一体化经营的优势和增益作用而减少。从长期来看，通过一体化的集团经营，可以缩短上下游产业间物流、信息流的行程，加强彼此间经济、技术、原料供应以及综合利用的内在联系，降低市场成本，节约市场交易费。更重要的是能够增强实力，实现先进性，用先进技术改造老厂和建设新厂，达到高起点。大型集约化使原油加工装置达到500万吨/年以上，乙烯裂解装置达到30万～45万吨/年，并做到机构小，用人少，投入少，产出多，以获得最佳投资效益。大力发展石油和化工原材料、合成材料的深度加工，向上中下游“一条龙”发展，生产出有竞争力的技术先进、品种新颖、附加值高、适应市场需求的高质量升级换代产品，不断开发包括石油产品、塑料、合成纤维、合成橡胶、精细化工以及各种有机化工原料在内的系列产品，从而使石油化工走向世界，充分利用“两个市场”“两种资金”，开发和利用“两种资源”，尤其利用国外资源具有特别重要的意义，因为原油供应一直是制约石油化工工业发展的重要因素之一。据初步测算，要维持一套30万吨/年乙烯装置的正常生产，每年约需110万吨左右的裂解原料（石脑油、汽柴油等轻质油），折合成原油约为180万吨。国内生产的原油、天然气等石油资源已越来越不能满足石油化工发展的需要。因此,要依靠上下游产业一体化经营的大型企业集团开拓国内外市场,充分利用国内外两种资源,获取一体化的、多角化经营的整体系统效益。

为了尽量减少规模扩张一体化经营带来垄断的可能性,可以在石油化工行业组建几家上下游一体化、经营多角化的石油化工企业集团。这样既可以通过发展企业集团,促进专业化改组,形成规模组织结构,推动生产要素的合理流动和优化组合,又可以通过几家企业集团在同一市场上开展竞争,打破行业高度集中所引起的垄断局面。

根据我国石油化工企业的经营方向、规模及效益等情况,应充分发挥现有大型化工企业的骨干作用,如以燕山石油化工公司、齐鲁石油化工公司、抚顺石油化工公司、大庆石油化工总厂、上海高桥石化公司、茂名石油化工公司、金陵石油化工公司、巴陵石油化工公司、扬子石油化工公司、大连石化公司、广州石油化工总厂、天津石油化工公司、兰州炼油化工总厂、锦西炼油化工总厂、宁波镇海石油化工总厂、安庆石油化工总厂、锦州石化总公司、荆门石油化工总厂、洛阳石油化工总厂、武汉石油化工厂、上海石油化工股份有限公司、吉林化工集团、仪征化纤集团、辽阳石油化纤公司等大型化工企业为"龙头",通过对相同或相关企业的兼并、控股、参股等,组建起大型或特大型化工企业集团,形成具有中国特色的石油化工企业集团群体,推动石油化工企业不断增加规模、提高效益,成为中国石油化工工业的支柱力量。争取到2000年,使原油加工量达到2亿吨左右,乙烯500万吨左右,合成树脂700万～800万吨,合成纤维350万～370万吨,合成橡胶70万～100万吨,产值在国民生产总值中的比重为7%～8%,使石油化工初步成为国民经济的支柱产业;到2010年,原油加工量为3亿～3.5亿吨,乙烯为800万～1000万吨,使石油化工工业有一个更大的发展,力争达到世界先进水平。

(五)建筑企业集团群体结构

建筑业作为国民经济的支柱产业,在一个国家的产业结构中占有重要的地位。如在美国,建筑业与汽车、钢铁业并称为国民经济的三大支柱;即使在国土较小的日本,其建筑业发展水平也相当高,在国民经济中的地位也较重要。建筑业发展水平的高低,从一定意义上决定和反映了一国经济发展水平的高低。

建筑业是我国国民经济五大物质生产部门之一,也是国民经济发展的支柱产业之一。建筑业在国民经济和社会发展中具有先行和基础作用。建筑安装生产活动形成新增生产能力和固定资产，为各行各业的发展提供最必需的物质技术基础，并带动众多相关产业发展，容纳较多的社会就业，对调整和优化产业结构，加速经济发展有巨大的波及效应和带动作用。根据1987年中国投入产出表，建筑业的完全消耗系数为1.7658，即建筑业产值每增加1亿元，可使社会总产值增加2.7658亿元，其引发和带动力居各业之首。“八五”期间，全国城镇以上建筑企业将完成建筑业总产值18060.6亿元，平均每年递增29.3%，比“七五”时期高出18.7个百分点。5年竣工各类房屋建筑面积14.2亿平方米，比“七五”时期增加4.8亿平方米。目前建筑业增加值在国内生产总值中，仅次于农业和工业而居第三位，为国民经济各部门的发展提供了物质技术基础，为提高人民生活水平作出了巨大贡献。

但从中外建筑业的比较中也能看到我国建筑业与经济发达国家和一些发展中国家存在不小的差距。主要表现为：第一，从建筑业在国内生产总值中的比重来看，美国建筑业及其相关产业的产值一般占国内生产总值的20%左右，日本、印度、泰国、新加坡、韩国建筑业在国内生产总值中所占比重分别为8.4%、5.1%、5.6%、5.6%和8.1%，而我国仅占4.79%。很明显，我国建筑业在国内生产总值中的比重偏低，而且我国建筑业的国内劳动生产率仅为发达国家的1/6～1/2。第二，我国建筑业的实力（资金、技术、设备、材料、人才等）在不断增强，打入了国际工程承包市场，并有中建总公司等4家公司进入世界前250家建筑公司之列，合同总承包额累计达153亿美元，营业额达94.7亿美元。但与发达国家乃至许多发展中国家相比，我国在国际工程承包市场中的地位仍较弱。如在1991年世界250家大型跨国建筑企业的总承包额中，美国占45.6%，法国10%，英国8.8%，日本8.4%，韩国3%，我国却仅占1%。第三，从建筑业的发展进程看，发达国家的建筑业发展依次经过了劳动密集型阶段、资本密集型阶段和技术密集型阶段，建筑业技术进步对建筑业生产所产生的作用已超过资本和劳动力投入所产生的作用，表现出集约型经营趋势。据有关资料，1975年日本建筑业中技术进步的贡献率为48.7%，资本投入的贡献率为26.8%，劳动力投入贡献率为35.9%，而目前我国建筑业中技术进步的贡献率为25%左右，资本投入的贡献率为60%左右，劳动力投入贡献率为15%左右。这表明我国建筑业在依靠技术进步方面与发达国家相比仍有很大差距。

为了振兴建筑业，使之成为国民经济的支柱产业，除国家在政策上予以扶持外，还需要深化企业改革，既要转变建筑企业的经营机制，又要调整其组织结构，打破“大而全”“小而全”的组织结构，组建建筑企业集团，形成合理的群体结构。为适应开拓国内和国际建筑市场的需要，应组建内向型和外向型建筑企业集团。在建立外向型建筑企业集团时，应扶持技术经济实力较强的建筑设计、施工和科技单位组成企业集团，给予金融支持，扩大对外经营权，使之成为参与国际建筑市场竞争的“远征军”。为进一步提高对外竞争的总体优势，要加强对外建筑经济活动的指导与协调。政府主管部门要制定对外承包发展战略和规划，收集、整理、发布商情信息，协调对外承包力量，使外向型建筑企业集团（也包括独立企业）形成一个拳头，统一对外，增强竞争力。

内向型建筑企业集团，应形成专业性企业集团和综合性企业集团并举的群体结构。专业性企业集团由专业性相同的建筑企业联合而成，集相同或相关的技术、人才、设备等于一体，提高建筑企业的专业化生产水平，并为向技术密集型阶段发展创造条件；综合性企业集团是由一家或几家大型建筑企业联合各相关行业企业，如建材生产企业、建材供销企业、建筑安装企业、承包开发企业、房地产开发经营企业、建筑勘探企业、建筑设计单位及金融企业等，组建的大型综合性建筑企业集团，走勘察设计、建材生产、施工与技术开发、咨询与服务、房地产经营一条龙，技、工、贸、金融于一体的发展道路，以发挥多元经济的调节功能，分散风险，获取综合经济效益。

二、优化基础产业的企业集团群体结构

支柱产业的发展乃至整个国民经济的发展都离不开基础产业的发展。基础产业发展滞后并成为一个“瓶颈”产业，必然会导致经济结构失衡。近年来，我国基础产业存在投资不足的问题，如原材料工业在建设投资规模的比重 1985 年为 18.2%，1986 年下降到 17.3%，1987 年又下降到16.6%。运输邮电业当年完成的投资所占比重，则由 1985 年的 15.9%下降到 1987 年的 14.6%，1988 年再度下降到 13.4%，即使 1990 年，由于治理整顿，增加了对基础产业的投入，用于运输、邮电通信业投资达 393 亿元，比上年增长 16.1%，高出全部投资增长幅度 35.6 个百分点，所占比重由 10.7%上升到 14.4%，但所占比重仍然比较低。同时，由于体制方面的束缚，中小型企业过多，且“小而全”，导致投资来源分散，难以在基础产业中实现资源的合理配置，从而造成基础产业长期滞后状态。鉴于我国基础产业的状况，在推动投

资体制改革以增加对基础产业的投入的同时，要组建一批基础产业企业集团，促进基础产业组织结构的合理化，较好地兼顾竞争活力和规模经济，克服投资来源的分散化，增强筹资能力；克服地区产业结构趋同化，走一条以内涵型扩大再生产为主的基础产业发展模式。只有这样，基础产业的发展才会有真正理想的微观基础。

（一）钢铁企业集团群体结构

优化钢铁企业集团群体结构，是要使钢铁企业集团之间形成合理结构，在钢铁产业的资源配置中发挥主体作用，促进资源配置的流向、流量趋向合理、高效，大幅度提高产量和质量，降低消耗，使总量供求保持平衡，使产品结构与消费结构保持平衡，最大限度地提高经济效益。

我国于1992年生产钢8000万吨、钢材6500万吨，成为继苏联、日本、美国之后产钢超过8000万吨的产钢大国，并于1993年跃居第二位。但还必须看到，我国钢铁工业在规模与结构等方面仍存在许多问题。如在规模上仍有差距，随着国民经济快速发展，钢铁缺口有拉大趋势。“八五”期间，我国进口钢材4954万吨，平均每年近1000万吨。今后国民经济将以8%～9%的速度增长，对钢材的需求量也会相应增加，据有关方面预测，到2000年，我国钢材消费量为1.1亿～1.2亿吨，届时如果我们生产1亿吨钢，成材率按82%计算，只能生产钢材8200万吨，缺口为2800万～3800万吨；如果生产1.2亿吨钢，折合钢材9840万吨，缺口为1160万～2160万吨，相当于目前每年进口量的2倍以上。再如，钢铁工业的结构虽然有所优化，如炼钢结构中落后的平炉钢比重由1980年的32%下降到1992年的17.3%，而同期转炉钢和电炉钢的比重分别由48.8%和19.1%提高到60.7%和21.8%，连铸比由6.2%提高到30%，一批装备先进的工艺生产线建成，如宝钢、天津大无缝及分布在许多企业中的单体装备等，但是结构方面的调整还是很不够。由于结构上的矛盾，钢铁工业总体上与世界钢铁工业的差距过大，特别是质量、品种、消耗、成本、劳动生产率等方面的差距较大。在生产结构上，1985年美国的铁钢比为57.2%，我国目前仍在90%以上；1985年美国的连铸比为44.4%，我国1992年才达到30%，在全世界17个产钢大于1000万吨的国家中位列倒数第四（印、俄、捷、中）；1985年美国生产生铁4528万吨，主要是靠7座2000立方米以上的大高炉生产，而我国1992年生产7500万吨生铁，靠530多座高炉，其中超过2000立方米的只有9座，那些小高炉生产的特点是能耗高、质量差、效率低、污染严重。工艺技术装备上只有25%是比较先进的，品种上还有30～40个品种不能满足需要。消耗高，1985年美国吨钢综合能耗为830公斤，而我国1992年为1580公斤，比美国当时高出750公斤，从活劳动消耗看，1985年美国每生产1吨钢材需要5个工时，我国目前一般为70个工时，相当于美国当时的14倍。我国历来以劳动力费用低廉为优势，但这样的高活劳动消耗，在竞争中有可能由优势变为劣势，在产品成本中劳动工资加补贴所占的比重并不低。成材率仅为83%，与日本的94.9%相差10多个百分点。从工人实物劳动生产率看，美国1985年为530.6吨/人·年，我国即使是宝钢现在也只有300吨/人·年，仅为日本、韩国等的1/3～1/2。

要解决上述问题，促进钢铁工业的发展，不能仅靠增加投资，更不能采取发展小钢铁企业的做法，而必须借鉴国外发展钢铁工业的成功经验，在采用现代先进技术和先进工艺的基础上，优化企业组织结构，扩大企业生产规模。与世界先进水平相比，我国钢铁企业组织结构的特点是“大而全”“小而全”“小而散”，分工不合理，专业化协作和规模经济的优势难以发挥。要提高我国钢铁工业的生产能力，提高质量，增加品种，降低消耗，提高效益，增强我国钢铁工业的竞争力，就必须对我国现有钢铁工业实行合理调整，优化组合。首先，要发挥大型骨干企业的“航空母舰”作用，发展以年产钢300万吨以上的大型企业(宝钢、鞍钢、武钢和首钢)为核心的特大型企业集团，以及以年产钢100万～250万吨的企业(如攀钢、包钢、本钢、马钢、唐钢、邯钢、天钢、安钢和上钢等)为核心的大型企业集团，从而形成若干以钢铁为主、多种经营、有经济实力和产品优势的骨干企业集团，走向世界，实行跨国经营，把产品打出去，占领国际市场，在国际竞争中不断提高、完善自己。其次，充分发挥这些特大型或大型企业集团的辐射作用，根据专业化分工协作、优势互补、合理配置生产要素的原则，把一些有条件的中小企业组合进来，形成合理的企业集团群体结构，以强化钢铁工业参与国内外市场竞争的整体优势。

地方中小钢铁企业规模过小，技术和工艺落后，消耗高，污染重，效益差。因而，要通过多种形式的经济联合，优化企业组织结构，积小成大，并通过合理分工，发挥专业化协作的优势，使每家中小企业都有自己的“拳头”产品，增强自己的竞争力和生命力。

总之，要通过钢铁企业集团群体结构的优化来促进钢铁工业结构优化，包括产品结构优化、工艺结构优化、装备结构优化和自动控制级别的结构优化，从而增加产量及品种，提高质量和经济效益，达到振兴钢铁工业这一基础产业和战略产业的目的。

(二)电力企业集团群体结构

能源是上游产业,是国民经济发展的基础。在能源的构成中,电力具有其他能源无可比拟的优越性及更广泛的用途。经济要发展,电力须先行,这已成为经济发展的一条规律。

电力工业是技术(知识)密集型和资金密集型产业,不仅具有依靠外延为主扩大再生产的基本特征,而且具有公共服务、产品不便储存,产、供、销同时完成,生产上的联系很紧,生产、输电、配电具有统一性和连续性,以及规模经济效益显著的特殊商品生产等特点,要求形成一个统管发电、输电、配电的电力系统,实现垂直的、一体化的区域垄断管理经营。随着我国市场经济体制的确立,建立现代企业制度,就要求电力部门遵循"政企分开,省(网)为实体,联合电网,统一调度,集资办电"及"因地因网制宜"的方针、原则,既要打破国家是一个大公司的格局,又要防止分散割据的状况发生,优化电力产业组织结构,建立若干个电力企业集团,并实行自主经营、自负盈亏、自我发展、自我约束的经营机制。

我国电力企业集团群体结构应以全国已形成的华北电网(京、津、唐,内蒙古西部,山西,河北)、东北电网(辽宁、吉林、黑龙江、内蒙古东部)、华东电网(上海、江苏、浙江、安徽)、华中电网(河南、湖北、湖南、江西)、西北电网(陕西、甘肃、宁夏、青海)五大电网为基础分别组建5家特大型电力企业集团及华能集团;同时,以山东、福建、广西、云南、贵州、四川、广东、内蒙古、海南、西藏10个独立的省电网为基础分别组建十大电力企业集团。在电力企业完成清产核资基础上,国家可向这些电力企业集团授权经营国有资产,并承担国有资产保值增值的责任,使之真正成为自主经营、自负盈亏、自我约束、自我发展的经济实体。各电力企业集团应具有投资功能和稳定筹集巨额投入资金的渠道。为此,应允许电力企业集团成立财务公司,便于企业集团发行债券、股票,为投融资提供组织保证。在管理体制上,一方面,关于同一电网内集团成员(包括核心企业、紧密层企业等)之间的协调,以及水、火、核电和发、供、配电结构的平衡,电力企业集团可将计划报电力主管部门,经过电力主管部门综合平衡和审核后再报计委批准,这样做可能更有利些;另一方面,各电力企业集团应实行分级承包制,即"特大型电力企业集团(主要指五大电网形成的五大集团)→省电力公司→电厂(站)",或"电力企业集团(主要指独立的省电网形成的集团)→电厂(站)",逐级核定承包基数(利润、成本、工资等),使电厂(站)成为相对独立的核算单位,并拥有相应的经营自主权,使责、权、利实现统一,以便提高经营管理水平,确保向社会提供稳定、安全、经济的电力和优质高效的服务。电力企业集团还应坚持走一业为主、多种产业、三大支柱(生产、基建、多种经营)协调发展的路子。可开展一些综合利用项目,大力发展第三产业。如电厂可将粉煤灰研制成一种新型建筑材料的原料,既可解决污染环境、占用场地问题,增加可观的经济效益,又可安置部分电力企业的富余人员,可谓一举多得。

总之,通过组建电力企业集团,并不断优化其群体结构,推动我国电力工业的发展,确保我国工业化过程中用电设备容量和发电设备容量保持在2∶1的比例,消除制约各行各业发展的电力“瓶颈”,使电力增长同经济增长协调发展。

(三)煤炭企业集团群体结构

煤炭工业是最主要的基础产业之一。在我国一次能源消耗中,煤炭一直占3/4左右。新中国成立45年来,我国原煤产量以平均每年2500多万吨的速度递增,到1994年原煤年产量已达11.86亿吨,居世界第一位。其中,国有重点煤矿的煤炭产量为4.8亿多吨,地方国有煤矿和乡镇集体煤矿的煤炭产量为6.97亿多吨。但我国煤炭工业长期处于亏损状态,同时由于步入市场经济,煤炭工业发展面临极大的困难,步履维艰。解决煤炭工业在发展中面临的困境,不仅要靠国家价格政策和资金投入的支持,而且要靠转换煤炭企业的经营机制,调整产业组织结构,走集团化道路。

组建煤炭企业集团,应从我国煤炭工业的实际情况出发,比较可行的思路应是在各矿务局基础上组建煤炭企业集团,形成规模不等、功能有别的企业集团群体结构。一般来说,可将矿务局改为母公司(集团公司),作为核心企业,其下属煤矿成为子公司(集团成员),形成紧密层企业,也是法人企业。煤炭企业集团还可通过横向联合,以兼并、控股、参股等形式吸收地方煤矿为成员企业,实现优势互补,如核心企业(一般是国有重点矿)发挥人才、技术、设备等优势,地方矿发挥地理条件等方面的优势。

煤炭集团公司按照国家授权经营国有资产,对企业集团的发展实行统一规划、指挥、协调,对重大投资方向、规模具有决策权,对企业主要负责人具有任免权。紧密层企业根据统一规划,可自主经营、自负盈亏、自我积累、自我发展、自我约束。

煤炭企业集团可成为专业型或综合型的集团。其中,专业型集团仅围绕煤炭进行生产经营；综合型集团则以煤炭生产为主，同时开拓多种产业，如有条件的可发展坑口发电、煤层气资源开发利用、煤焦化、轧钢、煤矿机械研究与制造、建材业、煤炭运输与销售、第三产业，以及积极开拓和发展煤炭深层加工和综合利用产品（如煤化工等）、多种经营产品以及技术和劳务的出口，还要积极承揽国外地质勘探、矿井施工、设备维修、土工建筑等工程项目，有选择地在海外开发煤矿、兴办实业，开展多种合作等，做到用煤矿的积累因地制宜地发展第一、二、三产业，既可吸纳富余矿工就业，又可用多种经营赚的钱加大煤矿的资金投入，增强技术改造的力度，采用先进的技术工艺，提高装备水平，促进煤炭生产的机械化、现代化，实现高产高效。这是一种良性循环。总之，要实现由生产型向经营型，产品型向效益型，粗放型管理向集约化管理的深刻转变。

当前，我国可以年产超过 1000 万吨的大同、平顶山、开滦、淮北、西山、阳泉、徐州、兖州、淮南、鹤岗这十大矿务局为“龙头”，组建 10 家特大型煤炭企业集团，实现规模经营，形成我国煤炭生产的主力军，并逐步形成综合型煤炭企业集团，发展多种产业，开展多种经营，争取在 20 世纪末，使非煤产业产值达到或超过煤炭产品产值这一目标。至于其他中小型矿务局，在条件成熟时也应组建企业集团，以此为契机推动煤炭企业的发展。为满足煤炭出口创汇的需要，应成立国家级煤炭进出口企业集团，采取代理制为煤炭企业集团及煤矿的煤炭出口服务，包括煤炭出口规划、引导、提供信息、咨询等，以促进煤炭出口企业提高煤炭质量，保证煤炭数量，提高其出口的积极性。

（四）*石油企业集团群体结构*

组建石油企业集团并形成合理的群体结构是深化油田改革，转换石油企业经营机制，实现石油企业组织结构合理化的客观要求。我国石油企业长期以来处于国家高度集中的指令性计划和行业管理之下，国家与企业、企业与各二级单位之间缺乏明晰的产权关系，组织结构依然是“大而全”“小而全”模式，致使其养成了“大手大脚花钱”和“等、靠、要”的习惯，适应市场经济环境的能力较差，制约着石油企业的发展。

组建石油企业集团，不仅可以遵循发展市场经济的要求，重新调整石油企业组织结构，摆脱“大而全”“小而全”的组织状况，使各成员企业之间开展广泛的专业化生产与协作，促进生产要素的优化配置，发挥整体优势，而且还可以明确集团公司与各成员企业（尤其是油田内部二级单位）之间的责、权、利关系，通过实行集团化管理模式（也包括建立新型承包关系），彻底摆脱以行政调度为主的生产经营机制，促使各集团成员直接面向市场、适应市场，在市场竞争中发展壮大，以及进一步规范油田与国家之间的责、权、利关系，为油田参与市场竞争赢得更加优惠的政策，如外贸自营进出口权等。

石油企业集团的组织结构模式，应以现代企业制度为基础，以资产关系为主要纽带，通过投资控股、参股、兼并等形式组成一个具有明晰产权关系的以集团公司为核心层企业、各专业公司（控股子公司）为紧密层企业、各关联公司（参股公司）为半紧密层企业、各协作配套企业为松散层企业的石油企业集团。其中，核心层企业（集团公司）由各油气田的油气勘探、采油采气、油气加工、销售以及相关的综合科研单位共同组成，是法人企业，实现资产一体化及人、财、物、产、供、销“六统一”；紧密层企业由各专业公司（主要包括由各油气田目前所属的钻井、物探、油建、录井、测井、井下作业、筑路、运输、通信、设计、水电、机修等施工作业、辅助生产和生活服务单位）作为集团公司的控股企业组成，各自都具有独立的法人地位；半紧密层企业由各关联性公司（企业）作为集团公司的非控股企业（集团公司持股率一般在50%以下）组成，目前各油气田与外部联合投资创办的一些企业大多属于该层次；松散层企业由那些与集团公司、紧密层企业没有什么资产联系，而仅以生产经营合同、协议为联结纽带形成的联合层次的企业组成。

石油企业集团的形成不应遍地开花，需要有合理的群体结构。因而，可以考虑以现有的油田为基础来组建石油企业集团，重点是以大庆油田、胜利油田、辽河油田、新疆油田、中原油田、吉林油田、大港油田、华北油田、江汉油田、玉门油田等为基础，分别组建相应的石油企业集团，并使之向高层次的专业化、规模化、效率化方面发展，努力建设成为上下游一体化、产销一体化、内外贸一体化、开放型的国际化的现代石油企业集团，形成具有与实力雄厚的国际石油公司进行竞争的能力。

（五）交通运输企业集团群体结构

交通运输业是基础产业，多年来其发展速度滞后，成为影响其他产业发展的制约因素之一。如何使这一产业实现资源的合理配置，提高交通运输能力，并获取规模经济效益，推动产业间协调发展，成为我们必须解决的一大课题。

从宏观经济运行来看，交通运输业的资源配置要面向陆运、水运和空运，在这三大领域组建陆运企业集团、水运企业集团和空运企业集团。其中，陆运企业集团要按照经济区域来组建，并应注意充分发挥国有运输公司在集团中的“龙头”带动作用。由于铁路运输具有特殊性，因而宜于在全国范围内建立一家铁路运输企业集团，将铁道部部分直属机构经改编后转化为集团公司，原部属各铁路分局整编为紧密层企业，并成为法人，在集团公司的统一规划、指导、协调下实行自主经营，并能使其内部进一步划分核算单位，在坚持“一业为主”的基础上开展多种经营，推动铁路企业走上自我积累、自我发展的良性循环发展轨道。集团公司经国务院国有资产管理机构授权，直接经营铁路国有资产。铁路运输企业集团应积极吸纳地方铁路企业成为集团成员，依据控股、参股等情况使其成为紧密层或半紧密层、松散层企业。这种调整、改组有利于实现政企分开，转换铁路企业的经营机制。水运企业集团可以分别建立内河运输企业集团、沿海运输企业集团和远洋运输企业集团，也可以组建综合性的水运企业集团，同时发展内河、沿海及远洋运输业务。空运企业集团可以组建北方航空企业集团、西北航空企业集团、东方航空企业集团、南方航空企业集团和西南航空企业集团等，有条件的也可建立跨国航空企业集团，以适应改革开放不断深化的需要。此外，根据物品快捷、直达、高效率运输的要求，还可以由陆运、水运和空运企业组建综合性的联运企业集团。

三、建立与优化尖端产业的企业集团群体结构

我国一百多年的历史反复证明，经济技术落后就会被动，就要挨打。而要想摆脱落后状况就不能没有尖端产业。那么，应如何发展尖端产业呢？重要的一条就是要避免这一产业中的企业走“大而全”“小而全”的道路，在尖端产业兴起时就应重视依靠企业集团来推动该产业的发展。从目前我国产业结构的调整来看，我们不可能把资源主要配置到尖端产业上来，而应侧重促进基础产业和支柱产业的发展。但当基础产业和支柱产业得到相应发展后，应将产业结构推上更高级阶段，要重点发展知识（技术）密集型产业，集中力量发展尖端产业。

一是航空工业企业集团。航空工业是高技术产业，也是重要的战略产业。中国作为一个大国，必须拥有发达的航空工业。我国飞机工业经过新中国成立后多年的努力，已取得长足发展，但其市场占有率仍很低。到目前为止，我国生产的各型运输飞机只有 160 多架在国内外市场上使用，而且销售量也不容乐观。从国内情形看，我国是世界公认的潜在的巨大航空市场，

按目前的航空运输增长速度计算,到2000年我国航空运输总周转量将达到120亿～150亿吨公里,将是1991年32亿吨公里的4～5倍。据预测,未来15年我国需要各型飞机近800架,因而许多国外飞机厂商和租赁公司看好中国市场,始终未放松向中国市场推销飞机的努力。从国际市场竞争的现状看,航空工业始终是国际竞争十分激烈的行业之一,西方传统航空工业大国一般都重点研究和发展大型和特大型客机及设备先进的军用飞机,而部分新兴航空工业国如巴西等则及时抓住国际航空业对普通小型飞机投入较少、生产力相对薄弱这一环节,集中优势兵力,发展各种型号的普通小型飞机(如军用教练机、农用机和小型客机等)。可见,强手如林,我国航空工业面临的形势极为严峻。鉴于此,对我国航空工业的发展,除需得到政府强有力的支持、保护外,航空工业也要有自己的研究重点和发展方向,并通过产业组织结构合理调整来实现发展目标。当前,应着手以现有几家飞机制造厂为核心,组建飞机制造企业集团,核心企业(集团公司)应把主要力量投入到产品设计、开发及关键零部件的生产方面,其他成员企业则应把主要力量投入到零部件的研究、开发及生产上面,不断提高质量,降低成本。同时,也可以开展国际合作,实现零部件的扩散,以及引进技术、设备等进行消化、吸收和综合创新。因为这一生产领域的产品仅靠一国的力量往往是难以实现生产的,而需要多国企业联合协作生产。如美国“波音747”大型客机由450万个零部件组成,这些零部件和系统的生产分布在美国和其他6个国家的大约1.7万家公司中。这实际上形成了一个跨国飞机制造企业联合体。

二是宇航工业企业集团。宇航工业是现代高技术产业,具有智力高、投资高、水准高、风险高、效益高等特点。因而,只有依靠企业和科研单位的群体力量才能推动这一产业的发展。从投资来看,单个企业难以承担。如美国20世纪60年代由2万家公司、120所大学共40多万人参加研制的历时近10年的“阿波罗登月计划”耗资达数百亿美元。从效益来看,却是巨大的。如美国航天部门的投入产出比为1∶14,苏联为1∶10;再如,美国过去每年因恶劣天气造成的损失约100亿美元,利用气象卫星改进气象预报后,每年减少损失50亿美元,它是气象卫星每年投资的25倍。由此可见,组建企业集团来发展这一产业意义重大。我国在航空航天技术领域具有一定的优势,为巩固和扩大这一优势,应以大型骨干企业、科研实力较强的科研单位和高等院校为支柱,组建宇航工业企业集团,在运载火箭、卫星制造等领域中形成一批有国际竞争力的高技术“拳头”产品,同时开发航天飞机和空间站,使我国成为世界上的宇航工业强国之一。

三是除组建上述尖端产业的企业集团外,还应在生物工程、海洋工程、新材料、新能源、核工程、激光、超导等为代表的高技术及其产业领域发展企业集团,形成合理的高技术企业集团群体结构。

四、建立和优化商业企业集团群体结构

建立商业企业集团并使之形成一定的群体结构,应与社会化大生产和市场经济发展的要求相适应。随着商品生产能力的提高,客观上需要有大批发业。因而,需要组建跨地区、跨部门、跨所有制的全国性批发企业集团和地区性批发企业集团,以形成不同层次的综合性批发市场和专业批发市场;大中城市的零售企业之间也可以建立联营企业集团,尤其应重视发展连锁店;各地的外贸公司也应走集团化道路,组建外贸企业集团。

除上述商业企业集团外,我国还应积极探索创建综合商社。综合商社是以贸易为主体,集贸易、信息、金融、综合组织与服务功能于一体的跨国公司组织形式,是集实业化、集团化、综合化和国际化于一身的贸易产业集团。20 世纪末至 21 世纪将是跨国公司和综合商社的活跃期,一切高水平、高科技、高层次和大规模的国际生产、投资和贸易活动都将以跨国公司和综合商社为主体或载体来进行,我们应把握机遇,大胆探索,积极创建和发展综合商社及其体系。借鉴国外(如日本、美国、韩国等)发展综合商社的做法,我国可选择部分拥有雄厚经济实力和内外贸经验、具有良好商誉的大型商业企业作为组建综合商社的试点。综合商社可以与大型企业(包括生产企业、商业企业)、金融企业相互持股、相互结合。大型企业集团内也可以组建综合商社,并使之成为企业集团的核心企业,从而可以在流通领域为生产企业和金融企业服务,促进贸易和经济的发展。创建我国综合商社,应走国家级综合商社与地方级综合商社并举、共同发展的道路。必须指出,不论采取何种途径组建综合商社,都不允许一哄而起,更不能用行政办法硬性捏合,而应按经济区域,中央与地方、地方与地方联合组建,在全国范围内形成 10 家左右规模巨大、经营范围广的综合商社,并逐步实现生产流通一体化、贸易金融一体化、内外贸一体化,使我国企业通过向大型化、国际化的组织形式靠拢来适应国际经济通行规则和市场竞争。

我国除应高度重视在上述基础产业、支柱产业、尖端产业、流通领域发展企业集团并构建合理的集团群体结构外,还应重视发展纺织工业、轻工业

等行业的企业集团。如在纺织工业组建纺织品、服装等劳动密集型企业集团;在轻工业组建自行车、电冰箱、洗衣机、缝纫机、电扇、鞋类、钟表、陶瓷、造纸、食品等企业集团,依靠企业群体力量扩大生产能力,增加花色品种,降低物质消耗,提高产品质量和经济效益,以巩固我国此类产品产量及其在世界市场上所占有的地位。

第四章　企业集团规模效益分析

建立企业集团，实现生产要素的合理配置，以获取规模效益和社会效益，这是其目的所在。因此，企业集团规模效益问题就成为企业集团研究的一个重要方面。由于企业集团规模及结构的形成是一个动态的过程，带有相当明显的时序性和阶段性特征，因而对企业集团规模合理性及其获取最佳效益的判断只应是相对的。本章将通过比较分析，探寻企业集团规模变动的一般规律，从而为我国企业集团规模的确立与调整提供选择思路，为获取最佳规模效益创造条件。

第一节　影响企业集团规模的因素

一、我国企业集团规模的现状

企业集团的规模是指劳动者和生产资料在企业集团内的集中程度。它反映企业集团的经济技术实力、生产经营能力、专业化分工情况、产品和工艺的合理化及标准化情况、工序间的信息沟通情况、生产集中度等。与企业的规模一样，企业集团的规模也可用职工人数、固定资产总值、年产量、年销售额、年利润总值等指标来衡量。总的来看，我国企业集团规模仍偏小，发展潜力比较大。从目前的状况看，企业集团在规模方面主要存在以下三个问题。

1.企业集团成员较多，整体规模较小

我国企业集团一般都有几十个或几百个成员单位，但企业集团的规模并不大。造成这种状况的主要原因有：第一，企业集团的核心企业规模太小。以东风集团为例，1987 年底，作为东风集团核心企业的东风汽车集团公司的固定资产原值仅为 40 多亿元，折合美元还不足 10 亿美元，而与东风汽车集团公司同行的美国通用汽车公司 1987 年底资产达到 874 亿美元，日本丰田公司的资产达到 330 亿美元；销售额方面，东风汽车集团公司 1988 年的销售额只有 38 亿多元，折合美元只有 7 亿多美元，而同年美国通用汽车公司销售额为 1000 多亿美元；产量方面，东风汽车集团公司现在年产汽车刚刚超过 10 万辆，而美国通用汽车公司和日本丰田公司年产均在 400 万辆以上。第二，核心层以外的成员企业多为中小型企业，自身规模很小。我国集团公司一般都为单一主体型，是以一个大型骨干企业为核心组建起来的，其他成员一般是些中小企业，规模较小，即使大一点的资产也不过几百万或几千万元。因此，尽管企业集团吸纳了众多的成员，但其总规模并不大。第三，我国企业集团的成员一般是单厂制企业，而复合体的公司制企业较少。这种主要由工厂制企业组织结构形成的企业集团规模比由公司制企业参与所形成的企业集团规模自然要小得多。

2.规模结构不合理

企业的规模结构一般应呈金字塔型，即小型企业数量多，大中型企业数量少。如以 1985 年我国大中小型企业构成来说，大中型企业和小型企业分别占工业企业总数的 2.32%、97.68%。与此相反，企业集团的规模结构则应呈倒金字塔型才合理，即大中型尤其是大型企业集团数量应居多，小型企业集团的数量应较少。但我国企业集团的规模结构却与之相反。同时，还有企业集团数量过多的问题，以山东省企业集团为例，据统计，1995 年底，按审批级别，省级以上企业集团为 365 家，地市级企业集团为 469 家，县级企业集团为 672 家，总计 1506 家。这 1506 家企业集团仅拥有紧密层企业 10102 家、半紧密层企业 5532 家、松散层企业 17739 家，共实现产值 1769.9 亿元，销售收入 1910.2 亿元。而美国通用汽车公司 1991 年的销售额就达到了 1237.8 亿美元，日本丰田汽车公司 1991 年的销售额为 654.54 亿美元，意大利的伊利公司 1991 年的销售额为 614.33 亿美元，英国石油公司 1991 年的销售额为 595.4 亿美元，德国的戴姆勒-奔驰汽车公司 1991 年销售额为 542.59 亿美元，韩国的现代集团 1991 年的销售额为 510 亿美元，瑞士的雀巢食品公司 1991 年的销售额为 333.59 亿美元，法国的埃尔夫·阿基坦石油公司 1991 年的销售额为 329.39 亿美元，荷兰的菲利浦电气公司 1991 年销售额为 308.65 亿美元，即使在世界 100 财团排行榜第 47 位的美国壳牌石油公司 1991 年的销售额也达

220.01 亿美元，相当于山东省 1506 家企业集团 1995 年的销售收入。通过比较不难看出，我国企业集团数量过多，规模过小。这种追求数量的做法不利于有效、合理地提高生产集中度。

3.规模效益有待提高

建立企业集团的直接目的是获取规模经济效益。但从企业集团发展状况来看，大多数企业集团并未实现这一目的。究其原因，既是许多企业集团尚未达到合理的经济规模而难以实现规模效益，又是部分企业集团不顾主客观条件，盲目追求规模外延。如某些生产名优特新产品的企业，本来技术实力很强，具有较大优势，但由于急于追求扩大生产能力，把许多不具有经济技术内在联系以及配套条件很差的企业拉进企业集团，这样即使按名优特新产品标准的要求组织生产，也往往难以保证产品达到质量标准要求，致使产品质量下降。也有些企业集团吸收的成员单位过多，又不重视加强管理工作，效益也就难以提高。

二、影响企业集团规模的因素

企业集团规模与效益之间存在着直接的关系。企业集团规模的变动具有很明显的时序性，只有当企业集团规模与本国的经济发展水平、条件和机遇相适应的时候，才能成为一种有效率的规模。同时，企业集团规模的变动又具有很大的变异性，没有唯一的规模模式。要取得理想的规模效益，就应确定企业集团的合理规模。而企业集团的规模要受多种因素的制约，因此，在确定企业集团规模时必须充分考虑这些因素所产生的影响，以选择适宜各种企业集团具体情况的合理规模，才会产生较大的规模效益。

1.集团核心层成员的规模和经济技术实力所产生的基础性影响

我国企业集团通常是以一个或几个大型骨干企业（也包括具有较强实力的科研设计单位等）为核心组建起来的，核心层成员在企业集团中发挥主导作用，对其他成员产生程度不同的（包括直接的或间接的）调控性影响。因此，核心层成员企业的规模和经济技术实力直接制约着企业集团的规模及其变动。假如核心层成员企业的规模有限，经济技术实力不强，缺少较强的投资能力和技术带动功能，而勉强组建大型企业集团，就会形成“小马拉大车”的局面，企业集团的发展必然会陷入困境，事与愿违，也就不利于提高规模效益。

2.企业集团组织形式产生的影响

企业之间通过经济合同、协议等形式联合形成的企业集团，其成员企业仍保持很大的独立性，缺少资产联结纽带约束，集团的内聚力不强，因而其规模不宜过分扩大。如果通过控股、参股或相互持股形成股份制企业集团，带有风险共担、利益共享的资金联结纽带，不仅会增强集团的凝聚力，而且会促进具有生产技术内在联系的企业跨地区、跨部门和跨所有制参与企业集团，企业集团规模就容易发展得更大些，也有利于扩大规模效益。此外，不同类型的企业集团对规模的要求也不同。如产品扩散型、项目配套型、资源开发型、综合功能型就要求建立规模大一点的企业集团，而技术开发型的企业集团规模就可以小一点。若违背这些基本的要求，则不利于提高规模效益。

3.主导产品性质和市场容量对企业集团规模的影响

企业集团一般都有自己的一个或几个主导产品。要明确这些主导产品适宜集中生产，还是分散生产；是属于地区性产品，还是全国性产品或国际性产品。其中，适宜集中生产的则集团规模可大些，反之亦然；如果是地区性产品，其市场容量不可能很大，因而集团规模不能过大；如果是全国性的或国际性的产品，生产厂家不多，且市场竞争不激烈，那么企业集团组建的规模可大些。可见，市场对主导产品的容量也成为制约集团规模的重要因素。

4.管理状况对企业集团规模也会产生制约性影响

在企业管理手段还比较落后、管理者素质不高、管理水平较低的情况下，难以发展大型企业集团，尤其是跨国企业集团。相反，如果企业管理手段较先进、管理者素质较高、具有现代管理水平，那么就为发展较大规模的企业集团以及跨国企业集团创造了条件，有利于推动企业集团不断增加规模、提高水平。

总之，企业集团的合理规模或企业集团规模的极限不是一个一成不变的量。由于经济发展的阶段不同，组建企业集团内外部环境的变化，特别是交通、通信的变化以及生产和流通领域的技术革命，企业集团的发展规模都将受影响。即使在同一时期，不同行业也存在不同的最大企业集团有效规模。从经验角度看，钢铁、汽车、飞机制造、电子、化工、能源等似乎在各国都是容纳巨型企业集团的部门，而农业、高档服装、餐馆、维修等行业则没有一家进入“《幸福》500家”行列的企业集团。因此，确定企业集团的规模大小，必须对影响企业集团规模的因素进行分析。这也是确定企业集团合理规模的基础性工作，并为企业集团获取规模效益奠定基础。

三、确立企业集团合理规模的原则

确立企业集团规模既要考虑多种因素的制约，又要遵循为选择企业集团合理规模所确立的原则。

1.循序渐进，逐步发展

由单一的工厂制企业或公司制企业发展成为容纳多元型企业的复杂组织结构的企业集团，是企业组织结构的巨大变革，它要求各集团成员在组织结构、管理方式、管理方法与手段等方面都应作出较大的转变，以适应集团这一组织形式的运作要求。尤其是作为集团核心层的企业——集团公司，既是独立的企业法人，又是企业集团的骨干力量，这一特殊的地位决定了它不仅要做好自身的管理工作，而且要科学管理其他成员企业，责任非常重大。但由于企业集团在我国才刚刚起步，部分集团中的核心企业和其他成员都缺乏组建与发展企业集团的经验，尤其管理经验不足，也缺乏现代化管理手段，难免要遇到许多新的问题和困难。因此，在企业集团的初创阶段，一方面要防止企业集团一哄而起，另一方面吸收集团成员要避免过多过滥，适度控制其规模。尤其是在新旧经济体制转换时期，集团的兴起与发展又要受到两种体制的撞击，这种状况使企业集团的组建战线更不宜拉得过长。随着我国市场经济体制的建立，社会生产力水平的不断提高，以及企业和企业集团自身素质的提高，企业集团规模可由小到大，循序渐进，逐步发展壮大。企业集团在初建时就应合理确定紧密层、半紧密层、松散层等不同层次企业的数量及相应的规模，并随集团经济技术实力的增强和管理经验的积累，成熟一批联合接纳一批，积极稳妥地使集团发育成长。

2.推动联合，防止垄断，保护竞争

企业集团同企业一样，没有一定的规模就不可能获取规模经济效益，但规模过大可能会产生垄断，形成一般企业难以跨越的行业进入壁垒，从而扼杀竞争，窒息经济运行的活力。因此，追求规模效益与防止垄断就成为矛盾的两个方面，西方产业组织理论称之为“马歇尔冲突”。从我国企业集团的现状看，由于我国企业集团才刚刚兴起，数量很多，但单体规模却较小，尚未出现带垄断性的大型或特大型企业集团，放到国际环境来考察更是如此。但从发展趋势来看，随着企业集团规模的无限扩张，出现行业生产或市场的垄断性将是可能的，甚至是必然的。因此，国家应制定经济政策和相应的法律法规，既要推动企业联合，发展企业集团，实现资源的合理配置，又要反对垄断,防止垄断,保护竞争,确保经济充满生机和活力。

3.讲求规模效益

任何企业集团规模的选择都不允许忽视规模效益,必须把规模效益放在组建企业集团考虑的首位,这是由企业生产经营活动的直接目的所决定的。要坚决反对那种只图形式,赶浪潮,抓样板,树典型,不顾主客观条件而竭力拼凑大型或特大型企业集团的做法,尤其要反对那些违背企业意愿,采取行政干预、领导包办、硬性捏合、“拉郎配”等手段强迫命令企业进行联合、合并,甚至把关系户和经济技术条件差的企业硬推到企业集团中去,盲目追求大规模的做法。否则,企业集团就会背上沉重的包袱,容易导致集团解体。

第二节 确立合理经济规模的方法

一、规模效益的概念

规模效益是研究经济组织(包括企业和企业集团)的规模与经济效益关系的一个基本概念。概括地说,规模效益指的是由于经济组织生产和经营规模扩大而引起平均成本降低、经济效益提高的结果。因此,凡由于扩大规模导致平均成本降低情况出现的,就叫具有规模效益,或具有规模经济(economies of scale);反之,凡是在规模扩大之后,出现平均成本不再降低,甚至上升情况的,就叫缺乏规模效益,或规模不经济(diseconomies of scale)。

西方发达国家、苏联和东欧国家对规模经济效益问题都作过某种程度的研究,但尚未创立成体系的理论。即使已有研究成果,也多为就一国某一行业或若干行业的规模经济效益问题进行分析探讨,极少提出广泛适用的一般性结论。因此,可以说这一学科领域的研究仍处在初级实证性阶段,其涉及的基础理论仍有待深化。我国关于规模效益的研究近几年才开始起步,自然处于研究的初级阶段,因而需要我们加大对规模效益研究的力度,尤其是企业集团的规模效益。明确一个部门或行业的企业集团最佳规模或合理规模,掌握各类企业集团生产经营规模与经济效益之间的函数关系,对于引导有限资源在全社会范围内的合理流动和优化配置,促进各个部门或行业的健康发展以及整个国民经济的增长,都具有特别重要的意义。

二、确立企业集团合理规模的方法

企业集团是由若干成员企业构成的，核心企业和其他成员企业规模的合理化是企业集团整体规模合理化的基础，也是实现其最佳规模效益的保证。

由于设备效能的发挥是随着大批量的增加而增加，只有使设备达到满负荷运转，才能实现设备的充分利用；同时，只有人才的作用得以充分发挥，以及资金投入到最需要的地方并加速周转，才能使生产要素得以合理高效利用，进而导致生产同一种产品的生产成本随着产量的增加而极大降低，这也正是我们要追求的规模经济性。对于企业集团来说，这种规模经济性或规模效益的实现要分几个层次，如可分为企业集团总体规模经济或总体规模效益、成员企业规模效益（集团公司规模效益、分公司规模效益、子公司规模效益、协作企业规模效益等）。

如果集团成员企业是工厂企业，那么它的规模效益主要指在同种产品生产和一定生产技术装备水平下，工厂产量规模的增大引起生产成本的降低。工厂规模经济或规模效益是从设备、技术、生产线、工艺过程、劳动生产率、产出量、利润等角度考察的。工厂只有形成合理规模，才能产生规模效益。对工厂企业可用以下方法确定它们的合理规模。

1.运用长期平均成本曲线法分析成员企业规模是否合理

一般来说，在短期内企业的设备、厂房等固定资产不会发生较大的变化，而原材料、能源、劳动力的投入是会经常变化的。在这种状况下，产出与成本的基本关系就构成短期平均成本曲线（Short-Run Average Cost，SRAC）（见图4-1）。

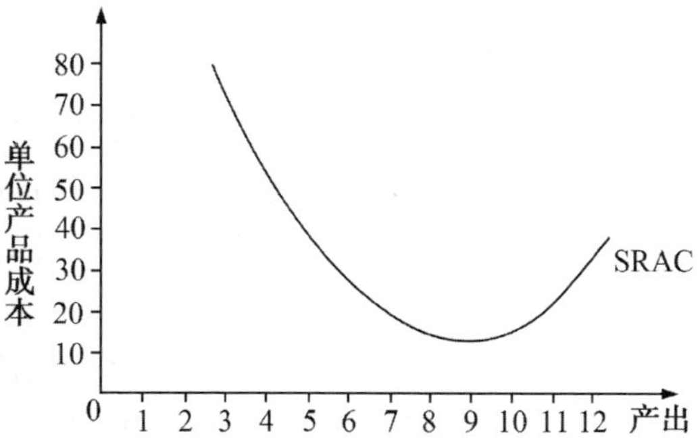

图 4-1　短期平均成本曲线

从图 4-1 可以看出，短期平均成本曲线受固定成本和可变成本的影响而呈 U 字形。

从长期看，由于不仅原材料、能源、劳动力等投入要素不断变动，而且设备、厂房等固定成本也是可变的，因而长期成本曲线只能根据若干短期平均成本曲线来形成，并被称为短期平均成本曲线的包络线。我们假定某企业有不同规模的选择，其短期平均成本曲线分别为 $SRAC_1$、$SRAC_2$、$SRAC_3$、$SRAC_4$、$SRAC_5$。把各短期平均成本曲线的切点连接起来，就可以获得长期平均成本曲线(Long-Run Average Cost，LRAC)(见图 4-2)。

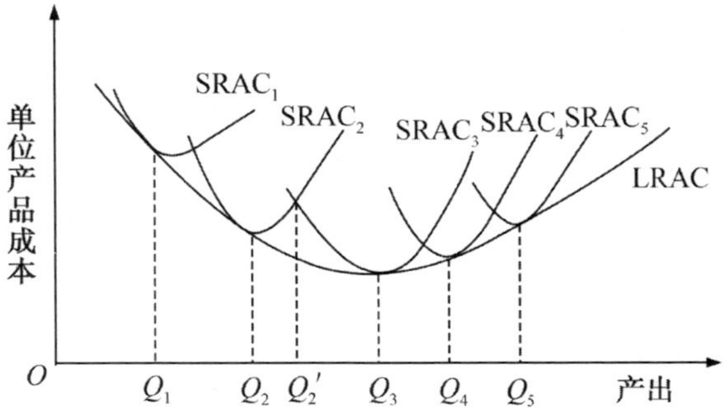

图 4-2　长期平均成本曲线

图 4-2 表明，长期平均成本曲线也呈 U 形，这表明产出量(规模)与长期平均成本曲线也存在规律性，即当生产规模逐步扩大时，长期平均成本下降，长期平均成本曲线向下倾斜，这时就被认为具有规模效益或具有规模经济。只有在产量 Q_3 这一点，短期平均成本曲线和长期平均成本曲线的最小点会重合，这个重合点即为成本最低点。从理论上来说，Q_3 就是最优化规模。当脱离产量 Q_3 这一点时，随产量的增加，长期平均成本开始上升，长期平均成本曲线向上倾斜，这时则被认为是缺乏规模效益或规模不经济。

但是否选择 Q_3 作为工厂的规模，还要取决于两个方面的因素：一是技术保障程度。有时由于受技术的制约，不仅 Q_3 的规模达不到，甚至连某一区域内的规模都难以实现。如果受技术因素制约不可能在 Q_2' 和 Q_3 之间设立工厂，那么最简便的方法就是选择 Q_2' 的规模建厂。这样选择的结果是包络线呈 W 型。二是预期产量。如果不存在技术制约因素，那么选择工厂规模则主要取决于预期产量。当生产的预期产量为 O 到 Q_1 时，应选择产量

Q_1点的规模，因为在这个范围内，Q_1点的平均成本最低；假如预期产量在Q_1到Q_2时，则选择产量Q_2点的规模，因为在这个范围内，Q_2点的平均成本最低；假如预期产量为Q_2到Q_3时，则应选择产量Q_3点的规模，因为在这个范围内，Q_3点的平均成本最低。假如预期产量超过Q_3的2倍，为了取得规模效益，就应建两个或两个以上像产量Q_3点那样规模的企业。

2.运用统计方法确定集团成员企业的合理规模

这一方法的运用，就是通过收集不同规模的同类企业的生产能力与经济效益关系的数据，从中比较选择合理规模，以获取最佳规模效益。如我国纺织工业研究部门于20世纪70年代末分别对1万锭以上的47家棉纺厂和251家棉纺织厂的规模效益进行分析，按棉纺厂和棉纺织厂拥有的纱锭数（以1万锭为一档），分析平均每锭提供的年税利，以确定棉纺厂和棉纺织厂的合理规模，得出的结论是7万～10.44万锭的棉纺厂效益最好，平均每锭提供年税利额达240.6元，4万锭以下的效益较差。棉纺厂的规模宜在4万锭以上，最佳规模为8万锭左右。在棉纺织厂中，7万～9.99万锭的规模效益最好，平均每锭提供税利额405.1元，因而，棉纺织厂的最佳规模应为10万锭左右。根据这一分析，棉纺厂组建集团和棉纺织厂组建集团都必须遵循上述最佳规模的要求来调整组织结构，使之实现最佳规模效益。

3.运用工程技术方法确定集团成员企业规模的合理化

这是一种以研究工程技术能力平衡为基础，以最低单位成本或社会成本为衡量经济效益指标，探求最佳经济规模的方法。其主要内容包括选择代表产品，选定能够决定产品生产规模的基本生产系统，选择组成基本生产系统的各种技术装备方案，在恰当确定设备利用年时基数和设备负荷率的基础上计算确定工艺技术方案中各种设备装置数量及各个方案的年生产能力，确定各种消耗定额，确定成本分析的各个项目，计算产品社会全部成本。最后，在比较各个方案的基础上，选定最佳规模方案。

4.运用生存检验法确定集团成员企业的合理规模

在市场经济条件下，在竞争中生存下来并不断求得发展的企业一定是有效率的，而生产经营效率较高的企业就是单位成本较低的企业。通过长时间观察与分析某一行业中生产某种产品的不同生产规模企业形成的变化趋势，可以看出该行业的规模与成本之间的关系。在具体运用这一方法时，先把某一行业的企业按规模层分类，然后从中观察各个规模层企业的产出在总产出中所占比重的变化情况。假如来源于同一规模层企业的产出在总产出中的比重是增长的趋势，那么这一规模层则是有效率的，也就是这个行业的经济规模；反之，呈现下降趋势的那一规模层的企业，就是相对无效率的，即规模效益低。

运用上述方法分析、选定集团成员企业的合理规模，严格说来还只是确定理论规模，或为经济规模确定一个大致的范围。在确定一个具体规模时，还要考虑到企业布局状况、生产要素供应、资金、销售、管理、工业组织程度等方面的制约因素。而确定企业集团的合理规模要考虑的因素就更多了。企业集团规模扩大主要表现为联合在集团中的生产同样产品的各个企业或处于生产工艺过程不同阶段的若干生产单位在数量上的增加或生产能力的扩大，所产生的规模经济效应不仅表现在生产上还表现在由经营范围扩大而带来的成本的节约，除了由于企业集团内产品及其系列、规模的统一和标准化、专业化而产生的生产效率提高及管理费用与交易费用的节约外，主要还是由于能获取建立在工厂规模效益基础上的完整产品生产体系效益，即把整个连续生产过程统一集中在一个集团内，使集团获得这个生产过程中可能获得的所有产品的效益。当然还要指出，集团规模与经济效益是极重要的函数关系，在一定条件下，集团规模的扩大与经济效益成正相关，而超过一定界限，则会成负相关。如随着企业集团规模的扩大，协调与组织生产的费用可能不是按比例增长而是超比例增长。同时，由于管理机构更加庞大、管理层次增加、环节增多、管理链延长，决策的时间会拉长，决策脱离实际的可能性增大，从而降低管理效率。规模扩大还可能影响职工对集团的认同感与责任感，降低对职工的激励作用，以及集团内各层次目标不一致时造成对立。凡此种种造成的损失货币化，则构成组织成本，而组织成本与集团成员数量成正相关。除组织成本外，企业集团还容易产生摩擦成本。它由市场信息收集不完全而引起。如果把市场信息收集的遗漏、延缓、失真及整理处理不当等造成的损失货币化，则构成摩擦成本，它与集团成员企业的数量成负相关。总之，以获取企业集团最佳规模效益为目标，企业集团规模的选定，除成员企业要达到合理规模外，集团规模还要由以上两种成本的比较来确定，即组织成本与摩擦成本之和的极小值是决定集团规模的参考依据，当然这个极小值要在竞争的条件下实现，即大企业集团摩擦成本较低的优势与中小型企业集团组织成本低的优势的抗争。

第三节　对企业集团规模效益的分析

对某一部门或行业的企业集团规模效益，只有根据当前国内外市场状况、生产技术条件、组织管理因素、成员企业之间专业化分工协作关系等进行最佳规模或合理规模的实证分析，才有可能取得正确的认识。从我国的现状看，这方面的调查研究工作还很不够，对企业集团规模效益的研究还需要向广度和深度方面发展，以便为现代化建设的实际工作提供指导与参考资料，达到使各类企业集团普遍提高规模效益之目的。

一、支柱产业企业集团的规模效益

（一）汽车工业企业集团的规模效益

汽车是由大约2万个零部件组成的综合性产品，它所具有的特点和科学技术的进步，要求汽车制造企业具有足够大的规模及相关企业之间合理的专业化分工与协作。所以，形成规模生产是汽车工业得以生存和发展的基本前提。正因如此，世界汽车工业呈现出技术的集约化、生产的集中化、市场的国际化和组织的集团化趋势。其中，前3个趋势都必须通过组织集团化来实现。可以说，集团化是汽车生产最重要的组织措施，也是实现规模经济、取得规模效益的根本途径。

各国大型汽车工业企业集团，除了美国是在自由竞争中兼并和集中逐步形成外，其他国家和地区大都是在政府的重点投资和政策扶持下形成的。如德国政府曾集中投资兴建了“大众”汽车厂，成为第一家汽车生产集团，后来逐步发展为跨国公司，其产品产量超过“通用”和“福特”在西欧子公司的总产量。法国政府对国有化的“雷诺”公司以巨额投资，同时以经济手段推动“雪铁龙”和“标致”公司联合，从而形成两大企业集团。日本政府早在20世纪60年代就试图建立2～3家汽车生产集团，后因民间资本分散未能实现，但促成了“大发”“日野”“富士重工”“日产柴”4家公司分别与“丰田”和“日产”联合，形成国内两大主要集团。20世纪60年代韩国由政府干预改组12家汽车厂，形成产品分工的三大汽车公司。就上述主要集团的生产规模来说，1989年，“通用”年产汽车482万辆，“丰田”为398万辆，“福特”为317万辆，“日产”为237万辆，“菲亚特”为197万辆，“雷诺”为177万辆，“克莱斯勒”为156万辆，“大众”为154万辆。汽车生产只有达到一定的规模才能使生产成本最低，才能在日趋激烈的国际市场竞争中占据优势。那么汽车工业获取最佳规模效益所需的合理规模是多大呢？

由于世界汽车市场竞争的日趋激烈，汽车开发费用日趋高昂，汽车的销售范围日趋广阔，汽车的使用维修日趋复杂，对经济规模的要求更高了。美国哥伦比亚大学的研究报告指出，衡量汽车规模经济的临界值即最低有效批量，20 世纪 50 年代中期为 60 万辆，20 世纪 60 年代中期为 100 万辆，20 世纪70 年代后期达到 200 万辆。日本神户商科大学的大田博史先生认为，目前国际汽车工业产业规模经济的下限是 50 万辆，同时他还指出汽车工业的盈亏临界点不断提高。美国经济学家马克西和西尔伯斯通对绘制的汽车工厂生产线的长期平均费用曲线图作分析，一种车型的生产批量同成本的关系表明，当年产量由 1000 辆增加到 5 万辆时，单位成本将下降 40%；当年产量由 5 万辆增加到 10 万辆时，单位成本将下降 15%；当年产量由 10 万辆增加到 20 万辆时，单位成本将下降 10%；当年产量由 20 万辆增加到 40 万辆时，单位成本将下降 5%；当年产量超过 40 万辆时，单位成本下降的幅度急剧减少，在达到年产 100 万辆的水平后，再加大批量就不再存在规模经济了，即达到 100 万辆后，平均成本不再随规模扩大而降低。根据这一规模经济的变动规律，马克西和西尔伯斯通认为，一条汽车组装生产线的最小最佳规模(也称“最小有效规模”)是年产 6 万～10 万辆，发动机生产线为年产 50 万台，冲压设备为年产 100 万套。从最佳成本的批量看，一般以 40 万～60 万辆为最佳。同时，汽车工业整个生产过程的最佳规模应当是各生产工序最佳规模的最小公倍数。

由此可见，就生产规模的经济性而言，当年产量增加到 10 万辆时，每辆汽车的成本大幅度下降；当年产量达到 40 万辆的经济规模时，成本下降的幅度急剧减少。成本的降低令人满意，才能在价格上具有国际竞争力，这是规模经济发展的客观规律。从我国汽车工业现状看，与规模经济的差距是相当大的。这表明中国汽车工业是在高成本基础上求发展，同时，也表明我国汽车工业的产业组织结构极不合理。

我国已确立汽车工业的产业组织政策是利用规模经济，那么，应怎样组织生产才能达到规模经济并获取最佳规模效益呢？上面已介绍国外专家提到的汽车工厂的规模经济的标准。工厂的最佳规模是随技术工艺和生产设备的进步而扩大的，因而不同国家或同一国家的各个工厂的最小最佳规模是不同的。与工厂规模经济有所区别的是企业集团的规模，它是指生产同样产品的若干生产线，或者处于生产工艺过程的不同水平的若干生产线联合在一起，或者为最终产品的生产而处于不同生产工序或生产环节的企业联合在一个生产经营实体中形成的规模扩张。所以，在计算企业集团的合理规模时，必须分别计算各个系列及每个系列处于不同生产环节的企业的最小最佳规模。例如，用长期平均成本曲线分析、计算出各个系列（包括重、中、轻、轿、微、客等几个系列）的冲压生产线的最小最佳规模，如冲压设备年产 100 万套，根据这个标准配以相应规模的焊装、涂装、总装生产线；如果焊装、涂装、总装年产 50 万辆，那么，就应配两条年产 50 万辆的焊装、涂装、总装生产线；如果发动机生产线为年产 50 万台，那么，就应配两条年产 50 万台的发动机生产线，这样组合的生产过程是成本最低的。按照国内目前零部件企业的具体情况，各种汽车零部件产品的年生产能力应达到轴瓦800 万片、减振器 120 万只、汽车灯泡 4000 万只、等速万向节 15 万套、玻璃升降器 200 万只、电动刮水器 70 万套、气门 180 万只、活塞 120 万只、车轮 150 万套、散热器 55 万套。只有这样才能趋向集中生产，达到经济规模。在这一基础上把各系列的最小最佳规模相加，得出企业集团的合理规模。这样，由于各个成员企业所处的生产环节、生产的产品品种、生产设备不同，因而它们各自的合理规模是不同的。规模并不仅仅是产量达到一定程度就能实现成本最低，而是达到生产要素组合最佳，方能实现最佳规模效益。

为确保汽车制造企业集团获取最佳规模效益，必须进行零配件生产企业组织结构的调整，总结国内外的经验，在轴瓦、活塞、气门、减振器、玻璃升降器、刮水器、火花塞等零部件生产企业中选择出两三家企业，给予重点扶持，使其成为汽车厂配套的一级零部件厂家；给一级零部件厂家供货的二级零部件厂家，应在一级零部件厂家指导下，承包加工铸锻件，如活塞环、气压制动阀等，并生产通用的零件，如螺栓、齿轮、弹簧、内装饰件、塑料件等；三级零部件厂家则应承包铸锻加工、热处理、电镀等劳动密集型加工，为二级零部件厂家提供服务。

（二）机械工业企业集团的规模效益

机械工业是经济规模和专业化生产效益显著的产业，但由于历史的原因，企业组织结构点多批量小，多数企业达不到经济规模，集中度很低。如机械工业前 100 家企业生产集中度，工业发达国家为 90%以上，我国则不到 20%。特别是近年来，我国机械生产集中度有继续向分散发展的趋势。为改变机械工业的这种状况，我国必须采取有效措施促进机械工业投资的集中和产业的重组，治理不合理重复建设投资，提高工艺技术水平和整体效益。对适合大批量生产的产品，按经济规模要求，集中建设和改造若干大规模生产厂点，通过改造、联合、兼并，组建跨地区、跨部门、跨所有制、跨国界企业集团等，提高机械工业集中度，实现机械工业的规模效益。当前，应按照国民经济发展急需和机械工业振兴战略，围绕基础机械、基础零部件、重大技术成套设备和交通运输设备的部分产品等发展重点来组建企业集团，进行规模生产和开发。

1.基础机械工业企业集团的规模效益

组建基础机械工业企业集团，提高规模效益。我国基础机械制造业基础薄弱。如数控机床，我国从20世纪70年代开始起步，至今机床产值数控比率只有6%左右；而同期起步的日本，1990年已超过75%。不仅如此，分散布点、重复投资、规模普遍偏小的问题也比较严重。因此，要彻底改变我国基础机械制造业的落后状况，既要有重点的发展，如当前应重点发展数控机床及数控系统；又要调整企业组织结构，组建基础机械工业企业集团，重点是机床工业企业集团，推动其发展合理规模。

2.基础零部件工业企业集团的规模效益

组建基础零部件工业企业集团，以推动我国机械工业企业突破产品专业化阶段，提高零部件专业化和工艺专业化水平，以迅速提高整个机械工业的专业化程度，并达到规模生产，增加规模效益。目前，我国基础零部件生产专业化水平很低，如我国轴承零部件专业厂仅占行业内企业总数的4.2%，自有锻造车间的企业高达95%，而美国分别为25%、10.4%；我国铸造行业的专业化比重只有30%，锻造仅为15%，热处理为20%，电镀为40%，而工业发达国家分别为80%、75%、70%和90%。由于专业化协作水平低，机械行业企业中80%的企业仍为“大而全”“小而全”的全能厂。要打破这种不合理状况，必须建立基础零部件工业企业集团。

专业化的前提是大生产，没有足够大的生产规模，分工就会缺乏经济效益。因此，要求其所分工生产的零部件的生产规模，至少也要达到自身的最小经济规模。而实现这个规模不能走重复投资的老路，必须通过集团化把生产相同零部件的企业和工艺相同或相近的企业联合在一起，并重点发展液压、密封、气动、模具、轴承、低压电器、仪表元器件等基础零部件，要能为重点主机和重点工程配套机械产品的质量、可靠性、耐久性等提供保证。如就其中的模具而言，我国现有模具生产厂点6000多个，年工业总产值60亿元，年产各类复杂模具约100万套。虽然近年来我国模具工业取得了较大发展，但与发达国家相比仍有很大差距，行业的“低、散、差”状况并未完全改变，模具工业的基础比较弱，模具专用的加工设备的技术水平还较低，模具用钢材不仅品种少，而且规格也不能满足要求，现有的模具标准件生产仍很分散，专业化协作程度低。为改变这种状况，使模具的标准化程度、专业化程度以及大型、复杂、精密、长寿命模具的满足率有大幅度提高，今后应选择一批基础好、经营管理水平高的模具标准件生产厂家作为核心，并吸收机床企业、钢铁企业来组建大型企业集团，形成标准件生产基地，实现模具生产的规模效益，真正体现模具成型具有的高精度、高一致性、高效率和低耗能、低耗材等显著特点。

3.重大技术成套设备工业企业集团的规模效益

应结合机械工业发展重点，重视组建规模合理的集技、工、贸、金融于一体的大型、特大型电力设备、矿山设备、石化设备等企业集团，使之成为具有较强科研、设计、制造、销售、金融、外贸、信息等功能的“国家队”，在满足国内市场需求的同时，参与国际分工与竞争。

我国机械工业为国民经济各部门研制成功了140多种大型成套设备。如为石油工业提供了500万吨炼油成套设备，沙漠边缘6000米石油钻机；为石化工业生产了年产30万吨合成氨成套设备；为矿山开采提供了年产矿岩1000万吨的露天矿成套设备；为大型钢铁厂提供了冷热连轧板轧机及大型连铸机、烧结机、高炉等年产600万吨钢铁的成套设备；为交通运输提供了年装船3000万吨煤炭的港口装卸成套设备；为电力工业生产了60万千瓦、30万千瓦的达到国际20世纪80年代水平的火电机组，供应长江葛洲坝的世界先进水平的大型轴流式水电机组和岩滩大型混流式水电机组，500千伏级交流输变电成套设备等。但大型成套设备与基础机械、基础零部件一样都存在基础薄弱，不能满足国民经济迅速发展的需要等问题。如20世纪70年代以来，我国累计进口了30万吨合成氨成套设备17套、30万吨乙烯设备5套，并且有关部门还在与外商谈判准备再进口一部分。不仅如此，企业组织结构点多批量小，多数企业达不到应有的经济规模，集中度过低。因此，大型成套设备生产企业要想改变落后的状况，就必须联合起来，走内涵扩大再生产的路子，彼此之间扬长避短，实现生产要素的优化组合，推动生产的高度专业化，极大地提高生产的集中度，达到合理经济规模，创造出较高的规模效益。

4.交通运输设备生产工业企业集团的规模效益

我国交通运输落后，主要是交通运输设备落后，突出表现在汽车、船舶、民用飞机、机车车辆等方面。有关汽车的问题上面已经谈到，这里不再作分析；有关飞机制造的规模经济问题将在后面的高技术产业里展开分析，这里仅就船舶、自行车的规模经济问题作具体的分析。

一是船舶生产的规模效益问题。船舶是一种大型商品，这一生产行业具有劳动密集、资金密集和技术密集的特点，并在整体上已经成为一种国际性产业。不论从其内在的经济技术要求，还是面对国外在生产手段、技术力量、融资能力、信息渠道等方面拥有明显优势的大企业，我国船舶工业企业都应走“集团军”的道路，发挥船舶工业中骨干企业的作用。如以江南、大连、沪东等较大的造船企业为核心，吸收中小造船厂及有关厂家、科研院所等单位参加，组建成3～5家大型造船企业集团，其中核心企业应根据国内外市场需求和变化，制定发展规划，确定产品开发战略和市场开发战略，加强船舶建造过程中的生产调度和协调，并根据优化生产要素，实行专业化协作的要求，确定船用设备的布点和分工，将船用设备和装置的生产从集团公司（核心层企业）分离出来，进行独立的专业化生产，扩大配套面，实行规模生产，提高质量，增加经济效益。在条件允许的情况下，大型造船企业集团之间也可实行联合、协作。

二是自行车生产的规模效益问题。我国自1979年自行车产量突破千万辆大关之后，1992年出口自行车1028万辆，我国自行车生产量位居世界第一，但也不能忽视现有的生产状况。我国自行车生产仍是靠“大而全”“小而全”企业生产的，生产厂家分散，仅天津就有自行车整车组装厂80多家，都未达到自行车的最佳效益产量800万辆的要求，同时也影响产品开发和质量的提高，困扰着我国自行车的出口，导致我国自行车产品在国际市场上缺乏竞争力。因此，必须从调整企业组织结构入手，以零件标准化、部件通用化、产品系列化为标准，对不合理的自行车企业组织结构和生产组织结构进行改组，推动大中小型自行车企业加快联合，走专业化分工协作的路子，向集约化、集团化、国际化方向发展。作为主要整车厂，要主动减少其零部件的生产品种，增强设计能力，提高车架加工和油漆等工艺水平，加强整车组装的装备力量，从而转变整车厂“大而全”的状况，向全国配套和国际配套迈进。在实现规模生产的同时，做到产品式样新颖、技术先进、品质优良、经久耐用、价格低廉，具有较强市场竞争力。另外，还要重视利用已形成的规模优势，对自行车的延伸产品进行开发，如独轮车、踏板车、滑行车、爬山车、风帆车、体育健身车、折叠车、双座双动力车、轮椅车、购物车、玩具车、手推车，以及与自行车制造工艺相类似的运动健身器材等，这种开发也有利于提高规模效益。

5.家用电器工业企业集团的规模效益

冰箱、空调、微波炉、洗衣机、电风扇等主要家用电器是极适宜进行规模生产的产品，可实行专业化配套协作生产，如分散协作生产压缩机、定时器、塑料件、橡胶件等电器元器件，以及油漆等。但在这些产品生产企业中，我国只有极少数企业达到了合理规模。如全国130多家洗衣机厂中，只有近10家达到了年产量20万台的最小合理规模，占全部企业的6.9%；在电冰箱生产方面，万宝公司与瑞典的Electlolwx公司、意大利的扎努西公司、美国的惠而浦公司、韩国的三星公司、日本的松下公司、美国的GE公司、韩国的大宇公司、意大利的IRE公司，他们的年生产能力、产量均超过100万台，而我国其他40多家冰箱厂，仅十几家能够达到产销基本平衡，其中达到规模效益的并不多。按照规模效益的要求，应推动上述家用电器生产企业之间开展横向联合，组建企业集团，使生产要素在更高层次上优化组合，提高生产集中度，避免分散生产经营和过度竞争，把产品集中到各行业中的几家企业集团进行生产，扩大生产、开发能力，提高资源的利用效率，实现合理的规模经营。如日本、美国、意大利等家电工业发达国家，其家电市场均掌握在几家大的企业集团手中。

（三）电子工业企业集团的规模效益

作为高新科技产业的电子工业，要实现以微电子产业为基础，以通信、计算机产业为主体，优先发展集成电路和新型元器件，重点发展通信设备、计算机等投资类电子产品，大力提高为国民经济提供先进的成套投资类电子装备和系统产品（如银行信用卡支付系统和国家专用数据通信网）的能力，推进国民经济信息化，同时积极发展消费类电子产品这一发展战略重点，需要组织经济实力雄厚的大型企业与科技实力较强的电子研究院所实现“强强联合”，并吸收一大批中小型相同或相关的企业、科研单位参加，组成大型的集科、工、贸于一体的电子企业集团，这是振兴电子工业的必由之路，也是提高电子工业规模效益的重要途径。

1.集成电路生产企业集团的规模效益

微电子技术是当今世界上活跃的生产力，其发展日新月异；集成电路则是微电子技术的核心。据统计，1993年世界集成电路产量已达到450亿块，销售额为770亿美元，预计2000年其产量和销售额将分别达到1600亿块和2000亿美元。1993年我国集成电路产量为1.78亿块。目前，我国从事集成电路生产的主要企业有15家。其中，有5家骨干企业（无锡华晶公司、上海贝岭公司、上海飞利浦半导体公司、绍兴华越公司、首钢NEC公司）和十几家专业生产厂家，从事集成电路研究和设计的单位有25家。

从世界集成电路发展极其迅速，竞争与联合并存的格局来看，20世纪80年代后期出现了联合开发和联合投资的趋向，美国的半导体技术联合体、欧洲的亚微米硅技术联合中心、意大利的SGS与法国的汤姆逊、美国的AMD与日本的富士通、德国的西门子与日本的东芝公司等都在进行联合开发或联合投资建厂，可以说已经形成国际化的统一市场。这使我国企业既面临机遇，又面临严峻的挑战。因此，我国集成电路生产厂家和科研设计单位应有紧迫感和责任感，自觉组建集成电路生产企业集团，只有在更高层次和更大规模上进行联合投资、专业化协作生产以及设计开发，才能获得规模效益。用10～15年的时间，使集成电路企业集团的生产能力、研制开发能力赶上世界先进水平。到2000年，使我国集成电路年产量达到10亿～12亿块，并实现0.5微米技术水平的产品投入生产，重点建设0.5微米集成电路芯片生产线和封装生产线；再用5～10年的时间，争取使0.1微米工艺技术投入生产。

2.电子计算机企业集团的规模效益

我国电子计算机产业的总体规模技术水平同世界先进水平相比，还有很大差距，远远不能满足现代化建设的需要，不适应国际市场的激烈竞争。其中一个突出问题是企业规模小，分散重复，没有形成集约化大生产和规模经济。再者，在传统体制下大多数企业和科研单位是按专业分工建设的，科研与生产分离，分工过细、技术单一、产品单一，缺乏系统集成能力，达不到合理的经济规模。据统计，1992年我国共有36家微型电子计算机生产企业，其中只有4家具有一定经济规模，年生产能力15万部。根据市场需求趋势及规模经济的要求，现有电子计算机生产厂家与科研单位应联合组建3～5家大型电子计算机企业集团，在集团内部实行专业化分工，将打印机、显示器、硬盘、软驱、扫描仪等计算机外部设备及系统开发和软件等交由集团成员进行专业化开发与生产，形成专业化生产规模，从而提高整个电子计算机企业集团的规模效益。

3.电视机企业集团的规模效益

电视机的最佳效益产量为400万台。但多年来我国电视机重复分散引进、建设现象严重，没能形成规模经济。以彩色电视机为例，原有定点生产企业57家，还有不少非定点企业。1990年总装配能力每年近2000万台，而近几年每年产量约为1000万台，生产能力仅发挥50%左右，而且现有生产彩色电视机的厂点过多，大部分企业年产量不足10万台，规模效益不高。随着竞争的日趋加剧，一些规模小、质量和牌誉一般的企业（主要是C类企业）逐渐退出彩色电视机市场将成为必然趋势。因此，我国彩色电视机宜采取组织结构调整措施，以少数几家生产名优产品且生产规模大的彩色电视机企业为核心，组建彩色电视机企业集团，其他的彩色电视机企业参与后进行配套生产，也包括吸纳显像管、显像管玻壳、彩电集成电路、电子元件等企业加入集团，实行专业化配套生产，使名优产品生产上规模、上档次，成系列化生产，扩大规模效益。

4.录像机企业集团的规模效益

录像机（含放像机）也应向着规模经济的方向发展。在我国，录像机已实行定点生产，将形成每年300万部的生产能力。国家已通过联合投资，重点扶持建设与此配套的录像机零部件、元器件、关键件、测试仪器和专用设备的生产体系。如在实施录像机机芯开发、生产的国家重点项目工程中，一些企业联合投资，统一对外引进技术，组建了中国华录电子有限公司，1994年生产录像机机芯约150万套，还准备投入年产300万套的第二期工程（与国内市场需求基本平衡），预计每年可新增产值140亿元，新增总体效益20亿～30亿元，达到一定经济规模。以中国华录电子有限公司为集团核心企业（集团公司）组建特大型录像机企业集团，其所创造的规模效益将是巨大的。这也是一个比较理想的发展模式。

5.摄像机（含摄录一体机）企业集团的规模效益

由于摄像机是光、电、机一体的高科技产品，资金密集和技术密集，不宜分散投资，要特别防止出现新的重复建设和引进。为此，要引导企业和科研单位组建摄像机企业集团，实行统一规划，集中投资，联合建厂，分工协作生产，培植出具有高起点、大批量、多品种、产业化、面向市场尤其是国际市场、竞争力强、规模化经营的企业集团，形成世界一流的摄像机产品生产基地。

6.音响产品企业集团的规模效益

音响产品（包括收录放机、组合音响等）的生产也要通过走集团化道路，以获取规模效益。在形成的集团内部检验和消化掉那些不经济、无效率、过多过散的小厂、小所和那些应当转产、关闭的成员单位，促进企业走上高水平、高效率和高效益的良性循环轨道，以解决多年来依靠国家治理整顿也难以奏效的结构调整和效益低下问题，同时，这也是大量同类企业和科研院所实行分流重组，步入市场后的一条出路。

（四）石油化工企业集团的规模效益

我国石油化工工业经过 40 多年的发展，已经拥有一定的基础。如 20 世纪 60 年代建设了兰化、上海高化，70 年代又建设了燕山、金山、辽化、金陵等大型企业，20 世纪 80 年代石油化工总公司成立后，相继建成了 5 套 30 万吨乙烯、3 套大化肥和 2 套大化纤工程，新建和扩建了一批炼油厂，并在老企业中建成了一批炼油深度加工、综合利用装置和储运设施等，为我国石化工业的进一步振兴奠定了基础。

以我国现有的这些大型石油化工企业为核心，以其名优产品为“龙头”，组建一批大型石油化工企业集团，也应努力提高规模效益。在建立以各种石油化工产品为系列的专业化集团时，除个别地区受到资源、运输及经济不发达等条件制约可以建立中型石油化工集团外，其他地区都要向大型化的规模经济发展。如原油加工装置应在 500 万吨/年以上，乙烯装置应在 30 万～45万吨。国外经验表明，乙烯装置在 30 万吨/年以下就没有效益，因而，国外一般在 40 万吨/年以上。而我国除 20 世纪七八十年代的 5 套 30 万吨乙烯外，现在多数是 11 万吨和 14 万吨左右的规模。因此，我国石油化工企业集团应重视把调整组织结构、采用先进技术（包括引进国外先进技术）和实现最佳效益统一起来，把生产系列产品与实现最佳效益统一起来，要大力发展石油和化工原材料、合成材料的深度加工，向上中下游“一条龙”发展，生产有竞争力的技术先进、品种新颖、附加值高、适应国内外市场需求的高质量升级换代产品，不断研制开发包括石油产品、塑料、合成纤维、合成橡胶、精细化工以及各种有机化工原料在内的系列产品。这样有利于集团从整体上寻求和调整其内部结构与外部环境（市场）的最佳适应方式，产业内部也能在总体利益的前提下求得一种相对均衡的发展格局。而且，由于“一条龙”深度加工经营，其内部转移价格仍比其真实成本高的投入机会成本隐含计入生产成本，最终产品的销售价格也仍由过去的销售机会成本来决定，这样使得集团将过去的市场交易费用转化为企业集团的盈利，实现了利润最大化的目标。

从我国进一步扩大对外开放、参与国际交换与竞争的要求出发，必须对现有的油田、石油化工、内外贸公司重新组合、联合，组织起几家从采油、加工、生产到流通上下游、内外贸一体化的大型石油化工企业集团。这几家大的石油化工企业集团由国家授权对行业外进行垄断（主要是进入壁垒的限制），行业内可以相互竞争，最终形成一种既有国家控制垄断，又有企业集团间竞争的新型的石油化工产业组织结构。

石油化工企业集团应充分利用“两种资源”“两种资金”“两种市场”，形成有进有出、全方位的对外开放格局，尤其要抓住机遇，走出国门，充分发挥自身实力和比较优势，积极参与国外油气风险勘探与合作开发，以此带动石油技术、装备和劳务的输出，利用国外的油气资源生产石油化工产品，再返销国内。总结国外发展石油化工的历史经验，进口原油不如进口精细原料，进口精细原料不如进口石油化工产品。因此，把国内部分生产要素转移到国外，到国外投资办厂，利用国外的资源生产石油化工产品，然后再输入国内，这是比较可行的、划算的。这也是我国企业集团发挥规模优势，获取规模效益的重要途径。

（五）建筑企业集团的规模效益

建筑企业集团的形成，使建筑企业从“大而全”、“小而全”、分散、落后及以手工操作为主的小生产方式向高度专业化、集约化、社会化大生产方式不断迈进。但建筑企业集团也有规模经济问题，这里不仅涉及使建筑企业集团防止过度竞争，并使建筑企业的工程建设能力与发包工程规模相适应，而且更重要的是使建筑企业集团自身规模、组织结构合理化，不能无视各种条件的制约一味追求大规模、综合生产能力，而要视企业集团核心企业的经济技术实力和将会形成的组织成本、摩擦成本等状况来确定。不具备综合生产能力的大型建筑企业，可牵头组建单一专业性的建筑企业集团，如建筑安装施工企业集团（包括线路、管道和设备安装业）、土木工程建筑企业集团（包括各类房屋建筑和铁路、公路、隧道、桥梁、堤坝、港口、机场等各种工程构筑设施）等，实现建筑业生产的高度专业化、集约化，提高规模效益。而具有综合生产能力且实力较强的大型建筑企业，可牵头组建综合性建筑企业集团，从事建筑工程勘察设计、建筑安装施工、对外承包、房地产开发建设、建筑装饰装修、建筑制品生产、物资采购供应和建筑科研教育等综合性生产经营活动，使建筑勘察设计、施工、科技水平等都有较大提高，有能力完成各类现代化的高、大、新、难工程建设和参与国际建筑市场竞争。但在综合性建筑企业集团中，成员企业应向专业化方向发展，推动技术进步和生产手段的现代化，实现设计标准化、构配件生产工厂化、施工机械化，提高配套协作能力，提高劳动生产率，降低物质消耗，保证工程质量，提高经济效益，从而提高企业集团的整体规模效益。

建筑企业集团应努力实现总包、分包关系的合理化，以提高企业集团的规模效益。建筑生产是通过综合管理、监督功能与直接施工功能相结合而实现的，即通过综合工程业—专业工程业或总包—分包实现的。建筑企业集团确立总包、分包的平等合作关系，完善多层次的分包体制是十分重要和必要的。集团总包应对成员企业或集团以外企业的分包进行综合的施工管理、业务指导和监督，提高经营组织效率，提高经营管理水平；分包企业在完成工程任务过程中，要在本身施工范围内进行独立的施工管理，提高施工管理能力和质量管理能力，提高施工效率，这也有利于提高建筑企业集团的整体规模效益。

二、基础产业企业集团的规模效益

（一）钢铁企业集团的规模效益

与世界先进水平相比，我国钢铁企业组织结构的特点是“大而全”“小而全”“小而散”，分工不合理，专业化协作和规模经济的优势难以发挥，尤其是地方中小钢铁企业大多效率低、消耗高、规模小、效益差、污染重。解决这些问题，重要的途径是通过钢铁企业发展经济联合，组建企业集团，促进资源的合理流动，优化组织结构，实现合理分工，发挥专业化协作的优势，实现规模经济。实践证明，结构优化是钢铁工业发展的根本出路。因此，应提倡大型钢铁公司（如首钢、鞍钢、宝钢、武钢、攀钢等）与生产钢材下游产品的众多企业，通过多种形式组建企业集团，并在集团内部优化资产存量，使大中小型企业之间形成分工协作的生产经营体系，从而保证获得规模效益。

钢铁企业集团究竟应保持多大规模才算合理？就钢铁企业生产规模同成本之间的关系而言，研究结果表明，以企业年产 100 万吨钢铁的单位成本比较，增加到 200 万吨的产量就可使单位生产成本降低 12.3%，增加到 300 万吨的产量可使单位生产成本降低 18.7%，增加到 500 万吨的产量可使单位生产成本降低 26.5%，增加到 1000 万吨的产量则可使单位生产成本降低 35.5%。由此可见，单位成本的变化与产量（生产规模）密切相关。因此，发展钢铁工业必须走规模经济的道路。

钢铁企业集团发展规模经济，提高规模效益，既可以通过集团生产设备大型化及集团成员规模的扩大来增加钢铁产量，提高经济效益，又可以通过系列化和专业化，即集团把同自己相关的众多中小企业纳入自己的生产体系，使集团与中小企业之间形成比较稳定的分工协作关系。这从国外建立系列化体系的成功经验也可得到验证。如日本5家最大的钢铁公司垄断生铁产量的90%、粗钢的80%、普通钢材的81%、特殊钢材的62%，而围绕这5家钢铁公司并靠之供坯进行二次加工的有70多家工厂，其他170家成材和小型钢厂以及4414家各类小厂则遍布全国各地。

（二）电力企业集团规模效益

电力企业集团规模经济目标的确立，必须符合电力工业自身的特点和生产力发展的客观要求。这些特点和要求是：作为关系国计民生的重要基础产业，要求电力工业实行有计划的超前发展；作为主要靠外延扩大再生产的装备产业，要求电力企业本身有较强的投资和融资功能；作为产、供、销同时完成的特殊商品生产，要求电力行业实行区域集中、垄断经营和电网统一管理。

从长远看，在实现供电能力略大于需求的基础上，电力企业集团应按照市场的实际需求组织发电、供电，满足各行各业正常运转、发展和人民群众生活对电力的需求。与此同时，国家要根据准确的预测分析，制订电力建设计划，控制电力建设的总体规模和部分投资（主要用于大型的核电、水电等重点建设项目，以及建设条件差和投资困难的地区），为电力生产、建设安排部分燃料、设备和原材料，而不再下达发电、供电的指令性计划。

鉴于发达国家电业发展的共同规律，即由分散走向集中，由竞争走向垄断，我国电力生产经营要以经济合理的统一电网为单位，成立几家统一管理发、输、变、配的跨省区的大型电力企业集团，从而克服电力行业重复建设、过度分散投资和分散经营、互相竞争、资源浪费、效益低下、电费昂贵、供电可靠性差等问题。同时，在电力企业集团统一管理、统一调度的前提下，除集团内少数骨干电厂外，其他电厂特别是新建电厂都要成为独立核算的企业法人，电力企业集团与电厂的关系是经济关系。为了提高规模效益，应以各大型电力企业集团为单位，对国家实行投入产出总承包，电厂与电力企业集团分别核算。对于电网，一律由电网企业集团经营；对于电厂，采取资金借贷的电厂隶属电网企业集团，由电网企业集团统一经营；采取投资分利的电厂，由电厂承包经营，集团统一管理，单独核算；允许个别特殊的自建自营电厂在服从企业集团统一调度的前提下并网运行，由电网企业集团代售或统购包销；电网企业集团应当作为集资办电项目建设的总承包人，除资金借贷的集资项目全部由电网企业集团负责建设外，其余集资项目由投资各方和电网企业集团组成工程建设小组，共同建设。另外，为了提高规模效益，位于东部沿海地区的电力企业集团，应逐步提高核电在电力生产中的比重；水利资源丰富地区的电力企业集团，应积极支持三峡工程的建设，积极开发长江上中游干支流、黄河上中游、澜沧江、红水河等流域的水电资源，逐步提高水电在电力生产中的比重；产煤区的电力企业集团应就地取材，侧重以火力发电为主，努力实现新增火电机组以 30 万～60 万千瓦等高效机组为主，以及采用高效静电除尘器，并推动变输煤为输电的战略转变，主要是西电东输可以避免运煤受到铁路运力不足的制约，为加快能源工业发展创造条件。

（三）煤炭企业集团的规模效益

煤炭工业与其他能源工业一样，具有天然垄断性，普遍投资多，建设周期长（一个煤矿矿井从投入到发挥效益需 3～8 年，一个煤矿矿区则需 15～20 年），经营风险性较大，而且由于消费水平和运力限制，我国煤炭产销只能在区域内（主要是四大区域，即东北三省和蒙东区，云、贵、川区，新、青、甘、宁区，晋、陕、蒙西和中南、华东、京津冀区）分别平衡，也包括总量平衡和品种平衡。从这一实际出发，我国各地适宜以矿区为中心组建煤炭企业集团。这样有利于降低组织费用，利用新模式、新机制，技术装备水平起点高，用人少。同时，利用集团优势，相应建设电厂、焦化厂，发展其他煤化工产品，有的可实行煤、电、路、港统一规划，统一开发，综合经营。

集团对成员企业的生产矿井，要按照效益原则确定其发展规模和方向，对那些少数成本畸高、亏损过多的矿井，该关停并转的要采取果断措施。同时，对凡是具备条件的生产矿井和新建矿井，都应合理集中生产，建成高产高效矿井，主要表现为一个综采面年产量 100 万吨以上，矿井全员效率每工 4 吨以上，达到中等发达国家水平，最大限度地提高规模效益。

（四）石油企业集团的规模效益

石油工业作为重要的基础产业，组建企业集团应按照地域及石油产品的特点来进行，以促进我国石油生产布局的合理化、组织结构的现代化、集团管理的科学化、资源配置的高效化。

石油企业集团获取规模效益，适宜以各油田为基础来组建。各石油企业集团是以主业生产单位的产品为“龙头”，把具有生产技术联系的各专业生产单位，以经济合同、协议等形式或资产联结纽带的形式组建的大规模、多层次、多形式结构的企业集团。其中，主业生产单位为集团的核心层企业，专业生产单位为紧密层骨干企业，生活后勤等为生产服务的辅助单位为外围协作层。协作层单位属于松散联合，可由主业或专业生产单位参股以引导协作的方向和规模，也可通过合同、协议等形式加以规范、协调联合配套行为。集团内部也应本着精干、统一、效能的原则，设置若干专业机构，努力降低组织成本和摩擦成本，提高生产要素配置效率，从而获取较大的规模效益。

三、高技术产业企业集团的规模效益

20 世纪 80 年代以来，高技术产业在世界范围内进入了蓬勃发展期，尤其以微电子、计算机、生物工程、海洋工程、核工程、新材料、新能源、激光、超导、航空航天等为代表的高技术产业的发展日新月异，极大地推动了世界经济的增长。高技术产业是一种发展速度快、变化快的知识密集型产业，具有智力高、投资高、水准高、风险高、效益高等特点。因而，呈现高技术研究全球化，越来越多的跨国公司在国外兴办研究机构，从事跨国界、跨学科的研究，博采众长，补己之短。高技术研究与发展联合化，为了分担昂贵的研究开发费用，减少高技术投资的风险，一些国家的企业纷纷结成了共同研究开发新产品的联合体。如 1990 年，IBM 与西门子公司联合，共建了一家合资企业，生产 16K 芯片并共同开发 64K 芯片，1992 年日本东芝公司也加入了这一联合体，三家联合开发 256K 超微芯片。产业与技术一体化，为使高技术成果与企业生产有机结合，许多国家的大学、科研院所与企业三位一体共同研制开发新产品，缩短了科技成果转化为现实生产力的周期。高技术领域竞争白热化，在高新技术领域中，谁掌握了高技术的制高点，谁就掌握了未来国际市场竞争的主动权，因而各国企业之间的竞争日趋激烈。如飞利浦和西门子公司在集成电路落后于日、美的情况下，不再按部就班地从 16K 开始，而是直接跳向 1024K 和 4096K 的高级阶段；再如，目前美国贝尔实验室已研制成功光学晶体管，处于光计算机的领先地位，而日本日立、富士通、东芝、三菱等十几家大型跨国公司不甘落后，组织了千余名科学家和工程师研究光电技术，欲与其争高低。

各国企业尤其是各跨国公司在高技术领域中的挑战，促使我国企业要有紧迫感和危机感，不能甘于落后，应从高技术产业的特点出发，组建一批高技术企业集团。要提倡“强强”联合，把那些具有较强经济技术实力的企业及拥有雄厚科研力量的科研单位组合到一起，也包括与国外企业和科研机构的联合，形成巨大的“联合舰队”，开拓高科技领域，开发出一批具有国际竞争力的高技术“拳头”产品，提高我国在国际高技术产品市场中的份额。以我国航空航天高技术领域为例，我国现有飞机制造厂家不少，但都处于规模小、生产能力弱、开发创新能力差、质量档次低等落后状况，缺乏市场竞争力，与发达国家相比仍有很大差距。因此，对我国飞机制造企业来说，一方面，必须联合起来，以现有几家大型骨干企业为核心，带动千万家为飞机制造配套生产的各类企业和科研单位，组建成巨型飞机制造企业集团，共同投入资金、人力、技术和设备，进行研究、开发和生产；另一方面，要努力探求这类企业集团的规模效益。核心层企业要发挥在规划、组织、指导、协调等方面的功能，要特别重视根据国内外市场需求做好飞机产品选型，合理确定产品系列及发展战略，并在此基础上与其他成员企业实行合理分工。核心层企业要抓整体设计、关键零部件的生产，以提高组装水平；各成员企业都要有自己的生产重点，关键是要生产出质量可靠、成本低廉的零部件，也就是要在实行零部件生产规模化基础上不断提高质量，降低消耗。为克服研制开发费用的不足及技术上的某些局限，可实行分工协作消化、吸收国外飞机制造技术，包括与国外飞机制造企业联合研制生产，以提高飞机研究、开发、生产能力，尽快形成系列化，并朝大型化发展，力争在航空工业企业集团规模、技术水平、产品质量、开发能力及价格等方面跻身世界航空工业强国之列。

此外，在重视研究上述各类产业企业集团规模效益的同时，还要探索其他多种产业企业集团的规模效益，如纺织企业集团的规模效益、包装企业集团的规模效益、服装及鞋业企业集团的规模效益、饮食企业集团的规模效益、造纸企业集团的规模效益、玻璃企业集团的规模效益、烟草企业集团的规模效益、农工商企业集团的规模效益等。总之，企业集团应把产品质量和规模效益放在头等重要的位置，这是企业集团的生命线。

第五章　企业集团形成过程中的竞争与垄断关系

正确认识企业集团形成过程中的竞争与垄断关系，使企业集团既保持竞争性，又能获得规模效益，这不仅关系到国家宏观经济管理政策的制定及对企业集团组织与发展的评价问题，而且关系到市场结构与市场选择的大问题，对促进我国市场经济协调发展具有极其重要的意义。

第一节　企业集团垄断与竞争的两重性

一、企业集团的垄断性

企业集团的垄断是指极少数大型企业集团或某一企业集团控制了某些种类商品生产、销售的全部或大部分，从而能按自己的意愿控制市场和价格，以便获取高额利润。企业集团是社会化大生产的产物，当它的生产和资本集中到一定程度时必然会走向垄断，这是现代市场经济发展的普遍规律。企业集团本身就是具有垄断性的经济联合体，垄断性是它的一般属性，与一般单个大企业的垄断性行为是一样的，主要是通过其核心层企业的垄断性表现出来的。所不同的是，企业集团的核心层企业是通过控股或持股、分工、协作等方式，实现了对集团内外一系列企业的控制，使其具有更强的市场、价格控制能力。企业集团的垄断性主要表现为以下三个方面。

第一，企业集团生产的高集中度及产品的高市场占有率。如根据 1989 年《幸福》杂志的资料，在最大的 500 家公司中，按照 27 个部门分类，每个部门最大的 5 家公司的销售额占该部门销售总额 50％以上的共有 23 个部门，占

90%以上的有7个部门，其中计算机、汽车、橡胶制品、烟草和运输设备5个部门中一家公司的销售额就占该部门销售总额的40%以上。再如，我国熊猫电子集团在1988年就提出集团近期经营目标，即在产品产量上，达到年产各种通信设备10万台、电视机500万台、音响设备1000万台等；在经济指标上，年产值达到60亿元，利税同步增长，出口创汇1亿美元；在规模经济上，建成3个年产100万台电视机的生产基地，3个年产200万台音响设备的生产基地，使国内市场占有率达到20%。中山集团制定的1987～2000年的经营发展战略目标是，集团工业总产值从1987年的19.37亿元发展为2000年的120亿元，销售收入从1987年的17亿元增至2000年的85亿元。由此可以看出，企业集团已把增强自己对未来市场的垄断能力和增加占有量作为规模经济发展的战略目标。近几年，我国的一些企业集团在生产集中率和市场占有率上也已达到了一定水平，具有了相对垄断生产经营实力。如1986年我国部分行业前4家大型企业集团核心企业的生产集中率是：汽车（解放、东风、重汽、北汽）为55%，钢（鞍钢、武钢、首钢、宝钢）为35%，彩电（金星、北电、天电、长虹）为29%，电冰箱（万宝、北冰、苏冰、沙市）为38%，自行车（凤凰、永久、飞鸽、五羊）为31%。近年来，随着我国重视发展大型企业集团、大公司及实行政策倾斜，带动了规模经营不断上新的台阶，使生产集中率有了明显的提高。总的来看，西方国家的大公司在19世纪末就带有垄断性，其垄断行为一直延续至今。而我国大企业（主要是企业集团）的高生产集中度和市场垄断性则是近几年的经济现象。随着我国市场经济的发展，企业集团特别是大型企业集团必然形成对市场的相对垄断趋势，并对国民经济发展起到支柱作用。

第二，企业集团的形成与发展带动资本迅速聚集。如美国1966年四大公司资产额占各所属部门资产总额50%以上的行业近200个，约占整个行业的一半，其中占70%以上的行业有1/3左右。再如，日本六大企业集团1987年度拥有上市股票约25%的所有权，六大集团的金融机关向股票上市企业提供的贷款总额约占这些企业贷款总额的39.37%，约有1510家股票上市企业与六大企业集团有金融交易关系，因而集团对日本大企业拥有很大的支配权。

第三，企业集团在科技和对外经济贸易上拥有一定的垄断性。企业集团具有的强大经济实力，不仅可以向科研大力投资，设立专门的科研机构，而且还可以将一些相关的重要科研单位吸纳为成员，进行科学研究、技术创新,拥有中小企业无法比拟的雄厚科技力量。同时,企业集团大多为跨国公司,它们可以利用自己在国外的分公司、子公司或办事机构直接从国外获取商业信息、科技信息,引进新技术,从而保持自己的技术优势。在对外贸易方面,企业集团也具有较大的优势,由于企业集团无论从生产上还是经营上都保持高度的专业化分工协作关系,因而极大提高了劳动生产率,降低了生产成本,促进了产品质量的提高,拥有较高的市场占有率,掌握外贸主动权。这在国内或国外都是如此。例如,韩国10家最大的企业集团生产全国一半的出口产品。

二、企业集团的竞争性

所谓企业集团的竞争性是指在商品生产和流通中,各企业集团之间、企业集团与其他企业之间、集团内部成员企业之间,凭借各自不同的优势对经济利益的角逐。虽然企业集团具有垄断性,但这并不表示企业集团的存在就会消除竞争。事实上,正如企业集团存在垄断特征一样,企业集团由于市场经济的不断发展及其内部组织结构、产品特点、与其他集团或企业实力的差异,因而又具有竞争的特征。企业集团的竞争性主要表现为以下三个方面。

第一,企业集团之间存在激烈的竞争。企业集团的竞争主要表现为两个方面:一方面是处于同一部门或行业的企业集团之间的竞争。企业集团为了取得本部门或本行业的更大市场份额,必须努力提高劳动生产率,降低成本,并且企业集团相对于中小企业而言具有更强的经济实力和科技开发能力,因此,企业集团之间的这种垄断竞争是一种更高层次的竞争。从某种意义上来说,这种竞争更有利于技术的进步、产品的开发、劳动生产率的提高和成本的降低,以及企业组织结构的合理调整和经营管理水平的提高。另一方面是对于分属不同部门或行业的企业集团来说,彼此间的竞争主要表现为经营的多样化,开展跨行业、跨地区、跨部门的生产经营活动导致各类企业集团之间的激烈竞争。

第二,企业集团与一般企业之间存在激烈的竞争。虽然企业集团往往处于垄断地位,但并没有也不可能消灭竞争。由于技术和经济的原因,各部门、各集团、各企业的发展总是不平衡的,从大量中小企业基础上成长起来的垄断不可能是纯粹的。实际上,某种商品的生产总集中在几个而非一个垄断组织手中;在垄断统治的部门,也总还存在大量非垄断的中小企业,他们依靠自己的某种优势在某些部门或产品上同企业集团进行抗争，或被挤垮，或成长壮大。企业集团与一般中小企业之间的竞争表现为两个方面：一方面是彼此之间生产同一类产品存在直接的竞争；另一方面是彼此之间存在的协作关系也是一种间接的竞争关系，即通过协作伙伴的选择，不断迫使对方给予合作伙伴更优惠的合作条件。

第三，企业集团内部成员之间的竞争。在企业集团内部，成员企业之间不论是生产同一产品，还是属于协作关系，它们彼此之间都存在竞争关系，也将遵循优胜劣汰法则开展竞争，只不过这种竞争是有限竞争关系。在垂直支配形式即为了生产某种商品或提供某种劳务，而按其自然形成过程发生的企业间支配关系中，有限竞争关系主要体现在集团公司（核心企业）对为其配套的集团成员企业上。如配套企业为集团公司提供零部件必须保质、保量、按期交货，价格上也必须公允（与市场价基本一致），否则，集团公司可选择集团外的合作配套企业。即使对控股公司或参股公司，在其不能达到配套要求时，也可以通过各公司的董事会对经理施加压力，促进其改进管理，不断完善，必要时甚至另聘经理。在水平发展形式即集团内部各企业间共同生产某一商品或提供某种劳务中，有限竞争关系主要体现在协商分割市场上。集团公司和子公司、关联公司按地区、销售渠道等进行分工，但这种分工又不是绝对的，协商之中有竞争，竞争之中有协商。企业集团内部的有限竞争是一种有效竞争，它可避免过度竞争带来的资源浪费和对社会经济效益的损害。

三、企业集团垄断与竞争的利弊分析

企业集团没有一定的规模，就不可能取得规模经济效益，但规模过大又可能会导致垄断。随着企业集团的扩张，该部门的生产经营会越来越受到单个或若干企业集团的控制，它们可以通过价格“串谋”瓜分市场，通过各种形式和手段设置极高的行业壁垒来限制其他企业进入市场；垄断对局外企业或中小企业以剥夺原料和劳动力、压低售价等不公平手段进行竞争；垄断利润的存在，加深了社会财富和收入分配的不平等；垄断还会妨碍资源的合理配置，削弱竞争的活力和效率，易产生惰性，使组织臃肿、僵化，滋长官僚作风等。因此，垄断是与竞争对立的，它是竞争的障碍。但还必须指出，我们不仅要看到企业集团（也包括大企业）垄断的弊病，而且要看到它存在的客观性和合理性，应该承认一定程度的垄断对经济发展也有积极作用。如垄断会产生比竞争更大的规模经济或经济效益；垄断在一定程度上有利于技术进步，表现为垄断组织通过竞争对手的压力和垄断因素对技术创新收益的保护，促进生产者加速技术革新；垄断使集团与核心企业形成较稳固的分工协作网，可以避免较弱小的企业在竞争中被淘汰；非过度的垄断并不消除竞争，因为竞争的含义是广泛的，不仅包括与其他集团的竞争，而且包括垄断集团组织内部的竞争和参与国际市场的竞争，并促使竞争升级，形成更高层次的竞争，把原来的单兵种作战变成有合成军种参加的立体型战争，“仗”越打越大了；垄断代替自由竞争是历史的进步，它的发展形成了以垄断为基础的国家宏观调节机制，有利于国家加强宏观调控。

竞争对经济的推动作用是毋庸置疑的。没有竞争，社会就会停滞。对于企业集团来说，保持其竞争性也是十分必要的。这是因为，第一，保持企业集团的竞争性，可以扭转“只此一家，别无分店”的状况，改变独家经营、包揽一切、限制“异己”、安于现状的局面，调动企业集团的积极性、主动性和创造性，不断增强企业集团的活力。第二，保持其竞争性，有利于推动技术进步，改善经营管理。企业集团作为独立的商品生产经营者，其产品同样要在市场上直接接受消费者的选择和检验。为了自身的生存和发展，它势必在竞争的压力下依靠技术进步，造就人才，不断改善经营管理，加强经济核算，提高劳动生产率，降低生产成本，把本企业生产商品的个别劳动时间降到社会必要劳动时间以下，提高产品质量，增加经济效益。第三，保持其竞争性，有利于促进经济结构的合理化。竞争能够使同一生产领域的产品价值取决于社会必要劳动时间，从而确定市场价格，并以此作为商品价值的衡量尺度。竞争能使不同行业的利润率趋于平均化，使资本从利润较低的行业流向利润较高的行业，自发调节生产要素在社会各生产部门的分配，调整产业结构、产品结构，使之逐渐趋向合理化与消费结构相适应，最大限度地满足消费者的需求。但是，竞争也不可避免地带有某种程度的盲目性。如当市场上产品价格大大高于其价值时，受价格信号的诱导和利益动机的驱使，生产经营者容易蜂拥而上，若不加以及时有效地控制与引导，势必造成产品生产过剩和资金浪费，出现盲目发展态势；如果缺乏良好的市场秩序，则容易导致不正当竞争，违背市场竞争规则和公德，影响市场经济的健康发展。

总之，垄断与竞争各有利弊。我们在建立和发展企业集团的过程中，要扬其利，避其弊，保护竞争，打破垄断，以发挥企业集团在国民经济发展中的支柱作用。

四、对我国企业集团的垄断与竞争现状的分析

正确分析我国企业集团的垄断与竞争现状，选择合理的市场结构，对于促进企业集团的健康发展和保证整个国民经济的协调发展，都有着极其重要的意义。

目前，我国企业集团的垄断与竞争主要集中于某一行业，表现为对某一行业或某类产品的垄断与竞争。我国企业集团虽然数量很多，发展很快，但从总体上看仍然需要完善与提高。这是因为，一方面，由于我国市场体系发育不成熟、不完善，政府行政干预仍占主导地位，行政性垄断很严重，整体上竞争乏力；另一方面，行业集中度普遍较低，大多数企业集团规模过小，数量过多，导致企业集团与中小企业在某些行业和产品上竞争过度。可以说，我国企业集团尚处在含有垄断因素的低度无序竞争之中。企业集团竞争不足、竞争乏力与一些行业竞争过度并存，少数企业集团的垄断趋势与多数行业的过度分散并存，形成了相互交错的矛盾交织状态。

就我国企业集团的竞争状态而言，其表现为竞争不足、竞争乏力与竞争过度并存，正当竞争与不正当竞争并存。竞争不足主要表现为：我国的企业集团绝大多数由全民所有制企业（国有企业）和集体所有制企业组成，其中全民所有制企业一般占主导地位，而目前这些企业正处于转换经营机制的过程，尚未成为真正独立的经济法人，政企不分现象仍然十分严重，对于一些行业来说，进入壁垒还很高，也就是说，行政垄断使企业集团及企业竞争不足。竞争乏力主要表现为：企业集团的规模普遍偏小，形不成规模经济，尤其与一些发达国家所拥有的大型企业集团相比，规模就显得很小。如在国家试点的56家企业集团中，上海宝山钢铁集团的核心企业——上海宝山钢铁集团公司的固定资产原值为189亿元，1990年净值为176亿元，1994年集团销售收入达251亿元；中国东北电力集团的中国东北电力集团公司的固定资产原值为229亿元，1990年净值为158亿元，代表了我国目前企业集团的规模实力。而美国通用汽车公司1991年销售额为1237.8亿美元，总资产为1802.36亿美元；英国和荷兰私人资本合设的皇家荷兰壳牌集团，1991年的销售额为1072.03亿美元，资产额为1063.49亿美元。由此不难看出，我国企业集团的规模实力还是很弱的。放到国际市场竞争环境来考察，我国企业集团还很难与国际上的大型企业集团相抗衡。竞争过度主要是由于改革后各地区、各部门、各经济实体对利润追求的冲动，使得资金大量涌入价高利

大的产业，而且这种涌入是各自为政；企业和企业集团规模小型化式的涌入，加上企业只负盈不负亏，“只生不死”，因而使一些行业本来就不高的集中度不提高反而下降了，存在着大量的低层次过度竞争，也就是缺乏规模经济基础上的竞争。正当竞争表现为随着改革的不断深化，企业集团竞争意识加强，注重产品质量、花色品种、售后服务等；不正当竞争表现为随着市场经济的发展，企业和企业集团追求自身利益的意识加强，但经济法制建设滞后，因而出现了采取种种不正当竞争手段的现象。总的来看，企业集团及企业的竞争形式是多种多样的、复杂的，有时又是无序的。

综上所述，我国企业集团规模还比较小，单个企业集团的市场占有率还比较低，经济垄断能力比较弱，特别是在国际市场上竞争更显得势单力薄。与此同时，由于计划经济体制的影响，企业集团的行政垄断较严重，又由于我国市场经济体制正在确立过程中，竞争正在成为正常性的经济活动，但由于法治建设滞后，市场竞争规则不够完善，我国市场竞争秩序尚未形成。

第二节　合理调整企业集团垄断与竞争的关系

一、企业集团的垄断、竞争与市场的关系

企业集团的垄断与竞争都和市场紧密相连，为了克服我国企业集团由于经济的和行政的垄断而造成的严重竞争不足、竞争乏力和竞争无序，以及由于企业集团规模过小，小企业过多和行业极度分散而造成的过度与盲目竞争，必须处理好企业集团的垄断、竞争和市场的关系。为此，又必须首先了解我国正在逐步形成的市场特征，并根据我国各行业的特点，使企业集团在市场类型上作出正确的选择。

我国不同部门的企业集团，由于产业生产的特点、产品、规模、生产力水平、所有制结构、国有资产参与程度以及在国民经济中所处的地位等都有所不同，因而市场竞争的程度也不尽相同。根据生产者之间的关系和市场效果，可以将市场大致划分为以下三种类型。

一是完全垄断的市场。完全垄断的市场是指由一家企业集团（或一家公司）垄断某一行业或某种产品（劳务）的全部生产和销售，这种市场完全没有竞争。如城市的公用事业（煤气、自来水、公共汽车等）、铁路、邮电、医药等一般不适宜分散经营的行业，由国家完全控股，由某专业公司独家经营，

即实行垄断经营，其产品和劳务价格由国家统一制定。

二是完全竞争的市场。在完全竞争市场结构中，每种商品、每种产业内部必须有数量众多的企业或企业集团，并且各自在市场上所占份额都小到不足以影响整个市场的销售，它们中的任何一个都不具备对价格变动施加主观影响的能力，而价格对于任何生产者都是外在的、必然的东西，生产经营者也可以自由进出该市场。这种市场主要集中在轻工业中的一些行业，如小五金、工艺美术、日用杂品等适合于小型企业发展的。国家不参股或极少参股，其产品价格完全由市场竞争确定。但必须指出，在许多行业中，如果构造这样的市场结构，则必定会损失可观的规模效益。

三是适度垄断竞争市场。在适度垄断竞争市场上，一批生产集中度和分散度合理的企业集团或公司成为竞争的主体，商品价格、质量、品种、花色、商标、包装、广告及服务等一起成为竞争的因素，因此市场上存在着不断提高产品质量、调整产品结构和物美价廉的压力，生产能力和实际需要的产量是比较协调的。我国的大部分市场属于这类市场。如为国民经济提供装备和基础材料、与人民生活密切相关、担负出口任务的行业，包括机械、电子、汽车、石油化工、冶金、建筑等行业。在这种市场上，竞争主体之间相互影响和制约，同时又存在适度垄断，从而形成了一定的新企业进入该市场的壁垒。对这些行业的企业集团或公司，国家可控股或参股。从国外情况看，第二次世界大战以后，由于世界经济的飞速发展、科学技术的日新月异，任何一家大公司都很难单独在一个行业中长久维持绝对垄断的控制经营。一个行业的多家适度垄断经营正成为垄断经营结构的大趋势。

根据国际市场的结构状况及我国的实际情况，在市场结构选择上要以适度垄断竞争市场为主，企业集团主要是在适度垄断竞争市场上发挥作用。面对外部市场，企业集团的战略、规划、行动策略等具有完全的对外一致性，因此，产生了一种集团性的“蜂箱”效应。由于这样一种建立在规模经济基础上的集团优势，在同一行业或同种商品的竞争中，单独的中小企业难以挤进竞争圈，因此，外部市场上往往出现若干家企业集团之间的竞争。这种竞争推动行业的集中度进一步提高，即形成数家企业集团共同占有一个行业市场，使它们各自的产品在行业市场上保持一定的占有率，实行适度垄断经营。这样，既可以构成合理的市场格局，达到有效的经济规模，促使合理的批量增大，成本降低，实现较高的规模效益，促使和有利于政府实施宏观调控，保证市场的相对稳定，防止无序和非法竞争行为扰乱市场，又可以在这数家企业集团之间展开竞争，而且是规模经济性的竞争，保持市场应有的活力，避免行业独家垄断造成市场的消沉或过度竞争造成效益低下。总之，这是适度垄断下的竞争。对国际市场来说，同行业的企业集团之间又可以形成一种全国性的“蜂箱”效应，一种对外的统一战线，防止外国企业利用我国企业之间的矛盾而攻克壁垒。对我国企业来说，这也是一种适度的垄断。这种“蜂箱”效应主要通过行业企业集团之间的协调，就市场和区域的分工及有关战略达成的协议或默契而实现。日本企业集团的垄断机制在运转过程中就是坚持适度垄断原则，并实行多元化经营的规模经济结构，获得了巨大成功。如 1949 年，日产、丰田和太田 3 家汽车制造厂垄断了全日本小汽车的生产，到 20 世纪 70 年代，五十铃、日野内燃机、富士精密、东洋工业、大发工业、东急黑金等大企业也成为日产、丰田在小汽车行业的竞争对手，并使产量提高了几十倍。即使在日本新兴产业的同一产品行业中，也几乎都存在 8～10 家大公司(包括企业集团)相互之间展开激烈竞争，这就形成了行业市场的适度垄断竞争的经营格局。同时，各企业集团和大公司在市场经营中的垄断集中程度也有下降的趋势。日本的企业集团和大公司之所以由完全垄断(或绝对垄断)变为适度垄断(或相对垄断)，各行业的完全垄断率不断下降，关键在于改变了二战前把自己从事的主要行业作为重点投资对象的做法，而是对企业所属的各种新兴产业进行大量投资，而且对新产业的投资，各企业集团和大公司采取协调一致的行动。因此，在新兴产业内各集团及企业力量比较平衡，产生了多方位的适度垄断格局。由于企业集团对自己垄断行业规模的有效调节，整个垄断经营向适度垄断体制演进。

企业集团健全垄断竞争机制，促成适度垄断性规模经济格局，这是当前我国行业经济垄断结构调整的迫切任务。由于特殊的经济环境因素，如经济体制因素、企业组织结构调整及投资政策等因素，我国的垄断性规模经济结构发展极不平衡，在各行业中没有形成合理的适度垄断性规模经济格局。有些行业投资不能集中，生产经营分散，各自为政，难以形成及扩大规模效益。如汽车、摩托车、彩电、录像机、电冰箱、电风扇、洗衣机等产品都是最易采用规模生产、规模经营方式的行业，而这些行业在我国都存在着分散化和小型化的倾向，生产集中度很低，这不仅过细地分割了社会生产批量，而且产品质量也难以提高，影响经济效益的提高。具体到其中的汽车行业，生产的分散化、小型化使有限的资金、设备、技术、人才等生产要素分散使用，形不成规模经济(年产量最高的只有 20 万辆)，导致汽车工业长期发展缓慢，而美国通用汽车公司和日本丰田汽车公司在1987年的产量就已分别达到400万辆。再如,我国彩电生产行业,年产量约1000万台,排在美、日、韩3国之后,居世界第4位。尽管我国彩电的产量很大,但彩电的生产却重复分散,形不成规模经济,而且品种规格过少。位列世界彩电大国前3位的情况则与我国相反,美国主要生产彩电的企业只有2家,日本7家,韩国4家,而我国仅定点生产厂家就有53家,最大的年产90万台,小的只有几千台。1000万台的产量分布在近百家厂家,一有经济风波,尤其加入世贸组织后受国际市场的冲击,国内市场就容易出现混乱状况。如果把1000万台彩电集中到10家以下的厂家来生产,使其形成适度垄断性的规模经济格局,则既可防止行业的分散化造成小企业过度繁衍,从而实现规模效益,又可以相对稳定市场,保持市场竞争活力。

在我国存在许多行业过度竞争现象的同时,也存在一些垄断程度很高的行业,个别企业集团或大公司具有独家垄断经营的实力,几乎百分之百地控制着某些行业市场。在我国国内,有的企业集团或大公司的绝对垄断地位是政府授予的,实际上是一种行政性垄断,不利于行业市场内的竞争与发展。在有色金属工业、船舶制造、石化工业等行业中,政府直接授予个别企业集团或大公司独家行业垄断特权,这使它们在这些行业市场上的垄断集中程度已为90%左右。如中国有色金属工业总公司控制着全国的有色金属冶炼行业的生产经营,中国船舶工业总公司在国内船舶制造业中也是独家垄断性大公司,中国石油化工总公司也几乎垄断了国内所有的石油化学工业。这些行政性行业垄断企业集团或公司的长期存在,一定会抑制这些行业经济发展的活力,不利于进一步提高它们在国内外市场上的竞争力,所以,有必要逐步分散行业独家垄断的企业集团或公司,促成在各行业市场内的多家企业集团或公司的适度垄断经营格局,以此完善行业经济结构。

二、建立企业集团垄断与竞争的调节机制

(一)建立企业集团竞争的调节机制

在我国组建和发展企业集团的过程中,企业集团规模呈逐渐扩张的趋势。对此,只要注意适度,并采取有效的反垄断措施,非但不会抑制竞争,还会提高竞争的质量,因为各类企业集团之间的竞争是一种高层次的竞争,通常是促使资源在合理流动中高效配置利用和具有一定规模经济效益基础上的竞争。为了使企业集团之间真正形成一种有效竞争的局面,不仅要促进

企业集团之间的竞争、企业集团与外部企业之间的竞争，而且要注意促进集团内部的竞争，尤其是各层次企业之间的有序竞争。当然在这些竞争中，会存在合理的竞争，也会产生大量不合理、不正当的竞争，竞争呈现一种杂乱、无序状态。这些不正当的竞争，与行政垄断及其他一切阻碍经济发展的垄断一样有害。为了使企业集团之间、企业集团与外部企业之间的竞争呈现有序状态，保护正当竞争，反对不正当竞争，消除过度竞争，就必须加强法治建设，改善政府的行政管理，推动行业管理发挥更大的作用，从而形成对竞争的有效合理调节。

（二）建立企业集团垄断的调节机制

当代经济发达国家的经验表明，企业集团的垄断与行业的高度集中成正比，企业集团垄断程度高，工业部门的生产集中度也高。我国应以适度垄断竞争市场为主，这就需要努力提高这些行业的集中程度，把垄断所具有的积极作用发挥出来。当然，垄断虽不排除竞争，但它毕竟限制竞争，如果任其不适宜地发展，则必然会削弱或窒息经济竞争的活力和效率，这是垄断阻碍经济发展的一面，也是市场经济国家普遍制定“反垄断法”的基本原因。因此，必须形成对垄断的调控机制。企业集团、市场竞争和国家政府形成“三位一体”的对垄断行为进行自动或被动调节的功能，可以从不同的角度对垄断行为、垄断规模、垄断结构等进行多方位、多层次的调节。这种调节主要表现为以下几种形式。

1.企业集团对自身垄断组织形式、规模、结构的调节

企业集团之所以要对自己的具有垄断性的规模、结构等进行调节，原因之一是生产批量扩大不是无限的，它要受到当时的生产设备、技术、管理水平及市场需求的限制，而且经济规模并不意味着生产规模越大越好、越大越优，在一定的经济技术条件下，经济规模的生产批量达到一定程度后，若再增加产量，则可能会出现平均成本不变，即规模效益不再继续提高，甚至逐步扩大规模达到某一点时，反而会引起“规模效益递减”的趋势。因此，企业集团对生产经营的规模程度，应掌握其适度的合理性和时空的变化性，及时调整自己的垄断行为、垄断规模。原因之二是随着社会经济结构的变化，企业集团也必须主动调节自己的规模经营结构和垄断经营规模，及时放弃陈旧过时的产品或行业的规模经营，把规模经营的重点转移到最具发展前景、最有经济效益的产业或产品上来，以此来保证获取长期稳定的规模经营效益。企业集团涉足多种产业和产品的多角化经营，为垄断规模和垄断结构

的自我调节创造了良好的内在经济条件,并赋予了竞争新的内容。如日本的每个集团几乎在所有产业中都有一些企业,使不同集团的大企业并立于每个行业之中,每个行业都有并驾齐驱的若干分属不同企业集团的大企业竞争,不管其在主观上的努力程度如何,在客观上对集团垄断规模和垄断结构都起到了调节作用,打破独家垄断,实现适度垄断竞争。近年来,我国大型企业集团也比较重视发展多角化经营,对推动适度垄断竞争会产生一定的积极作用。

2.市场竞争机制对企业集团垄断行为、规模、结构的客观调节

竞争与垄断是市场经济中矛盾的两个方面。市场竞争机制对企业集团的垄断行为、规模、结构有较强的调节作用。垄断在市场竞争中形成,又在市场竞争中更新完善。在现实经济生活中,每个在竞争中获得优势地位的企业集团都想实现对市场的垄断性控制;同时,参加市场竞争的每个企业又都力争用自身的某种经济技术优势,取代其他企业集团或大企业的垄断地位。当市场垄断过于僵化或垄断行为过分强化时,根据市场竞争的优胜劣汰规则,必然会产生新技术、新工艺、新产品和新行业对企业集团或大企业经济规模中的旧的垄断行为、规模、结构进行冲击,打破其原有的僵化垄断经营体制,促使其向更高一级层次、更为完善的市场机制体系迈进,从而使企业集团及大企业形成新的合理的垄断竞争机制。

3.国家对企业集团垄断规模、垄断行为的强制性调节

企业集团没有一定的规模,就不可能取得规模经济效益,但规模过大又可能形成垄断,扼杀竞争。因此,追求规模经济和防止垄断的弊病就形成了一对难解难分的矛盾。从我国目前的情况看,企业集团还处在起步阶段,规模都比较小,而且行业过度分散的状况并未从根本上扭转。在这种情况下,对企业集团的发展可采取较为宽容的态度,应着重限制有些行政部门以加强宏观调控和组建企业集团为名,把已下放给地方的企业收回来,建立行政性的集团公司所形成的行政性垄断和地区性垄断,待企业集团发展到一定规模、行业集中度较高时,再采取措施以防止经济力量过分集中到某一企业集团或少数企业集团。

由于企业集团自身和市场竞争机制对垄断的调节是有限度的,因而,在其无力调节的情况下,必须依靠国家的力量,以法律法规等强制性形式,对个别企业集团和大企业的某些不合理的垄断行为及垄断规模进行调节限制,以保持企业集团和大企业的垄断规模、垄断行为与社会效益、规模经济

效益的统一性，增强行业市场的竞争活力，引导、强化垄断机制产生有益于社会的规模效益。

政府对企业集团和大企业垄断行为的调节，主要从两个方面实现，一方面是通过颁布限制垄断法，迫使企业集团和大企业自觉地调整自己的垄断规模、垄断行为，防止产生独家垄断经营；另一方面是依据反垄断的法律法规，国家政府对企业集团和大企业不合理的有碍于经济发展的垄断行为和垄断规模，可以实行强制调节，分割垄断经营规模过于庞大的企业集团和大企业。如美国最高法院在 1911 年 5 月裁决解散全美垄断集团企业美孚石油公司，把其分成 38 家独立公司，从而消除了美孚石油公司对美国石油行业市场的绝对垄断经营。在我国，1987 年国家体改委、国家经委颁布的《关于组建和发展企业集团的几点意见》中也提出了“鼓励竞争，防止垄断”，规定在一个行业内不发展全国性的独家垄断集团企业，力求使国内的大企业只保持相对的垄断规模。

既然对垄断经营可以进行多方位、多角度的调节，那么，企业集团的垄断行为就并不可怕。调控垄断经营行为，最重要的是在企业集团内部建立起垄断经济的调节系统，也就是形成适度垄断机制，使企业集团的垄断行为与自身的规模经济相适应，与整个社会经济稳定、持续、健康发展的要求相适应；在企业集团外部，应在借鉴国际经验的基础上及早制定适合我国国情的反垄断法，并建立相应的监督机构，对企业集团的垄断趋势实施有效的监督，发现企业集团或大企业在某个行业集中过度而达到绝对垄断状况时，以法律手段加以限制。反垄断法应包括：除了极少数由国家垄断的行业外，其他产业均应限制在全国组建独家企业集团参与竞争，禁止行业由独家经营；规定单个企业集团（也包括企业）的最大市场占有率、年销售额，或几个以下企业集团（也包括企业）的最大市场占有率、年销售额，超过的就要加以限制；要明确规定消除行政性垄断和地区性垄断；禁止企业集团间以及集团与企业间以协议等形式达成价格同盟或限制产量，防止竞争力量过分集中；坚决取缔不正当交易，限制企业集团和企业破坏竞争秩序，防止哄抬物价；企业集团应与中小企业结成合理的组织结构，防止企业集团不给中小企业以生存的空间，造成缺少有活力的中小企业的弊病，使每个企业集团都联结着一批较稳定的、能实行专业化分工协作而又独立的中小企业群。

第六章　企业集团的管理问题

我国企业集团自创建以来,已走过了十多年的艰辛路程,取得了一系列的突破性进展,在国民经济发展中日益显示出支柱作用。但认真考察我国企业集团的发展现状,不难看出其存在着许多问题与局限。其中,管理是一个不容忽视的重要问题。解决管理问题,在微观上必须完善企业集团的内部运行机制,实现其自身管理的科学化、规范化;在宏观上应建立规范化的管理体系,充分发挥政府在企业集团发展中的调控作用,促进企业集团的模式朝着产权股份化,管理科学化、规范化和法治化,功能多样化,规模大型化,经营国际化的方向发展。

第一节　企业集团的领导制度

企业集团的领导制度主要反映企业集团所有权和领导权限划分(战略决策权、经营活动权)之间的关系。它的核心内容是通过企业集团内部领导权归属划分及行使方式的选择,处理好集团公司与其他成员企业之间、成员企业之间以及集团资产所有者、经营者和劳动者之间的多种关系,以维护各方面的经济利益,调动各方面的积极性,发挥集团的整体优势,获取最佳规模效益。

我国企业集团的领导制度既包括集团总部的领导制度,又包括成员企业的领导制度。企业集团的领导制度有多种不同的形式,其中有两种主要形式:一是实行董事会或管理委员会领导下的总经理负责制;二是实行总经理负责制或总裁负责制。此外,还有名义上采用董事会或管理委员会领导下的总经理负责制，但实际上董事长和总经理由一人担任，通常称为“一肩挑”。从实践来看，规模较小的企业集团（尤其是只有单一核心企业的集团）可采取总经理负责制，以发挥决策快捷、指挥灵活的优势；大型企业集团则应采取董事会或管理委员会领导下的总经理负责制，否则，容易产生责权不明、制约力不强等弊病。改制为股份制的企业集团，其领导体制应严格按照《公司法》的规定，设立股东大会、董事会、监事会和经营班子等分层次的治理结构。不同的领导管理机构各司其职，各负其责，相互影响和制约，形成内部领导层次分明、逐级负责的领导体制。这种领导体制能适应现代市场经济和社会化大生产的客观要求，有利于实现企业经营决策的科学化、民主化和专业化。从我国企业集团的现实情况看，有以下三种形式的领导制度可供选择。

一、董事会领导下的总经理负责制

实行董事会领导下的总经理负责制的企业集团，一般都通过股份制形成资产一体化的核心企业（母公司），并采取股份公司的组织形式。董事会发挥战略决策和监督作用，总经理负责日常经营决策和管理。在规范化的股份有限公司中，股东代表大会是最高权力机构，董事会是最高决策机构，监事会是监督机构，同时实行董事会领导下的总经理负责制。董事会设董事长一人，副董事长若干人，常务董事和董事若干人，有的还可设专职秘书长一人。董事会的组建，原则上应由股东代表、管理人员和职工代表三方共同参加，既要体现企业集团各成员单位的代表性，又要考虑到由各方面的专门人才组成的、知识结构比较完整的领导机构。如果只考虑成员单位的代表性，则很有可能把董事会变成企业集团下属单位领导人的联席会议，容易产生各成员单位代表都为本单位的特殊利益而讨价还价的局面，使董事会的工作效率大大降低，难以发挥集体决策的优越性，不利于企业集团的协调发展。必须指出，董事会成员名额在必要时可作适当调整，但职工代表不得少于董事会成员的 1/3，以确保劳动者在企业集团中的地位和权益；同时，也应有一定比例的高级管理人员，包括企业集团的总经理、副总经理、主体企业厂长（经理）以及法律、科技、金融、财务会计等专家，这样有利于协调职工与管理者之间的关系；在股东代表中，国有资产的所有者代表可由国有资产管理部门采取直接派出、委托派出和委任的办法产生。至于董事会的人数，一般可根据企业集团的规模大小、成员单位多少以及董事会承担业务的复杂程度决定。规模较大、成员单位多、业务工作复杂的，董事可多一些，反之可少一些。从国外大公司和企业集团的人数看，一般以 7～15 人为宜。董事会一般每半年召开一次，必要时可由董事长召开临时会议。常务董事会由董事长、副董事长、秘书长和常务董事组成，一般每季度召开一次，负责处理董事会闭会期间的有关事务。董事会设办公室，在董事长领导下，由秘书长主持处理董事会和董事长交办的日常工作。董事会和常务董事会的成员任期一般为 3 年，可以连选连任。

为使董事会发挥其应有的作用，必须明确其职责。董事会的主要职责是：制定企业集团的经营方针和经营战略；制定企业集团的长期规划、年度生产计划、产品定向规划、基本建设计划、重大技术改造项目、财务预算和集团的其他计划，并检查年度计划的执行情况；选聘或任命企业集团总经理等人选并确定其报酬；控制企业集团的预算和决算，审定集团的有关分配方案，制定有关奖惩办法，协调成员企业之间的关系；负责修订企业集团的章程，根据需要制定有关制度和实施细则；受理加入或退出企业集团的申请，并负责办理有关手续；负责处理与董事会有关的其他重大事项。

董事长作为董事会的领导者，其职权是：负责召集和主持董事会会议和常务董事会会议，并主持股东大会；检查董事会决议的实施情况，并向集团董事会提出报告，是董事长所拥有的又一项重要职权，同时也是一项重要责任；在其职权范围内享有签署各种文件的权力，代表董事会处理有关问题；有权干预涉及企业集团资产使用和处理方面出现的问题。

企业集团总经理的权限范围应当在企业集团章程中予以明确规定，如果企业集团章程中没有进行规定，则要以契约的形式作出规定。总经理的职权是：负责企业集团的日常经营管理活动，这实际上是指总经理所具有的企业集团一般事务管理权；执行董事会决议，定期向董事会报告工作，提出需要审议决定的重大问题；负责组织编制企业集团的长期发展规划、年度生产经营计划和投资方案，并组织实施；负责拟定企业集团内部管理机构设置方案，制定各项规章制度，并组织实施；提请董事会任免企业集团副总经理、财务负责人；任免董事会任免以外的负责管理的人员；代表企业集团对外签署重要的经济合同和协议；行使企业集团章程规定的其他职权。

二、管理委员会领导下的总经理负责制

管理委员会领导下的总经理负责制与管理委员会协助决策的总经理负责制的区别在于管理委员会的性质不同，前者是最高决策机构，后者是参谋咨询机构。在建立管理委员会作为最高决策机构的企业集团中，管理委员会成员由集团总部负责人和紧密层成员企业的法人代表以及部分职工代表组成，由总经理兼任管理委员会主任（也可由他人作为管理委员会主任的人选），集团总部除总经理参加外，还应吸收副总经理及总经济师、总会计师、总工程师参加，并且总部还应设置总经理办公室、“三总师”办公室等职能部门。管理委员会的主要职责是：讨论、协商、审议企业集团的发展战略和中长期规划；讨论、审议企业集团的生产经营计划、重大技术改造和技术引进项目；讨论决定企业集团组织机构的设置；讨论决定企业集团专业化调整和科研开发方向；讨论决定企业集团的扩建或兼并、解散；讨论决定企业集团重要规章制度的建立、修改或废除；受理加入或退出集团的成员单位的审议；其他有关重大问题。

三、总经理负责制

目前，我国一部分企业集团实行总经理负责制。其中，有的是通过以大型骨干企业为核心，实行跨部门、跨地区横向经济联合组建的；有的是从行政性公司转轨变型建立的。其共同的特点是核心企业在集团中能起到主导作用，并与集团其他成员单位属同一所有制，生产经营管理比较集中。因此，一般没有必要专设股东会，相应的也不设董事会，适宜采用总经理负责制。总经理是集团公司的最高负责人，行使集团公司的最高决策权，直接向其所有者或所有者代表部门负责；集团公司的职工代表大会行使民主管理权，集团公司党组织发挥政治核心作用，承担保证、监督职责。实行总经理负责制，有利于在集团纵向层次较多情况下迅速而顺利地把最高领导的决策贯彻到基层，并形成一个强有力的指挥来协调集团成员企业和各部门之间的生产经营活动，克服多头领导的弊端，实行专家的科学管理。

为了集思广益，弥补单靠总经理一个人的知识和能力的某些不足，加强民主管理和实行科学决策，可以设立集团管理委员会协助总经理进行决策。这种集团管理委员会实际上兼有“智囊团”和董事会中执行委员会的某些职

能。集团管理委员会的议事范围应是集团生产经营中的重大问题，主要包括：企业集团的发展战略、经营方针、长远规划和年度计划；企业集团重大的投资计划和技术改革方案、职工培训计划及集团内部分配方案等；集团组织机构的设置与调整；制定、修改和废除集团的重要规章制度。

考虑到集团管理委员会的性质和任务，一般管理委员会由集团的总经理、副总经理、总经济师、总会计师、总工程师及主要成员单位的负责人和部分职工代表组成。集团管理委员会的规模一般不宜过大，否则很难议事。管理委员会主任由总经理兼任，管理委员会议事不一定都必须统一意见，每项重大问题经充分讨论后，最终都由管理委员会主任作出决定。总经理是法人代表，其主要职责是：统一指挥集团的生产经营活动；制定集团机构设置和组织机构调整方针，并组织实施；代表集团公司对外签订重大经济技术合同，并组织实施；提名及聘任副总经理。

第二节　建立适合我国企业集团特点的管理模式

为增强企业集团的凝聚力，充分发挥企业集团的优势，我们仅强调利用资产联结纽带建立企业集团的运行机制是不够的，因为它还不能解决现行体制中的各种深层矛盾。因此，必须从企业集团自身管理的规范化、科学化和政府对企业集团管理的规范化、科学化、法治化两方面入手，探寻适合我国企业集团特点的管理模式。

一、企业集团管理机构的设置

与企业集团领导制度紧密相连的是企业集团管理机构的设置。企业集团管理机构的设置不能是一种模式，而应从实际出发来选择适当的类型，尤其应根据集团的组织结构确定。

1.总部控制型管理机构

总部控制型管理机构（见图 6-1）是以企业集团总部为基础建立的一套完整的管理机构，负责对整个集团的生产经营活动进行计划、组织、协调，影响集团中的决策系统、信息沟通网络及人际关系等，并最终影响组织效能。集团核心企业的作用仍然较大，但不是通过自己的管理机构去直接管理整个集团的经营活动。如鞍钢集团就属于这一类型。

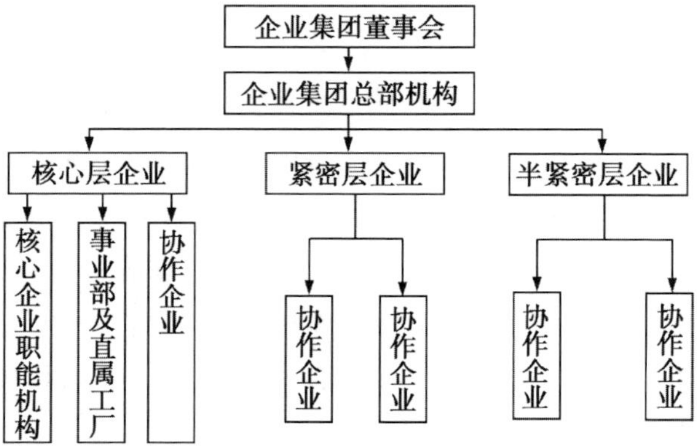

图 6-1　总部控制型管理机构

2.双重职能调控型管理机构

实行双重职能调控型管理机构(见图 6-2)的企业集团,一般是在核心企业或集团公司原有体制基础上,实行“一套机构、两块牌子”,核心企业或集团公司的领导班子和职能机构就是企业集团的领导班子和职能机构,只是不同的场合采用不同的牌子。企业集团的董事会中有的也有紧密层及半紧密层骨干企业派代表参加。如仪征化纤集团、东风汽车集团等属于这一类型。

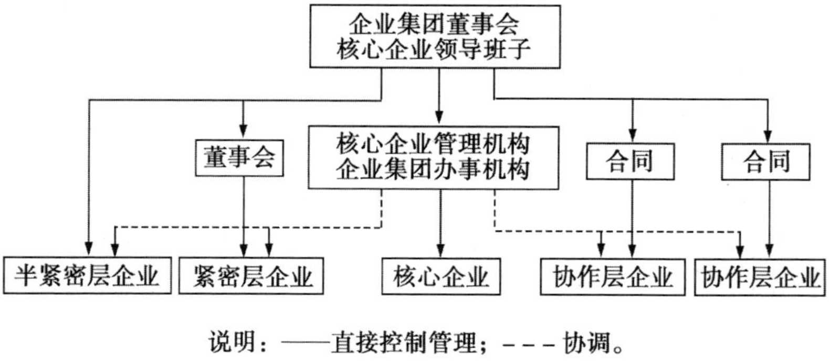

图 6-2　双重职能调控型管理机构

企业集团无论采取何种管理机构,都应从集团自身管理规范化、制度化和科学化入手,围绕如何增强集团的内聚力、提高集团资产经营的整体效益这个核心来进行。面对生产经营高度复杂的企业集团,在企业集团内部实行集团公司、事业部、企业三级管理体制是一个较为合适的选择。也就是说，在现有的企业集团内部增加事业部这一层次，并在各事业部中再按管理职能划分出可管理的若干管理机构。在事业部下面，一般是没有法人地位的加工厂，但也可以是在一定专业领域从事生产活动的企业或是在一定区域中从事生产经营活动的企业。这样也就形成了集团公司（投资中心）、事业部（利润中心）、工厂（成本中心）三级管理体制。在这种管理模式中，集团公司拥有任免高级职员的人事权、集团重大问题的决策权（包括制定发展战略、作出投资决策等）、预算和监督权，并利用利润和用于技术改造的投资预算等主要指标对各事业部进行控制，用目标管理等方式与各事业部进行沟通。在投资方向既定的前提下，各事业部为具体的经营实体，有权按照利润最大化的目标，自行决定自己的经营战略和经营方式，一般具有研发、制造、市场销售（这三项称为生产线职能）和财务、人事、质量保证（这三项称为参谋职能）等职能，在不违背集团总体经营目标和决策范围内对本部门所属企业的人、财、物拥有调配权，并可以根据集团的总体目标制订本部门的经营计划和财务计划，同时还具有相对独立的对外经营权。工厂则按专业化及成本中心的原则组建，有权按成本最小化的目标，组织落实具体生产。事业部对工厂主要考核成本、质量和交货期三项指标。集团与事业部之间、各事业部之间的关系是一种经济利益关系，一般采用内部结算价格的形式交换各自的产成品（包括半成品）和劳务。事务部的设置，一般按产品划分，有时也可按区域划分。企业集团内增设了事业部后，可以缩小集团公司的管理和控制的幅度，使集团公司摆脱日常营运性事务和非战略性决策，使其集中精力考虑整个企业集团的长远发展规划和战略性的投资决策，同时扩大分公司的经营自主权和增强灵活性，充分发挥专业化分工的长处，从而较好地解决企业集团管理中存在的集权与分权的矛盾。武汉仪表集团公司就在内部管理体制上实行了直线职能与矩阵管理相结合的事业部制，并在实践中证明它是切实可行的。

二、正确处理企业集团中集权与分权的关系

企业集团的内部关系是不同于单个企业的内部关系的。就集团内部管理体制而言，它不像单个企业那样可以通过建立以命令与服从为特征的厂长（经理）负责制进行有效管理，而始终会遇到如何处理集团内部集权与分权的关系问题。正确处理集团内部集权与分权关系，是企业集团组织结构

设计和内部管理权限分配所要解决的中心问题。它不仅关系到集团管理效率的高低、管理费用的大小、内部关系的协调与否，而且还关系到企业集团能否顺利发展。国内外企业集团管理的实践表明，集权型管理体制虽然能够高度集中意志，便于管理与统一政策，减少被管理系统中各层次之间的摩擦与矛盾，但也存在缺乏灵活性、不便协调及不利于调动各成员企业的积极性和创造性等缺陷。分权型的管理体制虽然有利于集团公司领导人摆脱纷繁的日常事务，集中精力考虑全局性的问题，以及有利于调动各成员企业的积极性，但由于它过分分权给基层，集团最高层往往无法对成员企业进行有效控制，给集团的统一管理和成员企业间的相互协作带来一定的困难，不利于发挥集团的整体优势。而管理体制实现集权和分权相结合，其一方面加强统一领导、统一规划，强化企业集团对集团各项生产经营活动的协调管理；另一方面又给予所属成员单位以很大的经营自主权，真正把发挥两个方面的积极性有机地结合了起来。可见，企业集团在探索其内部管理体制的建立问题时，应当始终坚持集权与分权相结合的原则。在贯彻这一原则时，每个企业集团都应根据自身的组织规模、结构、经营特点、分布范围、管理水平、市场趋向及其他种种相关因素，通过不断实践、总结、改进和完善，探索对本集团最为合适的内部组织和管理形式及内部权限分配办法，形成集权与分权相互平衡、相互结合的管理体制。也就是说，对于每个具体的企业集团来说，完全有可能存在着某种处理内部集权与分权关系的最优模式，存在着集权与分权的适度点。当然，这种最优模式或适度点会随着影响集团分权与集权关系处理的一些主要因素的变化而变化。

影响企业集团内部集权和分权关系的因素很多，概括说来主要有以下六种。

一是企业集团规模的大小。一般来说，企业集团规模不大，经营范围较小，并且业务单一，集团内部关系比较简单，管理工作量不大，则企业集团领导层对内部各种业务比较熟悉，凭借自身的知识、能力、经验、时间和精力，能及时、迅速、准确地掌握和处理集团的各种情况，从预测、决策到执行，从执行到反馈的渠道畅通，因而，集权程度可以高些。而企业集团规模较大，经营范围广泛并多样化，集团内部关系和管理工作较为复杂，则集团最高层往往难以及时、有效、正确地掌握基层单位的各种具体情况，最高决策者同执行者之间很难直接交流信息。这样如果采用高度集权的管理体制，就容易造成领导层决策失误，下属单位和管理者也会缺乏责任感和主动性。为此，就要采取适度分权的管理体制，使下层管理者在得到更大权限的同时，增强事业心、责任感。

二是企业集团成员单位的地理分布。一般来说，对于离集团总部较近的成员单位，集团总部集权较多，表现在实行人、财、物统一管理，生产统一调度，供销统一经营等方面的集权就可能会多些；对于离集团总部较远的成员单位，除在经营方向、投资、财务、人事等重要方面加以控制外，其他方面应给予较大的自主权。当然也不是说离集团总部较远的成员单位就一定比离集团总部较近的成员单位具有更大管理权限，还要根据交通运输状况、信息传递条件及各层次管理者素质等因素来确定，而不能简单化地实行“一刀切”。

三是企业集团的生产技术特点及产品种类。企业集团的生产技术特点，直接影响集团内部生产运行控制权集中与分散的程度。如果集团内部成员企业采用的设备与技术复杂程度高，生产连续性强，具有上下工序关系，并形成十分紧密的分工协作关系，那么为保证集团整个生产过程的连续性、协调性和整体性，生产运行控制权集中程度必然要求高些；反之，企业集团集权程度应低些，给下属企业更多的经营管理自主权。至于生产经营产品种类也会在一定程度影响集团内部集权与分权关系。一般来说，如果生产经营的产品单一，人、财、物和产、供、销管理较简单，那么就可能会把生产经营管理权更多地集中在集团总部，集权程度明显高些。如果实行多样化经营，尤其是跨国经营，产品种类多、规格多，那么由于各种产品都有自己不同的产、供、销管理特点，全部集中起来进行管理幅度过宽，难度较大，就要实行分权管理。

四是企业集团成员企业的组成形式。企业集团内部实行总公司（母公司）—事业部—生产企业（工厂）这样的结构形式，企业集团总部集权程度就相对低些，分权程度就高些；实行母公司—子公司—孙公司—关联公司的企业集团，其集权程度就较高；而实行总公司—分公司型企业集团的权限集中程度则介于两者之间。

五是企业集团的管理水平。企业集团总部的领导和管理人员素质（包括科技文化知识、业务管理水平、分析处理问题的能力、管理组织社会化大生产的经验等）的高低，对集团内部的集权与分权程度有着重大影响。我国一些企业集团总部的领导和高级管理人员，往往对工厂制企业具有一定的管理经验，而对企业集团这种现代企业组织形式缺乏经验，这种状况不改变，就难以提高集中管理程度。同时，与管理水平相关的管理方法和管理手段的先进程度也会对集权与分权程度产生重大影响。随着电子装备在集团管理中的应用、自动化管理网络系统的建立等，各种信息的收集、整理、处理、传递、反馈异常迅速，为集团总部随时、准确掌握各成员单位生产经营情况，及时处理发现的问题，作出正确决策等创造了条件，因而集团集权可多些。

六是企业集团外部因素的影响。由于企业集团是一个开放的系统，外部环境如经济、科技、政治法律、社会消费等的变化必然影响到集团内部，对集权与分权的程度产生直接或间接影响。如为了适应经济形势和市场供需变化，需集中集团全部力量以应付不利局面时，就要提高集权程度，加强对各成员单位的控制。

总之，无论企业集团集权程度大还是分权程度大，或是实现集团集权和分权的平衡，都是为了更好地实现企业集团的战略目标，提高企业集团的整体经济效益。所以，处理企业集团集权和分权关系的总的要求应是战略集中，其余的一些日常生产经营决策和经营活动权应该根据具体情况确定集中还是分散。通常，凡涉及企业集团全局和方向的，如发展战略、发展规划、经营决策、技术开发、人才培训、产品配套、协调平衡；凡涉及企业集团整体利益分配的，如制定内部价格、调剂利润率；凡需集中集团内外力量和统一指挥才能进行的，如大的技改项目和固定资产调整、专业化改组；凡有利于减轻各成员单位负担的，如原材料供应、资金筹措、产品销售、职工福利建设，都适宜由企业集团统筹安排，适当集中管理。集团成员单位在保证企业集团统一计划的完成之外，应有较大的机动余地，如自主使用奖励基金和按规定分配的福利基金与生产发展基金，自行补订生产经营计划，单位内人员安排调动，择优选购协作配套件等权力。这些还只是一般划分集权和分权的原则，至于具体集中或分散哪些权限，需要根据上述影响企业集团集权和分权的多种因素来确定。

从目前我国企业集团的现实管理体制来看，在处理集权与分权的关系方面，存在着过于集权和过于分权两种极端。由于我国许多企业集团是由行政部门把众多企业硬性捏合在一起的，或是从原来"行政性公司"转化而来，有的甚至仅仅是换了"行政性公司"的牌子而已，也由于如何处理企业集团内部集权与分权的经验不足，仍然习惯于原来的高度集中的管理方式，所以，在权限划分中存在过于强调集中统一，把许多本应属于成员单位的经营管理权都集中到企业集团总部，把成员企业当成了没有法人地位的附属厂。

集权程度过高既使企业集团总部人员膨胀，容易产生机构臃肿、人浮于事，且管理幅度过宽，影响管理效率的提高，又会影响成员企业的生产经营积极性和企业活力的增强。相反，有的企业集团只是冠以集团的名称而已，企业集团总部与成员企业之间以及成员企业与成员企业之间尚未形成生产经营尤其是资产方面的实质性联系，或由于集团成员企业隶属不同的部门或地区，受条块分割的严重束缚，有的该集中权限却难以由集团统一集中，导致分权过度，各自为政，根本谈不上企业集团发展战略目标的实现，无法实现企业集团的合力优势。

三、正确处理企业集团内部的五种关系

企业集团内部权限的划分，其集权和分权主要是通过内部不同类型的关系体现出来，按照处理企业集团内部关系的原则，如目标统一、尊重企业自主权、责权利高度统一、坚持股权平等、保护竞争、按劳分配和按资分配相结合等原则，主要应处理好五种类型内部关系。

1.核心企业与直接单位的关系

核心企业（集团公司）是企业集团的主导企业，具有法人地位，并实行资产一体化和经营一体化，有的还承担管理企业集团整体的职能。集团公司的直属单位是集团公司的分支机构，是集团公司的组成部分，主要包括分公司、事业部及直属厂，它们具有一定的生产经营自主权，进行独立核算，但不具有法人资格，不实行自负盈亏。集团公司与直属单位之间是一种管理与被管理的关系，直属单位没有独立的名称，没有独立的章程和董事会，没有独立的资产负债表，其全部资产都属集团公司，并受集团公司委托开展经营活动，集团公司则必须以其财产对其直属单位债务负责。

2.核心企业与紧密层企业之间的关系，即集团公司与子公司的关系

核心企业与其他不同层次的成员企业所体现的关系是有其不同内容和特点的。核心企业与紧密层企业之间，核心企业对紧密层企业的资本掌握有控股权，如表现为集团公司要想使某企业成为其控股公司（紧密层企业），就必须拥有该企业50%以上的股份，在此基础上，核心企业可以对紧密层企业实行计划控制、财务控制和人事控制等，并通过这些控制来共同影响甚至左右其他层次成员企业的生产经营及行为。紧密层企业受核心企业控制，但在法律上是独立的法人企业，拥有自己的企业名称和章程，具有自己的资产负债表，可以独立召开股东会和董事会，有独立财产并以此承担有限责

任，可以以自己的名义进行经济业务及民事诉讼等活动。

在这种企业集团内部，核心企业（集团公司）转投资于紧密层企业（子公司），控制紧密层企业一定数额的股权，而且往往派代表参加紧密层企业的管理工作，包括向紧密层企业委派管理人员、指导其经营方向和调整其主要业务关系。但从法律上看，紧密层企业不是核心企业的组成部分，它仍具有独立的法人资格，受国家有关法律法规的保护和监督，独立自主地从事生产经营活动，承担自负盈亏经济责任。由于紧密层企业资本是由核心企业的转投资而形成，所以必须在核心企业法定账册上予以记载，并在年终财务报表中冲销企业集团内部的投资往来数额。一般情况下，核心企业的转投资本数额不得超过核心企业资本总额的 1/3。

3.核心企业与半紧密层、松散层企业之间的关系

核心企业对于半紧密层企业往往有一定参股份额，但对其资本没有控制权；核心企业对于松散层企业一般没有参股但有固定协作配套关系，又由于半紧密层企业、松散层企业都是法人企业，在集团内没有形成紧密联结，一般不参与集团的经营决策，因而，核心企业也就没有控制半紧密层、松散层企业的人事、财务、计划等方面的权力或能力，而只能主要凭借企业集团的章程和契约等所维系的稳定分工协作关系来实施其发展战略目标。也就是说，核心企业主要依靠自己的名优产品、技术和经营管理等优势实现与半紧密层、松散层企业生产经营的配套与协作，从而使半紧密层、松散层企业的生产经营活动离不开核心企业的生产经营，真正实现整个企业集团生产经营活动的一体化。

4.核心企业、紧密层企业、半紧密层企业与松散层企业之间的关系

核心企业、紧密层企业、半紧密层企业之间具有资产联结纽带的约束，但这三个层次的企业对于松散层企业，由于不存在资产渗透关系，因而只是一种纯粹的协作关系，也就只能通过经济合同、协议等与其建立较为稳固的协作关系。与此同时，松散层企业出于自身经营的需要或者生存与发展的要求，可以与其他企业集团建立协作关系，也就是说，它们可以作为多家企业集团的成员。

5.跨国企业集团内部的特殊关系

在跨国企业集团内部，除上述企业集团内部存在的几种关系外，还存在特殊的经济关系。因为跨国企业集团内部的企业关系，不仅涉及这些企业相互间的资产关系和业务关系，而且涉及集团公司所在国与其他成员企业

所在国之间的关系，包括政治关系、法律关系、技术转让关系、货币兑换关系、关税及商检关系、语言文化习惯关系及其他方面的关系。

上述五种关系中，最重要的是核心企业与直接单位、核心企业与紧密层企业之间的关系，因为企业集团内部的集权、分权主要体现在这两种关系上。在企业集团的多层次结构中，核心企业和紧密层企业不能超越股权允许的范围，凭借某种非经济权力去对自己没有控股权的半紧密层、松散层企业进行控制或支配，而必须在尊重、平等对待这些企业的条件下处理好生产经营上的分工协作关系。集团公司或紧密层企业如果认为有必要对某个半紧密层企业或松散层企业进行控制，那么，可以通过购买或者增买这家企业的股份，使自己在该企业中的股份达到控股比例的要求，进而达到控股的目的，使之成为企业集团的紧密层企业。

总的来看，企业集团能否协调发展，关键在于能否正确处理上述五种关系。而正确处理这些关系所必须遵循的基本准则是“三个中心”（投资中心、利润中心、成本中心）的职能分工。第一，投资中心是整个企业集团的“心脏”，其主要职能是研究和制定企业集团的长远发展规划，明确集团的发展方向；制定投资政策和调控资金的投向、数量、结构和期限；审批、控制某些下属单位的财务预决算，检查和评价下属组织的生产经营状况。企业集团投资中心由决策和执行两个层面构成。投资中心的决策层，较典型的模式是通过企业集团的经理会来实现。经理会是一种委员会组织，一般由核心企业和其他骨干企业的经理组成。在日本，经理会这一组织形式比较流行。我国通行的做法是以核心企业为龙头，组成一个董事会或管理委员会负责投资决策。投资中心的执行层通常由企业集团的财务公司来负责。第二，事业部、分公司、子公司作为利润中心，其主要职能是执行集团公司总部的战略决策，组织生产经营活动，负责技术开发、供应、市场开发、销售、财务核算等。第三，集团成本中心的主要职能是执行生产计划，控制产品产量和质量，降低成本。就集团公司内部关系而言，集团公司总部是投资中心，分公司或事业部是利润中心，下属工厂是成本中心；就集团公司和由其控股或全资的子公司的关系而言，集团公司是投资中心，子公司是利润中心，下属工厂是成本中心。这两者的区别仅在于集团公司作为投资中心对分公司或事业部的控制是直接的，因为集团公司（总公司）与分公司或事业部的关系实际上是集团公司自身的产权管理关系，二者只存在一种上下级的隶属关系；而集团公司对子公司的控制是间接的，主要通过子公司的董事会对子公司产生影响，因为子公司具有法人资格，实行独立核算，自负盈亏，而不与集团公司（总公司）实行统一核算、统负盈亏。

还应指出，一家企业集团不一定只有一个投资中心，事实上，企业集团可以只设立一个投资中心，同时包括若干个利润中心和成本中心。而在一些大型企业集团，在必要的情况下，也可以设若干个投资中心，每个投资中心都对资产、成本、利润承担全部责任。

四、企业集团的计划管理问题

企业集团的计划管理是企业集团用计划来组织、指导和调节集团各成员企业经济活动的一系列管理工作的总称。它要根据集团发展目标和阶段性任务，对劳动力、物资、资金进行综合平衡，对平衡中出现的薄弱环节制定切实可行的措施，以保证计划顺利执行，以及了解和控制计划的执行，及时调整偏离计划的倾向。当然，计划的综合平衡、计划的执行等都不能脱离市场需求的变化。

对企业集团的计划管理不同于对单个企业的计划管理，这是因为企业集团的管理具有特殊性。具体来说：一是企业集团的组织形式不同，计划管理的方式也不同。如尽管企业集团计划管理的基本单位是企业，但对于股份制企业集团来说，集团公司对其他成员单位的计划管理是基于产权控制与被控制的关系；而我国一些非股份制企业集团中核心企业对其他成员企业的计划管理是基于配套、协作关系。当然，目前也有一些企业集团是基于行政关系。二是企业集团的计划管理应体现计划编制的科学性。企业集团在编制集团计划时，一方面要采取先自下而上、再自上而下的计划编制程序，尊重成员企业的意见，充分反映成员企业的要求，并将此作为编制集团计划的重要依据。这是因为，各成员企业直接参与本企业经营领域的市场竞争，他们最了解与自己有关的各种信息，所以在计划管理中要充分听取、采纳成员企业的合理意见。另一方面，企业集团计划中要反映市场需求、政府的产业政策和其他要求。这样，就可以在集团计划中将方方面面的意见和要求都结合起来。三是企业集团的计划管理要充分尊重成员企业的经营自主权。作为企业集团，应该具有集团整体计划目标和要求，但是，具有法人资格的成员企业是自主经营、自负盈亏的生产经营者，绝不能把这些成员企业变成纯粹的加工厂或车间，要保障企业的经营自主权，这一点不容忽视。四是企业集团的计划管理应以战略管理为主，即主要控制企业集团的发展方向、领域、生产经营规模等，把握企业集团发展的总量及总的质量要求，而对成员企业的计划管理不宜管得过分具体，比如成员企业的生产作业计划等，要放手让其在市场竞争中完成集团下达的计划。

五、企业集团的人事管理问题

企业集团的人事管理，关系着企业集团劳动力资源能否合理配置的问题。它包括企业集团各层次人员的选用、培训、考核、任免、奖惩、工资、福利、退职、退休、监督等一系列管理内容。不断改进与完善企业集团的人事管理，逐步建立起一套比较完善的、具有中国特色的、能适应现代市场经济发展要求的集团人事管理制度，对充分发挥集团的人才优势，提高企业集团的运营效率，都具有非常重要的意义。

做好企业集团的人事管理工作，实现集团人事管理的科学化、规范化和制度化，充分调动企业集团干部和职工的积极性、主动性和创造性，必须注意解决这样几个重要问题：第一，企业集团应在国家的有关方针、政策指导下，从本企业集团的实际出发，制定人事管理的方针、办法、程序等，并确定选聘、考核、审查、奖惩的具体标准。第二，必须坚持平等的原则。企业集团往往是跨地区、跨部门、跨所有制的经济联合体，相应地存在有不同身份的职工，如国有企业职工、城镇集体企业职工、乡村企业职工等，对他们要一视同仁，给予平等竞争的机会，根据其思想政治素质、能力大小、业务水平等条件给予平等的升迁机会，挑选德才兼备的人员，并委以重任。第三，应按企业集团本身的劳动力配置的特点和要求，探索适合本企业集团特点的具体的人事管理办法。目前，许多企业集团仍按政府行政部门中人事管理的办法去管理企业集团的人事，存在不少弊端。因为政治组织、行政组织与经济组织具有完全不同的性质和特点，所以不能在企业集团人事管理中照搬党政机关的人事管理办法，应逐步改变那种将企业管理人员划分行政级别和管理干部能上不能下的传统做法。第四，要做到合理选派管理人员。对于股份制企业集团，无论是核心企业的人事安排，还是紧密层或半紧密层企业的人事安排，都应遵循股份制的一般规范，按持股比例的大小来确定管理人员的派遣。当前在我国大量非股份制企业集团中，核心企业对其他成员企业的人事选派也应努力克服单纯以行政权力硬派、任免人事的传统做法，应充分尊重成员企业及其主管部门的意见，发挥各成员企业在人事管理方面的自主性和积极作用，并在有董事会的情况下，尽量通过成员企业的董事会去发挥成员企业在人事管理方面的自主性和积极作用。第五,要重视选拔与培训相结合。由于每个企业集团及其各个岗位的具体情况不同,以及科技和管理的进步,知识需要更新,所以企业集团应树立起全员培训和终身教育的观念,无论在集团工作的人员的职位高低,无论其学历、学位和职称如何,都应接受培训,使选拔到各个岗位的人员的素质都能得到不断提高。

六、建立与完善企业集团的质量管理机制

企业集团的质量管理是企业集团管理的重要组成部分,其主要内容包括建立和健全集团产品质量管理机构和制度,编制产品质量计划,组织好产品生产的各个环节的技术检验和质量控制等。提高企业集团的质量管理水平,必须建立与完善企业集团的质量管理机制,而这一管理运行机制包括质量信息层、质量决策层、质量审核层和质量控制层四个方面。

1.质量信息层

这一层面在企业集团的质量管理运行机制中占有重要地位。因为质量决策层、质量审核层、质量控制层都有赖于质量信息层。质量信息管理则成为质量管理的先导。企业集团通过其驻外机构、人员、子公司及国际国内信息机构将有关质量的信息搜集、分析、变换、处理并传递给集团有关部门或成员单位,并经常性地汇总处理内部的质量信息及有选择地输送给各成员单位,使之有所遵循,及时纠正质量方面出现的偏差,并不断按照消费者对质量提出的更高要求组织开发、生产。为提高质量信息管理水平,集团应建立质量信息系统,并在各分公司、子公司、企业、车间、科室等成立质量信息站,根据其质量信息相关度分别设立相应的考核指标。

2.质量决策层

企业集团领导层即为质量决策层,其主要职责是:第一,制定企业集团的质量政策,作为全集团质量工作的指南和较长时期内集团必须遵守的规范。第二,建立企业集团的质量保证体系,包括制定明确的质量管理目标;建立和健全合理的质量管理组织机构和规章制度,如包含思想政治工作、设计研究开发、生产制造过程和后勤服务等许多领域,并明确各部门、各岗位的任务、责任和权限,制定质量管理工作标准和工作程序,使质量管理活动做到上下、左右互相衔接与协调,逐步走向标准化、程序化、效率化。第三,完善企业集团的质量责任制,强化从集团总经理、分公司或子公司经理、厂长至操作者个人,从全面质量管理(TQC)办公室至各职能部门的全员、全过

程、全部门的质量职能分配，通过整套质量管理系统、手段和方法，控制影响产品质量的全过程和各个方面，并认真做好贯彻与考核工作，与成员企业、职工的奖惩挂钩；建立有效的质量教育和培训体制。

3.质量审核层

企业集团的分公司、子公司及其他成员单位，即为质量审核层。质量审核层所发挥的作用，一是为了提供和掌握有关质量的信息资料，系统地对质量活动本身进行检验，包括工序质量、产品质量和体系质量三个方面的内容，以查明包括技术性能等一般质量特性、成本质量、交货期质量、服务质量以及与产品质量相关的工作质量，以及从产品的计划、设计开始，经生产制造，直到产品销售、使用和服务等各个环节的全过程的质量问题；二是通过质量审核，寻求适宜的对工序质量、体系质量和产品质量所存在的缺陷的改进方法，使质量水平在原有基础上不断有所提高，从而经济地研制生产出用户满意的产品。

4.质量控制层

在企业集团中，各成员企业内的基层生产单位如车间、班组，即为质量控制层。质量控制层的主要职责是：第一，严格进料直至半成品或成品产出的全过程工序管理工作，强化生产过程的质量检验和中控分析，使工序质量处于受控状态，提高制造过程的质量；第二，抓好产前分析和产后小结，做好过程记录，不断传递质量信息；第三，广泛开展质量成本核算工作，实现质量的经济性；第四，强化全体职工的质量意识和质量知识教育，增强员工的责任感和使命感；第五，广泛组织开展质量管理小组活动，挖掘广大职工的聪明才智，推动质量攻关活动的不断深入，努力生产出符合广大消费者要求的高质量的产品。

七、建立与完善企业集团投融资机制

企业集团是靠人、财、物和供、产、销等生产经营要素的优化配置而形成对成员企业凝聚作用的，但在生产经营要素中资金属于薄弱环节。企业集团形成后，普遍资金缺口较大，要解决其发展与资金紧缺的矛盾，进行资金融通，增强企业集团凝聚力，发挥集团的整体综合优势，办法就在于建立企业集团财务公司并充分发挥其应有的作用，使企业集团形成新的投融资机制。

1.建立财务公司,培育企业集团新的机制生长点

企业集团财务公司的形成,可以弥补我国单一、呆滞的融资方式,并成为企业集团内引外联资金的融资中心。企业集团财务公司是经中国人民银行批准,在工商行政管理部门登记注册,独立核算,自主经营,自负盈亏,依法纳税,具有独立法人资格,在业务上受国家银行指导和监督的非银行性金融机构。它是全部由企业集团内成员单位(主要是核心企业和骨干企业)投资入股建成的。作为企业集团的金融机构,企业集团财务公司可以通过自身经营存款、放款和结算等业务,缓解企业集团内资金结构和使用不合理造成的资金紧张状况,即成员单位中有的资金不足,有的资金有余,各成员单位资金结构不尽合理,通过财务公司实现资金的统一管理,集中各成员企业可供利用的资金,利用各成员企业使用资金的时间差,在成员企业之间调剂使用;同时,它还可以向国家商业银行或其他金融机构融通资金,以及代理成员企业发行、买卖股票和债券等,可以更为方便、灵活地满足分布在不同地域和行业的集团成员的一部分融资要求,有效地为成员企业排除流动资金紧张之难,缓解自我发展专项资金不能及时供应之忧,减少成员企业筹措资金难的压力。这种融资中心和"筹集窗口"功能是企业集团财务公司的特点或基本属性。

企业集团财务公司既然经营存款业务,那么也必然要经营放款业务,成为集团的信贷中心。企业集团通过财务公司集中所能吸存的资金,可以满足或部分满足整个集团对流动资金贷款量的需求。如华中电力集团各成员单位每年因集中付煤款、垫付定额流动资金不足及新机组投运而需要向各家银行申请的流动资金贷款数额为6亿~8亿元,它成立的财务公司仅营运两年,从武汉地区的集团各成员中吸收部分存款,其资产负债规模即达10亿多元,仅此一项,就已具备了每年发放6亿~8亿元流动资金贷款的能力。这表明在流动资金贷款的实际需求上,财务公司已经可以取代各商业银行,基本上可以满足集团流动资金贷款的需要,只要国家能给予其应有的政策,固定资产贷款也可迎刃而解。由此可见,财务公司客观上能够发挥集团的信贷中心的功能,按照集团的发展战略规划,利用信贷、利息等经济杠杆调整集团内资金流向、流量,择优扶植进行贷款和投资,引导投资方向,强化集团行业改造规划的实施,逐步优化集团的产业结构、企业组织结构、产品结构,优化组合生产要素,发展新技术,壮大集团经济实力,以适应国内外市场竞争的需要。

财务公司还将发挥集团“结算中心”的作用。从我国企业集团的发展来看，其多数是以“龙头”产品生产带动相关企业组合而成的多层次、多元化、多功能的经济联合体，各成员企业在供、产、销等方面都有一定的内在联系，成员企业通过财务公司在集团内部办理结算，这不仅可以监督企业之间及时付款，而且可以理顺多角债务关系，解决集团内部“三角债”问题，缓解集团内资金相互拖欠的矛盾，加快资金结算速度。如集团内零部件生产企业将产品销售给整机组装企业，以销售收入还财务公司的贷款，而整机组装企业无力支付货款，财务公司可将应收回的货款贷给整机组装企业，即将零部件生产企业归还的贷款转给整机组装企业。这既使零部件生产企业能及时还贷，又使整机组装企业能及时取得贷款，充分利用资金，提高资金利用效果，这也正是专业银行和其他金融机构所不能起的作用。同时，财务公司可以向各商业银行融通资金。这样就能为企业排除流动资金紧张之难，缓解自我发展专项资金不能及时供应之忧，减少成员企业筹措资金难的压力。

财务公司在集团统一领导下执行金融职能，成为成员企业与集团联系的纽带，增强了集团的凝聚力和向心力；同时，也为集团的发展引入了新的金融机制，取得了金融功能，为集团广泛筹集社会资金，拓宽集团的融资渠道等提供了便利条件和实施的可能，开始走上了产业资本同金融资本相结合的必由之路。

2.组建企业集团财务公司应具备的条件及资金来源

由企业集团各成员单位共同出资经办的财务公司，实际上是以股份制形式组建的金融机构，它的建立应具备以下条件：

第一，一般说来，只有经国家有关部门批准的计划单列企业集团，才可以创立财务公司。但为了推动我国支柱产业和重要基础产业的发展，这些部门的大型或特大型企业集团，经国家有关部门批准后也可以成立财务公司。培育和组织产业资本和金融资本的相互渗透、相互融合，形成一荣俱荣、一损俱损的命运共同体，是重新构建我国企业集团的必然趋势。因此，必须强调在国家计划单列的企业集团和在重要产业的大型尤其是特大型企业集团有必要建立财务公司，其他行政性公司和企业集团与银行只有信贷结算关系，而没有必要建立自己的金融机构。这有利于维护市场经济条件下正常的金融秩序。

第二，要有一支既懂金融业务又熟悉企业财务管理的专业人员队伍。企业集团财务公司与商业银行、政策性银行及信托投资公司不同，它主要经营集团内部的各项金融业务，这一特点决定了财务公司的管理人员必须熟悉企业的生产经营、企业财务管理及金融业务，这是集团财务公司运营的必备条件。

第三，应拥有最低限额以上的自有货币资金。根据国家有关规定，企业集团创办财务公司的实收货币资本金不得少于人民币5000万元，资本金的来源必须是核心企业或其他成员企业的自有资金；核心企业与紧密层企业当年提留的专用基金不低于人民币1亿元；核心企业与紧密层企业固定资产净值和自有资金不低于人民币10亿元。对特殊行业的企业集团，可视具体情况予以区别对待。

第四，财务公司必须有健全的组织机构和科学的经营管理制度。企业集团设立财务公司，开办集团内信贷、结算等金融业务，必须建立与健全经营管理机构，将其作为经营金融业务的组织基础；同时，还必须实行独立核算、自负盈亏、自主经营和各级经营责任制，健全科学的经营管理制度。

第五，凡具备设立财务公司条件的企业集团，必须依法办理申请、审批、登记手续后方可营业。拟设立财务公司的企业集团，应由其核心企业向中国人民银行提出申请，经中国人民银行审查批准并颁发经营金融业务许可证，财务公司凭该证件向工商行政管理局办理工商登记手续，领取营业执照，再向当地税务机关办理税收有关手续后，方可营业。

当具备条件的企业集团设立财务公司后，财务公司要得以发展并充分发挥作用，就必须有充足的资金来源。目前，集团财务公司主要有以下资金来源渠道。

一是核心企业和其他成员企业共同出资形成财务公司的自有资金。企业集团财务公司按规定要有一定数额的注册资金，而这部分资金必须由核心企业和其他成员企业共同集资。因此，可根据核心企业和其他成员企业的状况，采取自认或分配的办法，当然更应重视通过发行集团内部股票的办法来筹集，形成财务公司的自有货币资本金。集资者可以从财务公司的收益中得到应得的收益。

二是集团成员单位的专用基金存款。财务公司集中了集团各成员单位的专用基金，是财务公司的资金来源之一。这些专用基金主要包括：集团内各成员单位从生产成本、留利和销售收入中提取的折旧基金、生产发展基金和科技开发费的上缴集团部分，建立整个集团的专用基金；各成员单位提取的各项专用基金；企业集团直属企事业单位提取的专用基金；上级有关部门的委托资金和科研基金等。这些专用基金是财务公司的主要资金来源。

三是各成员单位流动资金的存款和结算资金。既然财务公司成为企业集团的结算中心,那么各成员单位流动资金就应存于财务公司以备办理购销结算业务,这样利用结算的时间差,充分吸收内部资金进行融通,这也是财务公司资金的重要来源。

四是财务公司的盈利。财务公司获得经营收入(包括结算手续费收入、利息收入及其他收入等)大于其各项经营支出(包括利息支出、业务支出、金融机构往来支出、企业管理费、营业税和营业外支出等),其差额即为财务公司的盈利,它与按规定建立的专用基金都是财务公司的资金来源。

五是金融机构贷款和拆借资金。财务公司为支持集团生产经营的资金需要,所获得的银行和其他金融机构的贷款及与银行发生横向资金联系所拆借的资金等也是财务公司的一种资金来源。

六是发行债券和股票,向社会集资,尤其吸引金融机构参股,也是解决财务公司资金来源的重要途径。

总之,对企业集团财务公司资金来源的研究具有重要意义,它不仅关系到财务公司的发展、充分发挥金融机构作用的问题,而且关系到集团经济巩固发展的重大问题。

3.财务公司发展中应正确处理的四个关系问题

财务公司作为企业集团的金融机构,处于企业集团的核心层,在经营活动中必然会与许多方面发生联系。因此,正确处理财务公司与相关方面的关系,对于巩固和发展财务公司有着重要意义。

(1)正确处理财务公司与企业集团的关系。财务公司是隶属企业集团的非银行性的金融机构,具有独立的法人地位,实行独立核算、自主经营、自负盈亏、利润留存的经营方式,行政上由企业集团董事会或管委会领导,业务上接受当地人民银行的领导。为了维护财务公司的经营自主权,企业集团总经理及集团的各部门不得干涉财务公司的业务活动。财务公司在实行承包经营责任制的条件下向企业集团承包,按自身的经营机制开展经营活动,努力完成承包任务,为企业集团的发展提供金融服务。因此,财务公司应自觉地把自身利益放到企业集团整体利益之中,摆正局部与全局的关系及眼前利益与长远利益的关系,应及时、经常向企业集团领导汇报、沟通情况,以取得企业集团领导的支持、指导和帮助,充分发挥自身在集团发展中的支柱作用。

(2)正确处理财务公司与集团成员单位之间的关系。财务公司和集团成员单位都是企业集团的组成部分,彼此之间是平等的伙伴关系、分工协作的经济关系。在财务公司实行股份制的情况下,成员单位既是财务公司的股东,又是财务公司服务的对象。因此,财务公司应经常派员工到集团成员单位了解其对资金需求及资金使用的情况,在坚持安全、效益、流动的原则下,统筹安排使用成员单位闲散资金,确保资金的合理流向和流量,实现资金的合理配置,满足对流动资金、科技开发和技术改造资金及部分固定资产投资的需要,使其在企业集团与成员单位之间起到联结纽带作用。

(3)正确处理财务公司与集团财务部门的关系。财务公司作为独立法人,其职能是为企业集团筹集资金、调配资金、监督资金的使用,保障对集团成员单位的资金供应;企业集团财务部门是企业集团财务管理的职能部门,对集团所属成员企业进行财务会计管理,但不具备法人资格。虽然财务公司和企业集团财务部门在性质、职能和业务范围方面有所不同,也不存在领导与被领导的关系,但在集团资金管理上两者是一致的。因此,两者是平等、相互配合的关系,在企业集团统一领导下,各司其职,各尽其责,并互通信息,密切配合,共同解决集团生产经营的资金需要问题,为发展集团经济发挥作用。

(4)正确处理财务公司与银行之间的关系。中国人民银行与财务公司之间是领导与被领导的关系,财务公司应严格执行国家的金融方针、政策及金融方面的法律法规,自觉接受中国人民银行的领导、管理、监督、协调与稽核;而财务公司与商业银行和信托投资等其他金融机构是金融组织体系内法人之间的同行关系,因而应本着协作、配合、协调的精神,争取商业银行、信托投资等金融机构在资金、业务、人员、管理、安全、信息等方面的支持和帮助,以促进财务公司业务水平的不断提高,更好地融通资金,提高服务质量,适应企业集团发展对资金的需要。

此外,集团财务公司与企业集团的生产经营计划、技术、劳资等职能部门也是平等、互相配合的关系,需要彼此之间加强联系,互通信息,在服务生产经营、科技开发和技术改造等方面发挥应有的作用。

八、正确处理企业集团内部的利益关系

企业集团内部的利益关系是企业集团的一个非常重要的关系。如果资产是联结成员企业之间关系的纽带,那么利益关系则是维系成员企业之间

关系，增强其凝聚力的关键。企业集团内各成员企业都是独立的法人，都是独立的商品生产经营者，都具有营利性的特征，因而，它们都期望在集团内既能扬长避短，又能获取较高的经济效益。因此，企业集团内部利益关系处理是否得当，不仅关系到企业集团中各成员企业的合法权益能否得到保障，而且直接决定着成员企业生产经营积极性、创造性的发挥程度和企业集团内部凝聚力的强弱。

由于我国正处在新旧经济体制转轨时期，新的市场经济体制尚未建立，旧的行政系统对企业的种种束缚与管制尚未退尽，企业的法人权限经常与行政系统的纵向管理相冲突，企业集团管理行政化倾向严重，致使其成员企业无法充分享有独立法人应有的权利，难以形成合理的利益分配机制，助长了许多不合理的利益分配行为。如有的企业集团只顾把各成员企业的职工福利水平和奖励拉平，而不顾各成员企业之间在生产经营状况及经济效益方面的差别；有的企业集团强制性地让一些经济效益较好的企业去兼并一些经济效益较差甚至严重亏损的企业；有的企业集团把集团当作企业那样去组织和管理，在利益分配方面搞“大锅饭”。企业集团存在的许多问题亟须改进。

（一）处理企业集团内部关系应遵循的原则

1.按价值规律办事的原则

价值规律是市场经济运行的基本规律。如果在商品交换中不遵循价值规律的要求，那么，在市场买卖的双方中必有一方要损失一部分经济利益，而另一方相应地占了便宜，使得受到经济损失一方的商品的部分价值难以实现。因而，价值规律便遭到破坏。这种状况长期延续的结果是，商品交换过程乃至从生产、交换到分配、消费的整个经济过程无法正常地运行。

企业集团各成员单位处在一定的专业化分工协作体系之中，相互之间存在提供产品或劳务的交换关系。由于各成员单位都是独立的商品生产者和经营者，都有各自的经济利益，都要以收抵支，获取盈利。如果集团内存在不等价交换，且不能及时得到纠正，受损一方就可能不满现状而在集团外部寻找新的合作伙伴，分化集团的集合力，这有损于集团的整体利益，也不利于集团的巩固和发展。因此，各成员单位之间的经济往来，彼此都应以独立的商品生产者和经营者相待。集团内物资的调拨、产品或劳务的交易、内部价格的制定、利润的分配等都必须遵循价值规律，不允许损害任何一方的利益。

2.兼顾各方利益的原则

在有不同产权制度的各类企业集团内部利益分配中，要正确处理国家、地方、企业集团整体、成员单位和职工之间的利益关系。在股份制企业集团中，国家和地方政府只是作为征税人与企业集团发生关系，企业集团职工的工资收入计入企业成本，因而不属于内部利益的分配范畴；企业集团内部的利益分配属于公司与股东之间的关系。在现有的经济管理体制下，企业集团内部利益分配的每一个问题的具体处理，都会直接或间接地涉及国家、地方、企业集团整体、成员单位和职工之间方方面面的利益关系。所以，在处理企业集团的利益关系时，不能顾此失彼，而要兼顾各方面利益，使任何一方的正当利益都得到保护。

3.股权平等、按股分利的原则

在实行股份制的企业集团中，坚持股权平等、按股分利是规范分配关系所必须遵循的原则。对于企业集团职工应实行按劳分配，并按有关规定提留职工福利基金和职工奖励基金，对法人、个人等股东应实行按股分利。随着我国法治的不断完善以及相关配套政策的制定，股权平等、按股分利原则能够得到有效的贯彻。

4.相互协商的原则

利益分配既涉及集团成员单位的自身利益，又会影响到企业集团的发展，因而集团内部利益分配政策和方案的制定，要通过相互协商，充分反映各方的意见。在股份制企业集团中，股东的利益可以通过股东代表大会、董事会等所有者代表组织和法定议事程序及层级监督的管理制度来得到反映与保障，而且股东还可以通过股权转让来维护自己的产权和利益。但在非股份制企业集团内，由于缺少统一规范的法定程序，方式方法就比较复杂多样。应依据集团章程和既有的经济合同、协议等，通过成员单位负责人联席会议等办法，对成员单位之间相互提供的产品或劳务的内部价格的制定、利润分配等一系列问题协商解决。在进行相互协商时，为维护企业集团整体利益的大局，在不影响各企业正常经济权益实现和等价交换的前提下，有关的成员各方应因事因情势作出适当的必要的让步。

（二）企业集团内部的利益分配方式

由于我国市场经济体制需要逐步建立与完善，新旧经济体制的转轨将会持续较长的一段时间。因此，在推进企业集团发展中，两种不同产权制度的集团——股份制企业集团和非股份制企业集团，将会长期并存。这样，对企业集团内部利益分配方式的探讨就必须区别对待，而不能混淆。

1.股份制企业集团的利益分配方式

企业集团内部的利益分配是集团公司和其他各成员单位依照集团的章程和《公司法》的规定来进行各自的利益分配。集团公司和其他成员企业利益分配的对象除了各自企业的职工、企业自身外，还有国家及其他股东。各股东只能依照其持有的股份享有公司的部分利益和对公司分配方案的投票权。虽然集团内部交易价格确定的差异也直接会反映到利益分配方面，但在这里我们不考虑这一因素，只考虑一般的财务年度里的利益分配的程序及内容等。

公司利润是指公司当年的营业收入和非营业收入之和扣除一切成本费用及营业税费后的剩余部分。公司利润除了上缴所得税及“两金”外，其税后利润分配应属公司内部事务，然而许多国家的公司法几乎都对此作了强制性的具体规定。其主要是保护股东利益、债权人利益、公司内部职工利益、社会利益及有利于吸收投资的需要。因此，公司利润并不能任意分配，而应按有关法律规定，按顺序依次进行分配。

(1)支付债务本金和债务利息。集团总收入中对各项税费的逐一扣除和最后所得利润的分配，先要归还到期的债务本金，扣除依债务协议或合同须定期支付的债务利息。营业净收入总额扣除债务本金和债务利息后得到公司的税前盈余。

(2)依照税法和其他有关规定，在公司所在地缴纳所得税及其他费用(如排放“三废”的单位必须支付环保费)。公司税前盈余在扣除了所得税和其他费用之后，即得公司税后净利润。公司的税后净利润就是公司全部收入与全部支出之差(职工的工资和奖金列入成本)。

(3)提取法定盈余公积金。公积金是指公司净资产额超过已收到股本额而为特定目的积存于公司的资金。法定盈余公积金是依据法律规定应从公司营业活动所产生的盈余中提取并积存起来的积金部分。法定盈余公积金的提取应在公司缴纳各种税款和弥补亏损之后进行。但是根据国家法律规定，在历年所提取的法定盈余公积金累计已达到公司实收股本总额的一定比例时，便不再从公司盈余中提取法定盈余公积金。根据《公司法》的规定，股份有限公司的法定盈余公积金按照税后利润的10%提取，当盈余公积金达注册资本的50%时，可以不再提取。

(4)提取任意盈余公积金。任意盈余公积金，又称“特别盈余公积金”，是指股份有限公司在法定盈余公积金之外，由公司章程规定或由公司董事会任意决定的公积金。这种公积金只能在从税后利润中提取法定公积金之后，经股东会决议，从公司当期税后利润中提取。任意盈余公积金主要用于公司未来进行某项活动之用，如扩大公司的生产规模、购置设备等。

(5)提取资本公积金。资本公积金是指来自资本或其他原因所发生的公积金。其来源包括每一营业年度，自资产的估价增值扣除估价减值的溢额；超过票面金额发行股票所得的溢额；出售资产的溢价收入；因合并而消减的公司，所承受的资产价额减除该公司所承担的债务额及向该公司股东支付的余额。在资本公积金的分配使用上，只有当公司在盈余公积金弥补资本亏损后仍有不足时，才可以以资本公积金补充。

总之，公司的公积金主要是用于增强公司的经济实力，发展公司的规模，以及弥补公司的经营性亏损和转增公司资本等用途。当公司要扩大经营规模或当公积金已积累到较大的数额时，经公司董事会决议，可将公积金按各股东的比例转而增加公司各投资者的投资额。但公司法定公积金转为资本时，所留存的该项公积金数额不得少于注册资本的25%，以防止公司为自身盈利的要求，把大量的公积金转为资本，而在必要的时刻不能发挥公积金的有效作用。

(6)提取公益金。公司的公益金主要用于公司集体福利和职工的奖励。公益金的提取是公司税后利润分配中的一项重要的内容。为确保公益金的作用的实现，有必要对这一基金的提取数目规定统一的比例，依据法律规定，公司分配当年税后利润时应提取利润的5%～10%列入公司法定公益金。依据《公司法》的规定，法定公益金的提取顺序应当在弥补亏损和提取法定盈余公积金之后，而在优先股股利、普通股股利之前。

(7)公司股东之间的利润分配。公司股东之间的利润分配，即分派股息和红利，应放到弥补亏损、提取法定公积金、提取法定公益金之后进行。如果公司无盈余，则不得分派股息和红利，但法定盈余公积金超过资本总额50%时，或在有盈余年度所提存的盈余公积金超过法定盈余20%时，公司为维持股票的信誉可以其超过部分派充股息和红利。

公司股利分配方式主要包括：一是现金股利。这是股利分配最常用的一种形式，是由公司董事会决定发放的、对股东所持股份的货币报酬。二是股票股利。当公司为了存有一定数目的现金，不减少盈利时，就可以考虑发放股票股利(这种股票也称为红利股票)。这样，股东从公司那里只不过领到了一些股票，而不是现金。三是财产股利。这一方式是由公司用财产的发放代替股利，一般是以公司所持有的各种证券派发股利。

总的来看，公司利润的分配顺序是：一是缴纳所得税，二是填补以前年度的公司亏损，三是提取法定盈余公积金，四是提取法定公益金，五是向投资者分配利润。这一法定利润分配顺序是任何企业集团都不得违反的。

2.非股份制企业集团的利益分配方式

非股份制企业集团的类型较多，具体条件各异，且组织形式不够规范，利益分配情况十分复杂，各自都在根据实际情况探索、选择适合本企业集团的分配方式。从我国企业集团的实践来看，比较可行的两种方法是二次分配法和级差效益分配法。

(1)二次分配法。企业集团内部的利益分配按两步实行：第一次分配，是确定企业集团内部成员间的结算价格，由各成员单位协商制定集团“龙头”产品或产成品的目标成本，并以此为基础制定零部件和总装配件的目标成本，从而以此作为企业集团各成员间的结算价格。由此形成的成员企业的实际成本与内部结算价格的盈亏差额则由各成员企业自己负责承担，这样就形成了第一次分配，即通过内部结算价格的确定和按此交易引起的盈亏实现的分配。第二次分配，是以最终产品的销售收入减去其目标成本后形成的盈利作为分配基金，依据一定的标准在各成员企业中进行分配。这种标准的确定要依据实际情况而定，大致有三种情况。

第一种情况是按集团内各成员企业的产品目标成本占集团最终产品目标成本的比例大小来进行分配的。如设 Y_i 为第 i 个成员企业应得的收入，E_i 和 F_i 分别为第 i 个成员企业的产品目标成本中的不变成本和可变成本，Y 为上述的分配基金，E 和 F 分别为集团最终产品目标成本中的不变成本和可变成本。这一标准可用公式表达为：

$$Y_i = Y \cdot \frac{E_i + F_i}{E + F}$$

第二种情况是按集团内部各成员企业的产品目标成本中可变成本占集团最终产品目标成本中可变成本的比例大小来进行分配的。这一标准可用公式表达为：

$$Y_i = Y \cdot \frac{F_i}{F}$$

第三种情况是按可变资本收益与货币资本收益来进行分配的。分配基

金 Y 是可变资本收益和所投入的货币资本收益的和。可变资本的收益(即劳动力耗费的价格补偿)、货币资本的收益,我们可以使其等于银行的实际贷款利率。若 Y_{yi} 为第 i 个成员企业劳动力耗费应得的价格补偿,G_i 为第 i 个成员企业投入的货币成本,R 为实际贷款利率,H_i 为该企业应得的货币资本收益。其计算公式为:

$$H_i = G_i \cdot R$$

$$Y_{yi} = \left(Y - \sum_{i=1}^{n} H_i\right) \cdot \frac{F_i}{F}$$

$$Y_i = H_i + Y_{yi} = G_i \cdot R + \left(Y - \sum_{i=1}^{n} H_i\right) \cdot \frac{F_i}{F}$$

在运用二次分配法时,作为零部件和总装配件的内部结算价格应等于社会平均成本与平均利润之和。集团公司(核心企业)购买其他成员企业产品的价格不应超过集团公司购买非成员企业产品的价格加运输费用减购买成员企业产品的运输费用,最低不能低于出售给非成员企业的产品价格。

(2)级差效益分配法。级差效益是指企业进行生产经营时,由于种种原因导致投入等量劳动却形不成同样的劳动生产率,从而使占据优越条件的企业获取一种超额收入。它表现为两种形态:一是由产品生产的技术难度、劳动强度的差别和原材料价格的起伏变化所形成的超额收入,叫级差效益Ⅰ;二是由经营管理水平的差别等形成的超额收入,叫级差效益Ⅱ。

级差效益分配法是在正确区分这两种级差效益形态的基础上,对不同的收益采取不同的分配办法。对级差效益Ⅰ应采用内部协作价格进行合理调整,以给予一定补偿,缓和这些短期内难以改变的企业间的收入差距,从而调动条件较差成员企业及职工的积极性、主动性;对级差效益Ⅱ,应全部归各自成员企业所有,以鼓励各成员企业重视改善经营管理,合理配置生产要素,降低消耗,提高产品质量。

在采用级差效益分配法时,会遇到内部价格的确定问题。对此,企业集团可使用内部协作配套价格,其确定方法主要包括以下几种:一是成本加成法,即由集团内实行协作配套产品的供需双方相互协商,依据供方的实际生产成本加上合理利润来确定价格。二是中价定价法,即以供货成员企业的介于国拨价和议价之间的中价原材料作为确定成本和协作价的依据。三是协商定价法,即进行协作配套的成员企业双方根据每次协作配套的具体情况商定价格,而非事先确定。四是资金利润率定价法,即由集团企业协商制定的资金利润率来确定成员企业提供的协作配套产品的协作配套价格。五是市场定价法，即以市场价格作为协作配套价格。

第三节 企业集团与外部的关系

我国企业集团的建立是与改革紧紧联系在一起的。在企业集团发展中，必然会受到外部环境条件的影响，特别是来自外部旧体制的束缚和阻碍，制约着企业集团优越性的发挥。外部的计划管理体制如果不进行深入改革，政企职责不分开，企业经营自主权不能落实，就不利于企业集团的产生与发展；价格体制改革若不能解决价格扭曲的问题，各类商品比价不合理，则会妨碍跨地区、跨行业企业集团的发展；若财税体制改革不能解决条块分割的问题，则企业集团成员之间的紧密联合就难以形成，企业集团也就必然缺乏凝聚力；还有资金横向融通问题、市场体系问题等。这些问题不解决，缺乏良好的外部环境条件，企业集团也就难以兴起与发展，不利于提高规模经济效益。因此，企业集团在复杂的社会系统中，要注意处理好与各级政府的关系、与各经济部门的关系、与市场类型的选择关系等。

一、发挥政府在组建与发展企业集团中的作用

政府在企业集团的组建与发展过程中发挥着十分重要的作用，集中表现在政府通过宏观管理，能为企业集团顺利组建、健康发展创造条件。政府与企业集团之间是一种政企关系，从管理的角度讲，是一种管理与被管理的关系。从政企职责分开、转换企业经营机制的要求看，企业集团是自主经营、自负盈亏的商品生产和经营单位，将在生产经营中力求自身资源的合理配置，获取规模经济效益；政府是社会经济活动的管理者，将运用经济手段、法律手段及必要的行政手段，引导、规范企业和企业集团的生产经营行为，促进资源在全社会的合理配置，以保证宏观经济效益和微观经济效益的高度统一，维护社会整体利益。应该指出，努力实现企业集团资源合理配置与社会资源优化配置的有机结合，是正确处理政府与企业集团关系的核心所在。为此，政府对企业集团的管理应从宏观上加强引导、扶持和监督。具体说来包括以下两个方面。

（一）制定各项政策和法规，保障企业集团的健康发展

改革开放以来，国家围绕着企业制定了许多政策和法律法规。对企业

集团而言，除少数计划单列的企业集团外，绝大多数企业集团的生产、计划、信贷、物资、技术改造、税收、出口自营权等与政府管理部门的关系仍未理顺，缺少一套完善的政策指导和法律规范。现行的政策和法律法规与企业集团的组建和发展不相配套，因此，那些不利于企业集团兴建与发展的规定，需要政府各有关部门在调查研究和听取各方面意见的基础上对其进行必要的修订或作灵活性掌握，以进行必要的指导、协调、监督和服务。

为引导、保障企业集团的健康发展，尽快使之成为国民经济的中坚力量，必须制定有关政策措施。

第一，通过制定政策，明确组建企业集团的基本条件。如国家于1995年4月4日制定的《企业集团组建与管理暂行办法》规定企业集团必须具备的条件：一是企业集团的母公司可以是一个从事生产经营和资产经营的企业，也可以是一个专门从事资产经营的公司，其规模必须达到国家大型企业标准，或注册资本达到1亿元人民币以上；二是母公司至少拥有五个控股子公司（子企业）；三是具有集团成员共同遵守的集团章程。同时，也提出了组建和发展企业集团的基本原则：符合国家产业政策和经济发展战略的要求；坚持公平竞争，禁止行业垄断和地区封锁；坚持政企职责分开，母公司及其他成员单位不能兼有政府行政管理和行业管理职能；坚持出资人自愿，政府予以引导。尽管这些规定带有试验性，还需要在实践中不断加以完善，但它毕竟为企业集团的组建与发展指明了方向。遵循这些规定，严格执行政府有关部门的批准备案，就可以防止不顾条件允许而一哄而起、追求数量等粗放的组织形式，有利于企业组织结构的调整、生产要素的优化组合。

第二，制定产业政策，引导和支持企业在优先和重点发展的产业组建企业集团。产业政策是国家在社会供给方面促进或调整经济发展的对策和手段的总称，是国家宏观经济管理的重要组成部分。它的制定与成功执行，对国民经济的发展至关重要。通过产业政策的积极调整，明确国民经济各个行业及不同时期应支持和限制的重点，不断适应经济的发展变化，促进产业结构的合理化并不断达到高度化，在优化结构的基础上提高国民经济的素质和效益。国家必须制定一整套行之有效的产业政策作为政府对企业集团发展引导、协调和监督的有力工具。在产业政策引导下，政府应积极鼓励和引导在基础产业领域建立和发展企业集团，克服“瓶颈”产业对国民经济发展的制约；同时，要选择在国内外市场有发展前途的产业来培植企业集团，使之通过生产要素的合理流动和重组来提高分工协作基础上的集中度，提高规模效益，增加有效供给，实现总供给与总需求的平衡。

第三，通过改变资金纵向分配和块块管理的政策，允许各商业银行跨地区、跨行业向企业集团发放固定资产投资贷款，也可以组织跨地区、跨专业的银团贷款。对具备条件的企业集团，政府可以批准其成立财务公司，以强化集团公司投资中心的功能。通过调节投资方向、调整汇率、实行出口退税等政策，鼓励企业集团发展外向型经济，实行跨国经营；对大型企业集团也可赋予其进出口自主权等。

第四，政府应创造有利于企业集团发育成长的外部环境和内部机制，包括提供信息、培训人才等各项扶持政策措施等。在当今的信息时代，仅靠企业集团自身搜集、处理信息是远远不够的，政府各有关部门如计划、统计、工贸、财政、税务、金融等部门应积极提供帮助，发挥应有的作用；同时，还要积极创造条件培训高层次、复合型的企业集团管理人才，逐步形成一个企业家阶层。

第五，在政策扶持方面，除切实贯彻执行《国务院关于进一步推动横向经济联合的暂行规定》《企业集团组建与管理暂行办法》及有关财政、税收、金融等方面的实施细则外，各级地方政府也应从本地区的实际情况出发，制定一些扶持本地区企业集团的政策和规定。如有些地方在财政政策上，除建立新产品开发、技术改造周转基金和科研开发基金外，还对经济效益好的企业集团批准可享受到企业的固定资产设备折旧率可比原来提高1%，可按企业实际销售收入总额提成1%，作为技术改造和新产品开发基金。在税收政策上，规定避免对企业集团重复课税。在金融方面，对企业集团生产的名优特新产品贷款优先，利率优惠，还款期限放宽，在发展新产品进行技术改造时，可申请专项贴息贷款；对高技术产品开发投资，提供必要的风险投资基金。

企业集团的组建与发展涉及多种所有制企业和跨越许多地区、行业的特点，在市场经济条件下，尤其需要具有公允法律规范的法治环境。目前，我国的《企业法》《转换工业企业经营机制条例》等是针对单个企业法人的法律法规，而对企业集团则缺乏管理规定和法律规范。这一状况与企业集团的发展要求不相适应。为此，首先，要明确企业集团法律法规调整的对象；其次，要建立与健全具有调节有关经济关系的法律法规；最后，要有步骤、有针对性地对有关法律法规进行修订、补充和完善。

（二）发展布局的规划引导

在区域布局上，国家通过规划引导，使企业集团的布点有利于带动、促进和改善生产力的合理布局，避免地区布局上的趋同化，使资源配置创造出新的生产力。当前，在东部沿海发达地区组建和发展企业集团的同时，政府也要引导东部沿海地区在中、西部地区发展企业集团成员，或引导中、西部地区自己组建以骨干企业为核心的、“龙头”产品为导向的企业集团，尤其要重视围绕发挥资源优势来组建企业集团，促进资源优势向产品优势、商品优势的转化，使国家宏观政策的调整和微观基础的重新构建在企业集团运营中得到体现。

在市场定向上，由于企业集团跨地区、跨行业而形成的市场交叉覆盖，有利于发展国内市场的适度竞争；但面向国际市场，则应避免因力量分散而导致竞争力减弱的现象。可以考虑通过政府有关部门的协调，引导企业集团选准各自的主要市场，或协同作战来开拓某些市场。总之，要针对不同国家或地区的不同情况，采取集中目标和统一对外的原则，以增强我国在国际市场上的竞争力。

二、正确处理企业集团与政府各有关部门的关系

企业集团与政府主管部门的关系对企业集团的形成与发展至关重要。企业集团与上级管理部门关系的特点及国家与企业之间原有的那种需要进行改革的关系，使企业集团在处理与政府主管部门的关系上遇到了不少问题，成为最难理顺的一种对外关系。这些问题集中表现为在新旧经济体制交替的背景下，企业集团为了获得发展，既需要摆脱主管部门的过多干预，又不能完全脱离主管部门的干预，尤其在行业管理的总格局尚未形成之前更是如此。在我国市场经济体制确立过程中，这一矛盾现象是普遍存在的。为正确处理企业集团与政府主管部门之间的关系，消除矛盾与摩擦，应着重解决好以下五个问题。

1.规范审批制度

企业集团的组建设立不能实行多头审批，而应根据企业集团的特点，规范其审批制度，从严掌控，避免审批的随意性。

根据国家制定的《企业集团组建与管理暂行办法》，组建企业集团时，一般由集团公司（母公司）按照规定向工商行政管理机关提交企业集团登记申请书，经核准登记后予以设立。属下列情况之一的企业集团，即集团公司

（母公司）为专门从事资产经营的公司、为金融机构的、为外商控股的企业、从政府部门转为经济实体的企业、在全行业中居于垄断地位（主要是在同行中居前三位）的企业，应当报有关部门审批。其中，集团公司（母公司）为国务院管辖的企业或国务院授权的监督机构监督的地方管辖企业、集团公司（母公司）为外商控股的企业，报国家经济贸易委员会组织审批；集团公司（母公司）为特大型的综合性企业，由国家经济贸易委员会会同有关部门提出审核意见，报国务院审批。国家试点企业集团由国家计委会同国家经贸委、国家体改委审批；集团公司（母公司）为金融机构的，由中国人民银行会同有关部门组织审批。集团公司（母公司）为地方管辖的企业（国务院监督的除外），报省、自治区、直辖市人民政府授权的有关经济综合部门组织审批。上述审批权限的划分带有试验性，应随我国经济体制改革的深入而作适当的调整，使之最终达到严格、规范的要求。

2.企业集团计划单列管理

企业集团计划单列是在我国经济体制改革过程中，为了及时解决大型企业集团面临的各种重大问题，尤其是为了摆脱政府的直接控制，促使其健康发展所采取的一种过渡性的新型计划管理形式。实践证明，计划单列便于国家宏观管理，有利于企业集团摆脱地方、部门的层层束缚，促进政企分开，实行所有权与经营权分离，增强企业集团竞争力。企业集团实行计划单列后，绝不是把企业集团变为国家计委的直属企业，也绝不能沿用过去主管部门对直属企业的那一套管理办法，国家计委同企业集团主要是计划管理和业务指导关系。它要会同有关部门和地方把计划单列企业集团的主要经济、社会发展指标从原主管部门或地方计划中划出来，在国家计划中单列户头，即其主要产品产量计划、基本建设和技术改造投资计划、主要物资和能源分配计划、科技计划和教育计划、劳动工资计划和财务计划以及进出口计划等，直接进入国家计划，成为国家计划的一个单元。

但是，从目前市场经济发展的形势看，计划单列还存在一定的问题。不管从形式上看，还是从内容和预期达到的目的看，计划单列的方式尚未脱离原有的国家对企业计划实行行政管理的范畴，仅是把计划由国家原各部门管理集中到国家直接管理。计划单列不仅没有摆脱原有的计划管理上报、下达的方式及原有的行政管理方式，而且更扩大了国家行政管理的范围。同时，由于企业集团是一个跨地区、跨行业的经济组织，其经济活动的范围和内容扩大了，可是却仍按照原有的计划体系管理，这就增加了国家计划审批的难度。从计划单列执行情况看，存在着年度生产计划上报内容与下达计划内容在投入和产出上不同步的问题，国家下达的仅是年度生产计划，侧重于产出，而年度生产计划所需的物资、能源等配置，即投入计划，未能同步下达企业执行，而且年度生产计划单列后的计划执行、管理界限不明确，新办法，旧体制，两者不能接轨，这种计划双重执行的旧体制，给企业集团年度生产计划单列执行带来困难。由于企业集团在实施计划单列中不能完整地控制整个产品生产实施过程，对其产品成本中占有较大比重的原料、燃料等部分不能进行有效的控制，不利于企业集团掌握生产经营的主动权，不利于集团内部生产经营构成要素和外部条件的动态平衡，降低了企业集团参与市场竞争的力度。

企业集团计划单列存在的问题，只有通过改革才能加以解决。

第一，缩小计划单列指标管理范围，为企业集团走向市场并成为竞争主体创造条件。企业集团的主要产品产量和业务量（经营额）计划、基本建设和技术改造投资及需由国家安排资金的大中型和限额以上基本建设和技术改造项目计划（包括利用外资和技术引进项目计划）、由国家管理的外贸商品进出口计划、为完成国家计划任务而需由国家安排的物资和能源供应计划、需由国家资金支持的科技项目、教育计划、财务计划、信贷计划、工资计划等 9 个单列计划，从内容和管理属性上看，除主要产品产量和业务量（经营额）计划、基本建设和技术改造投资计划、主要物资和能源分配计划等属于企业和国家双重管理，宜继续实行计划单列外，其余的都属企业集团自行管理，由企业集团根据国家的方针、政策、法律法规等，在遵循自我约束、自我发展原则基础上，自行制定，自我执行，而不在国家计划中实行单列。但有关计划的信息应定期报送国家，使国家对整个国民经济运行情况有综合了解，便于进行宏观调控。

第二，进一步改革年度生产计划单列的内容和方式。在企业集团的主要产品产量和业务量（经营额）计划列入国家计划期间，企业集团执行国家计划所需的条件，在国家配套落实的前提下（如国家在下达生产计划的同时，也将落实生产计划的物资需用分配计划一并下达给企业集团），应由企业集团自行组织实施。随着改革的不断深入，最终要建立起与新的市场经济运行机制相配套的新型计划关系，由企业集团根据国家产业政策和宏观调控信息，自行编制年度生产计划，并能根据国家宏观总量的需求，对计划作适当的调整，保证有效供给，同时通过国家直接向企业集团进行订货，用经济合同的方式替代年度生产计划上报、下达的传统管理方式。

第三，由强化国家计划管理逐步过渡到强化企业集团内部计划与市场经济接轨的轨道上来，最终实行国家对企业集团的间接宏观调控，即以金融、税收、产业政策等为手段的经济调控办法，并且是建立在法治基础上的。通过引导、协调、控制，实现企业集团的发展同国民经济发展目标保持基本一致，防止国民经济发展过程中强制性、破坏性调整的出现。国家应通过强化规划管理和产业政策调控、引导，使企业集团的年度计划建立在资源配置通过市场、市场产品价格和生产要素价格趋于平衡的基础上。

3.资产管理

企业集团形成后，政府对集团中的国有资产如何管理，是一个亟待从理论和实践上解决的大问题。对集团中的国有资产能否实施科学管理，关键在于能否正确认识政府与国有企业的关系问题。政府与集团中非国有企业的关系是一种单一的政企关系，而政府与集团中国有企业的关系是一种双重经济关系，除了政企关系外，还存在着产权关系。关于政企关系，从政企职责分开、转换企业经营机制的要求看，政府职责主要是管理宏观经济，包括制定产业政策，经济、科技和社会发展规划，中、长期发展计划，合理确定固定资产投资、信贷资金、消费基金以及外汇资金的规模，负责财政、信贷、外汇和物资的综合平衡，并充分运用经济杠杆、法律手段和必要的行政手段，引导企业的生产经营活动，使之符合国家经济发展的预定目标，实现社会总供给与总需求的基本平衡，而不直接干预企业的生产经营活动。国有企业的发展必须符合国家产业政策的导向和宏观的计划管理，贯彻执行国家有关国有资产的法律、法规和政策。关于产权关系以及由此决定的国有资产的营运方式，必须适应市场经济发展规律的要求，促使企业所有权同经营权分离，理顺政府与国有企业之间的产权关系，使国有企业拥有法人财产所有权，包括占有、使用、处分、收益的权力，改变国有企业“所有权缺位”的状态。与此相适应，要通过建立国有资产管理的新体制，实现国有资产的产权管理职能和国家的宏观经济管理职能相分离，并对国有资产管理实行产权行政管理职能与经营管理职能的分离。国有资产管理部门（如国有资产管理局或国有资产管理委员会）承担国有产权的行政管理，是国有财产的最高职能机构，同时经其授权，由一大批国有资产经营公司承担其授权范围内国有产权的经营业务。对企业集团国有资产授权经营是指由国有资产管理部门将企业集团中紧密层企业的国有资产统一授权给集团核心企业（集团公司)经营和管理,目标是让这些集团公司成为国家国有资本的经营公司,在集团内实现国有资产经营的一体化,建立起核心企业与紧密层企业之间的产权纽带,使紧密层企业成为核心企业的全资子公司或控股子公司,从而形成母、子公司间的产权关系,最终达到确立和理顺企业集团内核心企业(集团公司)和与其有资产关系的成员企业间的产权关系,增强企业集团凝聚力,发挥整体优势。

近年来,国务院已批准国有资产管理局对东风、一汽、重汽集团和东方电站集团实行国有资产授权经营的试点,这对于建立适应社会化大生产和市场经济要求的产权管理新体制是有益的探索和实践,其本身意味着国家将一定量的国有资产"投入"集团公司,确保集团公司拥有法人所有权,并使自己退居"股东"地位,对集团公司行使"股东"权力。由于国家是集团公司唯一或主要的股东,其权力的行使将较一般股份有限公司的股东更直接、具体。集团公司通过授权经营,真正实现了法人所有权与经营权的直接结合,从而形成了具有完整意义的经营权。集团公司对"股东"负责,承担国有资产的保值、增值及收益解缴责任。企业集团国有资产授权经营后所形成的产权关系如图 6-3 所示。

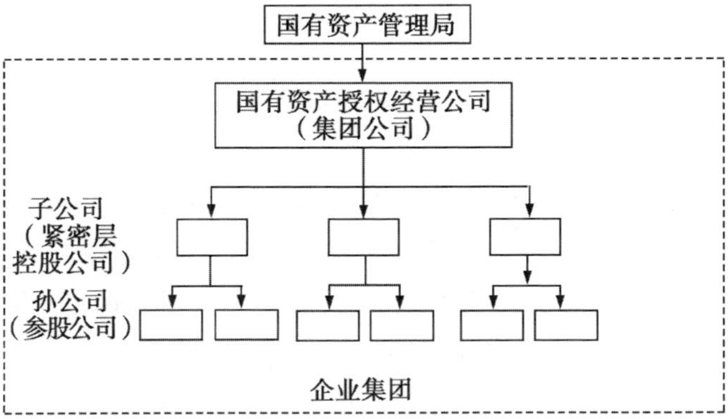

图 6-3　企业集团国有资产授权经营后产权关系

4.企业集团与财税部门的关系

多年来我国实行的是多种形式的财政包干体制。由于"财政包干""分灶吃饭",参加经济联合体的企业不改变其财政上缴渠道,进而许多地方政府为了本地区利益,总是希望企业缴纳产品税,以增加地方财政收入。财政上缴关系理不顺，造成企业集团内严重的重复征税问题，这不仅影响了企业的收入，而且极大地挫伤了企业开展经济联合，进行专业化分工协作的积极性、主动性。从政府参与企业分配的职能和程序来看，需要实行两次分配：第一次分配的表现形式为税收，是由国家凭借政权的力量强制参与企业收益的分配；第二次分配的表现形式为利润，是由政府依据其在企业的产权（财产的所有权）对企业的收益进行分配。这是性质完全不同的两次分配。由于我国多年来财税体制存在着缺陷，不是以利代税，就是以税代利，这完全是产权关系不明晰、政企职责合二为一所导致的结果。为了适应市场经济运行规则的要求，推动跨地区、跨行业、跨所有制企业集团的形成与发展，必须推进我国财税体制的改革。

当前我国正在进行的"分税制"和"推行以增值税为主体的流转税制度"这一财税体制改革，将为正确处理企业集团与财税部门的相互关系创造条件。因为把现行地方财政包干制改为在合理划分中央与地方事权基础上的分税制，建立中央税收、地方税收以及中央和地方共享税收体系，将会有利于调动中央、地方两个积极性，维护全国统一、开放、有序的大市场，发展大市场经济，也将有利于各类企业之间联合发展，组建企业集团，开展平等竞争。同时，通过建立新财税体制，政府可以较自如地运用财政税收杠杆，根据产业政策对现有投资的方向、结构、规模及税种和税率等进行调整，并不断地加以完善。

5.企业集团与金融部门的关系

企业集团成员企业之间若不以资金为纽带，则很难形成内聚力；企业集团的整体经济行为若没有整体的资金配置作保障，则其营运过程容易出现解体现象。因此，企业集团的发展需要金融组织的支持，金融组织作为集团的核心或支柱就十分必要。从国外企业集团的发展来看，企业集团的发展离不开金融机构的支持，尤其是大型企业集团都离不开银团的扶持，也正是金融资本和产业资本的相互融合和渗透推动着企业集团的发展。日本的大企业往往把一家实力雄厚的银行作为主要往来银行，并通过资本和派员参与监督管理等建立密切关系，而由往来银行相同的企业以银行为中心形成企业集团。在我国，尽管产业与金融业紧密结合形成企业集团还比较困难，但应努力创造条件促使企业集团加强同金融企业的联系，应努力打破银行信贷管理高度集中和高度区域化的格局，积极支持企业集团在银行单列户头，在银行申请贷款，并允许集团内部资金横向融通。为此，对条件成熟的企业集团，应允许其成立财务公司，其作为非银行的金融机构，接受中央银行的领导（这是一种企业集团与政府间的关系），而与各商业银行、政策性银行则形成了一种新的金融机构之间的同业关系，发挥其集团内部“融资中心”、对外“筹资窗口”、“信贷中心”和“结算中心”的作用。

在我国，目前金融单位入股参与集团经营的企业集团尚少，只是少数地区有一些专业银行少量投资入股参与集团某一成员企业经营或成为成员单位。由于受各种因素和条件的影响与制约，银行在我国企业集团发展中的特殊作用难以发挥，要真正实现产业资本和金融资本的结合，银行的功能必须扩充，必须对我国的金融体制实行进一步改革，要使商业银行真正成为独立决策的存款货币创造者和货币借给在微观层次上的行为主体，成为自主经营、自担风险、自负盈亏、自我约束的从事存贷业务的企业法人，尤其是允许其自主决定是否参与企业集团，这对于企业集团的发展，以及获取资金投入中的规模效益都将是至关重要的。

三、企业集团与行业组织的关系

在从计划经济体制向社会主义市场经济体制转变过程中，如何发挥行业协会、商会等行业组织的作用，从而在经济管理体制上实现从部门管理向行业管理的转变，是我国经济发展、经济体制改革尤其是企业集团管理所面临的一个迫切需要解决的问题。

行业组织是随着商品经济的发展而产生和发展起来的。它是同行业企业（包括企业集团）为了避免过度竞争，维护共同利益，进行自我协调、自我约束、相互促进，并向政府提出建议及反映共同要求而自发自愿组成的社会经济团体。在计划经济体制下，政府对企业（包括企业集团）实行分部门的直接管理，企业是政府部门的附属物，企业之间不存在竞争，因而也就不需要这种社会经济团体。随着经济体制的转换，适应社会主义市场经济体制的要求，政府不再直接管理企业和企业集团，必须从体制上割断与经济组织的行政“脐带”。因而，需要全面地评估市场经济运行中的主要参与者——行业协会、商会等行业组织。有了这个市场中介组织，政府才有可能摆脱大量的具体事务，提高管理层次，即管理的对象不再是具体的企业或企业群体，而是整个行业；管理的范围不再限于政府部门所属的国有企业，而是覆盖行业内部的各种所有制企业；管理的手段和方法不再是单纯的行政指令，而是一种主要通过制定经济发展战略、经济发展规划、产业政策，以及经济技术政策、标准、法规，建立经济预测预报系统，运用经济的、法律的手段和必要的行政手段，对全行业的发展积极进行引导、协调和服务，不断加强和完善宏观调控。企业和企业集团也可以通过行业协会等中介组织集中反映需要解决的重大问题，协调行业内部与外部的矛盾纠纷。同时，这些中介组织还可以在政府与企业、企业集团之间发挥桥梁和纽带作用，通过加强信息的聚集和反馈，把国家宏观经济调控目标、政策取向传导给企业和企业集团，把企业和企业集团的意见和要求转达给政府，并根据本行业的特点，制定行规行约，组织行检行评，开展联络、指导、培训、咨询等工作，对企业和企业集团的发展加以扶植和引导。

行业管理既属于宏观经济管理的范畴，又是宏观调控与微观经济活动之间的结合部。行业管理是否科学和富有成效，要由企业和企业集团的发展状况来评定。从企业集团来说，其影响大于许多单个企业，因而自身的发展更要力求符合行业发展的目标要求，同时要充分发挥主观能动性，施展经营才能，使行业管理建立在充满生机与活力的微观经济的基础上。

第七章　外国企业集团可资借鉴的经验

为适应我国市场经济发展和建立现代企业制度的需要，规范企业集团的组织和管理，以及使我国企业集团在发展过程中尽可能符合国际惯例，要学习国外先进的管理经验和做法，使我国企业集团的组建与发展少走弯路，健康发展。因此，借鉴国外企业集团的有益经验是十分必要的。

第一节　外国企业集团的类型及其在经济中的作用

一、外国企业集团的类型

研究外国企业集团的类型，要首先研究日本企业集团的类型。战后，日本以持续高速的经济增长，仅用了二三十年的时间就从一个后进的工业国跃居发达国家的前列。解开日本经济成功之谜，不能不研究日本企业特殊的结构和企业之间特殊的联系，这种特殊性集中反映在日本独特的企业集团上。日本企业集团在经济复兴、经济高速增长、经济结构调整和产业结构向高级化演进等几个阶段都发挥了骨干和先导作用。

在日本，对于“企业集团”的界定，经济界通常认为，企业集团是一种有着共同利益和特殊关系的企业群体，它是在成员企业自主经营和对等互惠的原则下结成的持久的经济联合和经营协作体制。经济界一般从形态上把日本企业集团分为以下两种类型。

1.以旧财阀和银行为中心的企业集团

它包括六大企业集团，可分为“三老”集团和“三新”集团，这仅仅是从历史渊源来区分的，其实它们形成的时间相差并不太远。“三老”集团，即三菱集团、三井集团、住友集团，是在旧财阀的基础上，于二战后重新聚结和合并形成的，这种企业集团与战前高度垄断财阀还是有很大不同的；“三新”集团，即富士集团、三和集团、第一劝业银行集团，是战后形成的新兴集团。一些企业为了在竞争与合并中生存发展，便通过系列贷款依存于大银行而聚集在一起，银行和成员企业互为大股东。与“三老”集团相比，“三新”集团由于没有战前的传统结构，因而也没有根深蒂固的集团意识和较强的向心力。这六大企业集团的主要特征有：一是规模巨大，实力颇强，成员较多，网罗了各个产业有代表性的巨型企业；二是成员企业间的关系是自主经营、平等交易，一部分成员企业相互持股，呈环状持股结构，但不一定是子公司对母公司的从属关系；三是以大银行为中心进行系列贷款，以大型综合商社为中心组成巨大的流通网络；四是由成员企业的社长组成社长会，这个社长会并不是一个严密的组织，不能干预企业的经营活动，主要就集团内重要情况相互通气和协调。经济界也称这类集团为水平式企业集团。

2.由巨型企业和关联公司组成的独立系企业集团

这类企业集团是在战后经济高速增长时期，重化工业日益发展的情况下，以某个特定领域的巨型企业为基础，联结众多大中小企业所形成的企业系列组织。其中，具有代表性的集团有钢铁产业的新日本制铁、住友金属，汽车产业的日产汽车和丰田汽车，家电产业的东芝和松下电器，电子产业的日立和日本电气，交通运输产业的日本航空和日本铁道，流通产业的大荣和八佰伴等。这类企业集团有以下特征。

第一，以某个产业当中规模巨大、实力雄厚的生产企业或流通企业为核心，组织结构呈母公司—子公司—关联公司的金字塔型。处于金字塔顶的企业为母公司，在制造业中多为组装企业；其下层为子公司，多为资本、技术密集型的较大型厂家，如发动机等主要部件的生产厂家，这些厂家具有一定程度的技术和开发能力，其零部件是自己设计的，其中的技术大多是母公司所没有的。母公司对这类子公司一般通过持股将其纳入自己的企业集团实行直接控制。再往下层为外承包企业，如生产汽车灯具、塑料制品等普通产品的工厂。其中，有些企业规模虽大，但不具备特殊的专门生产技术能力，缺乏与母公司联结的力量，母公司对这类企业则一般不投入大量资本和直接控制，而是通过外承包零部件生产的形式将其纳入企业集团中。至于金字塔构造的底层企业则为大批中小型企业，它们基本上是按照大企业设计的样品进行制造，加工零部件，实行配套生产。日本丰田汽车公司是典型的这类企业集团。其外承包企业又分为第一、二、三层，第一层有300多家企业，第二、三层约12000家企业。

第二，独立系企业集团企业间连接的手段与六大企业集团一样，以持股、人事派遣为基础，所不同的是，六大企业集团是以银行、商社为中心，管理人员相互派遣，股份相互持有的环形结构，而独立系企业集团则是上位企业向下位企业派遣人员和持股，形成纵向的金字塔型从属关系，金字塔上位的企业对下位企业具有完全的支配能力，也就是母公司实际操纵着子公司、关联公司的人事权等，其结合程度与六大企业集团相比更加紧密，是非常稳定的。外承包企业一般尽量保持与母公司的关系，如果这些企业能保证产品质量、价格和交货期，母公司也不会随便更换它们。根据日本公正交易委员会的调查，与母公司保持贸易关系5年以下的外承包企业不超过总数的10%。

第三，在六大企业集团之外从事独立的投资活动，不依赖大银行的系列贷款，在集团内部拥有自己的银行（如日立银行、松下银行等），也有自己的商社，从事内外贸易。

第四，集团成员之间有广泛而稳定的承包、订货、加工、销售等业务活动。经济界称这类集团为垂直式企业集团或纵向企业集团。

上述两类企业集团也有某种交叉，独立系企业集团一般是水平式企业集团（如六大企业集团）的成员之一，即属于某水平式企业集团，或者与某水平式企业集团有密切联系的同时，又保持自己的独立性。如作为独立系企业集团的日立公司，又分别是富士、三和、第一劝业银行集团的成员；日商岩井综合商社同时是三和、第一劝业银行集团的成员。这些独立系企业集团和水平式企业集团相互补充，密切关联，形成了遍布日本的蛛网式的企业结构。这种企业结构在形成非关税壁垒中扮演着重要角色，同时又使企业在国际市场竞争中具有很强的竞争力。在日本的国际贸易顺差中，企业集团生产的汽车、电器制品和半导体等高档消费品输出占有很大比重。

日本独立系企业集团（垂直式企业集团）在组织结构上与我国的企业集团比较接近，值得我们研究和借鉴。这类企业集团的优势主要表现为：第一，通过扩大纵向或垂直的经营网络，可以深入了解与掌握技术革新和市场供求变化状况及发展趋势。第二，可以将有关联的中小企业纳入集团内，充分发挥中小企业的优势，在更广阔的领域和更高层次上有效地利用人才、资金、技术、设备和信息等生产要素。第三，通过设立子公司、关联公司，可以达到快速决策，增强市场应变能力，降低生产成本，分散投资风险，积累特定领域的技术诀窍、专门人才和经营技能，提高企业整体竞争力之目的。如在日本的企业中，具有国际竞争力的大企业约占5%，其余95%的企业是不足300人的中小企业，日本大企业将中小企业吸收到集团中，增强了集团整体的竞争力。这是因为，一是利用中小企业的低工资。据统计，1990年的职工月工资，5～29人的小企业平均为24.5万日元，100～499人的中型企业平均为34.2万日元，500人以上的企业平均为44.4万日元。大企业将部分产品转让给中小企业生产，利用中小企业工资低这一优势，是创造“低成本、高质量”奇迹的一个诀窍。二是减少了资本的集中固定化。日本中小企业多数为劳动密集型，自动化程度和装备水平低。大企业利用这一特点，把劳动密集型产品的生产转让给中小企业，把资本密集型、技术(知识)密集型产品的生产集中到自己手中，从而减少了资本投入，避免了资金固定化，又提高了投入产出率。三是大企业提高了抗风险能力。在大企业的调控下，外承包企业(配套的中小企业)大幅度地降低成本和价格，其结果是大企业维持了低成本的国际竞争力，中小企业也受到了严格的锻炼，以及获取了稳定的销售渠道和资金调度等方面的好处。这样，日本企业就保持了整体上的国际竞争力。

二、企业集团在经济中的作用

外国企业集团在经济中的作用，可以从企业自身的生存与发展和国家两个层面来考察。从企业自身的生存与发展来看，外国企业集团的作用一般表现在五个方面：第一，依靠企业群体独具的优势，用较短的时间形成规模经济，迅速扩大市场占有率。在日本，1955年丰田汽车公司的汽车产量只有2.3万辆，到1965年已上升到48万辆，1992年已达400万辆，占全国汽车产量的31.5%，并成为世界最大的汽车制造企业集团之一。在韩国，1974～1978年，现代集团的系列公司由9家增至31家，三星集团由24家增至33家，乐喜集团由17家增至43家，大宇集团由10家增至35家。这些企业集团依靠雄厚的资本和人力，加上人工便宜，成本低廉，以规模经济与人海战术获得了价格优势。第二，依靠集团的力量可以从事大规模投资，引进先进技术以及依靠自身力量发展新技术，联合开发新产品，防止无效益的重复投资。第三，在企业集团内部，成员企业之间可以广泛交换情报，互通有无。第四，集团经营的多角化可以使涉足不同领域的经营相互补充，分担竞争风险,降低市场对单一产品需求发生变化而带来的不利影响。第五,依靠企业群体的优势可以帮助成员企业走出困境,提高成员企业的信誉度,等等。

从国家的角度看,外国企业集团日益显示出以下主要作用:第一,在一国经济中起着骨干作用。早在20世纪80年代初,韩国最大的10家企业集团占韩国国民生产总值的64%、出口的70%,并且居世界主要500家跨国公司之列,在世界经贸领域中崭露头角。大企业集团的对内垄断和对外向国际水平发展,成为韩国经济力量增长的重要源泉,也是韩国比许多发展中国家更具国际竞争力的主要原因。在日本,1989年六大企业集团的企业数(参加集团社长会的除金融机构以外的163家公司)仅占该国法人企业(金融机构除外)的0.008%,但其资本金占17.24%,总资产占13.54%,销售额占16.23%;如将这163家公司及其5817家子公司加起来,企业数占该国法人企业(金融机构除外)的0.3%,资本金、总资产和销售额分别占20.93%、17.68%、20.14%,而且所占比重呈上升趋势。九大综合商社进口额占该国的64.7%,出口额占36.6%,具有举足轻重的作用。第二,许多企业集团已成为国家新兴产业的先导,推动着产业结构不断向高级化演进。像松下、日立、丰田这样的企业集团已成为日本新兴产业的先导,推动日本产业结构向高级化转变。在韩国,大企业集团成为政府计划的忠实执行者,资源匮乏、资金短缺、劳动力素质低下等这些横亘在几乎所有发展中国家工业化道路上的困难被大企业集团与政府间的密切合作成功克服了。企业集团围绕每一个五年计划中的战略产业争先恐后涌入新领域,加快了新产业的成长。第三,企业集团吸收中小企业加入集团,在其内部实行广泛的专业化分工协作,扶持中小企业共同发展。如日本的住友金属向关联公司派管理人员,教授技术,传授管理经验,帮助进行设备更新,提高了中小企业的生产技术、管理水平、设备技术含量,带动了一大批中小企业的共同发展,就像无数细流一样,不是盲目地流淌,而是汇成几条大河,以强大的力量奔向大海,这就是日本人均劳动生产率虽然落后于欧美,但机械电子行业产品在国际上有较强竞争力的重要原因,并且缓和了日本经济"双重结构"的矛盾。第四,市场经济中存在着多层次的竞争,包括大企业之间的竞争、中小企业之间的竞争以及大企业与中小企业之间的竞争。以提高劳动生产率、降低成本、提高规模效益、扩大市场占有份额作为集团发展战略目标,加剧了各企业集团之间的竞争,这是一种更为激烈的竞争,对社会经济发展将产生较大的影响。第五,一国企业集团的兴起与发展能够很快形成与发达国家相抗衡的实力,增强其在国际市场上的竞争力，有力地推动出口。日、韩等国企业集团迅速发展，在国际市场上形成了较强的竞争力，并带动了各自国家外向型经济的发展，都为世人所瞩目。

第二节 外国企业集团的维系方式及领导体制

一、外国企业集团的维系方式

企业集团形成后，如何维系其发展，是每一家企业集团都面临的重大课题。纵观各国企业集团的发展过程，可以概括出以下四种维系企业集团发展的方式。

1.以持股为纽带维系企业集团的内聚力

这不同于一般的持股，而是集中度很高的集团内持股。以日本企业集团为例，集团内的法人持股有两种基本形式。一种是单向持股（又可称作纵向或垂直持股），往往采取集团内核心企业掌握所属子公司股份，子公司掌握连带公司、从属公司股份的形式，从而实现集团内部成员企业的系列化。另一种是表现日本股份制企业集团持股特征的相互持股形式，即在集团成员企业之间，A 公司持有 B、C 公司的股份，成为 B、C 公司的大股东；B 公司持有 A、C 公司的股份，成为 A、C 公司的大股东；C 公司持有 A、B 公司的股份，成为 A、B 公司的大股东。这样，在产权关系上表现为集团的全体成员既是所有者又是被所有者。如六大集团平均相互持股率为 21.6%。其中，三菱集团相互持股比例达 26.4%。三菱银行平均持有集团内各企业 3.72%的股份，包括三菱商事的 4.94%，东京海上火灾的 4.85%，三菱汽车的 4.52%，尼康相机的 4.77%，麒麟啤酒的4.45%，三菱重工的 3.62%，三菱电机的 3.17%，等等；而三菱银行的股份有 25.19%被集团内企业持有，包括明治生命持有 5.66%，东京海上火灾持有4.34%，三菱重工持有 3.02%，三菱商事持有1.73%，旭硝子持有 1.48%，三菱电机持有 1.41%，等等。三菱重工因在集团内拥有较多股份（拥有三菱汽车的 25.76%，三菱商事的 3.13%，三菱信托银行的 2.72%，尼康的 1.31%，等等）而成为集团核心企业之一。建立在法人相互持股基础上的日本企业集团发展较为成熟、规范，具有以下优势。

第一，集团成员之间相互持股，有利于企业集团的长期稳定发展。集团成员企业之间相互持股使各个成员既是所有者，又是被所有者，其他成员单位的利益同时也是自己的利益，其他成员单位的损失也是自己的损失，从而形成了“一荣俱荣，一损俱损”的命运共同体。因此，持股企业的着眼点不在于数额有限的红利，而在于集团内部成员企业之间建立稳固的分工协作关系，或者保持长期稳定的交易关系，以保证自己的投资安全运营和长期收益，从而使投资行为趋于长期化，也有效遏制了那种为追逐市场差价而频繁炒卖股票的投机行为，这也就保障了集团内部具有较强的稳定性。

第二，稳定的股东可以防止企业被包买和吞并。日本在 20 世纪 60 年代加入国际经济合作与发展组织，实行贸易自由化之后，为外商提供了自由包买股票的机会，企业也就存在着随时被包买和吞并的可能。但由于法人之间相互持股形成了稳定股东，相互持股的目的在于被持股企业的长期稳定发展，因而没有出现因分红率低或股票升值造成股票被大量抛售的现象，使集团外部的包买和吞并难以实现。

第三，法人相互持股使经营者阶层主宰企业，最终所有者被架空。由于集团内以法人股东为主体，法人股东之间又是一种交叉持股关系，股东的影响力因企业之间的相互依存而绝大部分被抵消。法人持股者之间通常达成默契，互不干涉，在股东大会上一般不反对公司的议案，实际上成了支持企业经营者的一种强大力量，也就弱化了被持股企业的经营者与最终所有者之间的联系，在企业经营上起关键作用的归根到底并非股东而是经营者，从而使经营者集团掌握企业集团的发展方向。

当然，日本股份制企业集团发展模式也有其缺陷，主要表现为：一是具有压低分红的倾向。法人相互持股，如果抬高分红则是彼此支付、相互抵消的，而得到的往往是个人股东，对法人企业来说，只是增加红利负担，得不到好处，因而容易产生压低分红的倾向。而且，经营者集团掌握着集团的控制权，这势必会侵蚀个人股东的权力和利益。二是法人相互持股在某种程度上限制了竞争。集团成员企业间相互持股，彼此间往往会相互给予利益，对集团外的企业实施差别贸易，进而导致市场的竞争范围缩小及竞争的不平等。

与日本股份制企业集团相比，美国股份制企业集团的稳定性较差。美国法律对法人企业的相互持股控制很严，这便使得集团的股权分散到个人投资者手中。在整个美国经济效益及成员企业经济效益不高，股票分红率低的情况下，势必刺激个人股东出售股票，进而影响企业集团稳定发展。在股份分散化的情况下，个人持股者和法人单位持股者均具有较强的获取投资收益的动机,因而,股东分红的较强压力和集团董事会至高无上的权力使得经营者对长期投资积极性不高,经营行为趋于短期化,导致集团缺乏长期发展的动力。但美国企业集团在运行中也有自己的优势,即具有较强的监督与制衡力量,集团的经济活动是在股东大会、董事会和监事会的控制下进行的,这使得集团内部的权力较为平衡,运行也具有较大的透明度。这是一种可借鉴的集团内部约束机制。另外,德国股份制企业集团的股权结构类似于日本,日本企业集团的优、缺点已部分地涵盖了德国的特点,但企业集团内部监事会权力极强是德国股份制企业集团的一大特点。德国股份制企业集团内部设置监事会,其监事由股东大会选举,并且多数由外来公司董事担任。监事会权力很大,它不仅监督企业集团的运行,而且还负责任免董事会成员,其权力超过美国企业集团中的外来董事。这为企业集团的经营提供了一支强有力的监督力量,保证了股东利益的实现。同时,由于在德国企业集团监事会中,职工监事和股东监事各占一半,如 1988 年德国 100 家大企业有 1496 名监事,其中职工代表占了 719 名,而且,德国较重视职工对企业管理的参与,职工在集团经营决策中有较大的发言权,因而,德国股份制企业集团呈现出社会市场经济体制的特色。总的来看,德国的职工参与体制也是值得我们借鉴的地方。

2.发挥金融机构的核心作用,使之成为联结成员企业的纽带

这一点在日本企业集团中表现得尤为突出。从六大集团的组织结构可以看出,银行和综合商社必不可少。其中,银行一直在企业集团中占主导地位,具有举足轻重的作用。金融系统法人股东占股东总数的 0.5%,却拥有上市股票的 44.7%,其中银行拥有 23%。20 世纪 80 年代后期,企业增发了数十万亿日元的股票,其中 2/3 被银行等金融机构所吸收,1990 年金融机构的持股率达到 45.2%。日本在十多年前修改了商法,对银行控股数量进行了限制,规定银行持有一企业股份限量从 10%降至 5%,但这并没有动摇银行仍是众多企业的主要股东的地位。银行的重要地位不仅表现为控股,而且还在于其具有较强的融资功能。大多数企业都各有自己的依托银行,从这个银行获取的贷款占借入总额的 20%~40%。六大企业集团各自更是依托某一大银行或依托于集团内银行,平均融资比例达 36%。因此,银行不仅是股东,而且还是债权人。当集团内某成员企业资金运营紧张时,银行可协调其他债权人,采取免除或推迟债务、紧急融资、派员支援等措施,而且还可向企业提供有关信息,扶持企业发展,从而增强企业集团的内聚力,促进企

业集团的协调发展。

3.集团内部相互派遣职员是联结成员企业的人事纽带

这在有些国家比较盛行。如日本企业集团内部的各成员企业之间相互派遣职员(包括社长、副社长、董事等),有的是短期“出向”(即企业把自己的职员派到有关企业短期任职),有的是长期任职。根据公正交易委员会提供的资料,有两种比例可以说明这种关系:一是接受董事的企业比例,即接受同一集团其他成员企业派来的董事的企业占成员企业总数的比重。如 1989 年,三菱集团接受董事的企业比例最高,达 96.55%,也就是说,几乎所有成员企业都有其他成员企业派来的董事;三井集团的比例最低,为 41.66%;六大企业集团平均为 62.26%。二是接受董事人数的比例,即接受同一集团其他成员企业派来的董事人数占成员企业董事总人数的比例。如 1989 年,三菱集团接受董事人数的比例最高,为 12.85%;三井集团最低,为 2.2%;六大集团平均为 6.34%。在职员派遣中,银行派职员去企业担任高级职务的现象相当普遍。在六大企业集团中,银行派人担任董事以上管理干部的企业达 60%以上。1992 年,新上任的 203 位总经理中,12%出身银行。

集团内相互派遣职员的原因有四个方面:企业间拥有相互持股的关系;有信贷关系;为消化暂时多余的劳动力;虽无资产或资金关系,但在生产经营方面有着密切的关系。相互派遣职员,不仅可以输送优秀的管理人才和技术人才,传授先进的管理经验和技术,而且还是成员企业之间相互联络、支援、加强管理和监督、互通信息的一种手段,是集团成员企业之间增强凝聚力的一种方式。

4.集团成员企业间长期相互交易是维系成员企业间凝聚力的重要纽带

在日本,根据公正交易委员会 1992 年的调查,六大企业集团(不含金融机构)内平均销售依存率为 7.3%,采购依存率为 8.1%;生产型企业对集团内销售依存率为 20%以上。集团内如此高的购销依存率,使得成员企业之间只能加强彼此的联系,而不能削弱或破坏这种联系。

随着银行作用的缓慢减弱,综合商社在集团中的核心地位日趋增强。日本综合商社已变成一个强大的机构,担负着日本的资源进口、产品出口、开拓国外市场的重任,促进了日本经济国际化、产业结构高级化,在日本经济高速增长中担任着重要角色。日本有九大综合商社闻名于世,包括伊藤忠商事、兼松、住友商事、东绵、日绵、日商岩井、丸红、三井物产、三菱商事。九大综合商社贸易额在日本贸易总额中占了 50%以上。尤其是日本企业大举投资海外之际，综合商社凭借完整而敏锐的信息系统，为企业集团决策提供了重要依据。很多日本企业集团的对外大型投资项目，都是由大型综合商社协调并参股进行的。

二、外国企业集团的领导体制

各国的政治、经济、文化、历史等因素的差异使得各国企业集团领导体制形成了不同的模式。概括说来，有以下四种主要的企业集团领导体制。

1.以混合控股公司为核心的企业集团领导体制

以混合控股公司为核心的企业集团通常是以某一行业的某家有发展前途的企业为核心组建而成的。当这一企业发展到一定阶段，由于某种需要而通过合并、控股、参股或独资设立一批企业，并通过专业化分工协作关系确立一些关联企业，从而形成了企业集团。在这样的企业集团中，核心企业通过它掌握的股权决定它对其他企业的领导地位，发挥主导或支配作用。对于由核心企业独资设立的企业，核心企业对其拥有完全的控制权；对于由核心企业控股的企业，核心企业可以通过其控股权控制该企业；对于由核心企业参股的企业，核心企业则可以通过该企业的董事会来影响其经营决策活动。以混合控股公司为核心的企业集团自身没有领导管理机构，整个集团活动都由核心企业的领导管理机构组织、规划、指挥与协调等。

核心企业作为经济组织，不仅自身具有许多生产经营业务，而且还要依靠控股权对所属的紧密层企业、半紧密层企业进行管理，控制和协调整个集团的运营。这就要求企业集团的领导体制必须符合集团组织运行的规律。直线制企业领导体制，虽然具有机构简化、权力集中、命令统一、决策迅速等优点，但缺点是没有专业的职能机构和人员当领导的助手，一旦生产规模扩大，产品结构复杂，企业领导势必顾此失彼，难于应付，导致管理工作效率低、失误多，很难保证管理的合理化。即使直线职能制的企业领导体制摒弃了直线制管理粗放的缺点，但它过多地强调纵向垂直，不太注意横向沟通、协调，也容易导致决策迟缓，影响管理效率。因此，这两种企业领导体制只适合于中小企业。对于企业集团而言，其内部成员企业的管理已变得十分复杂，而且一系列子公司、孙公司、关联公司的存在更使管理幅度加宽，这就使原有的那种高层决策者直接管理企业生产经营活动的领导体制难以适应集团发展的需要，而应采用“公司最高决策机构—事业部（分公司）—工厂”这一事业部制的领导体制，形成投资中心、利润中心和成本中心等管理层次。公司最高决策层是投资中心(即资产经营中心),它只管大政方针,集团整体或成员企业(主要指控股子公司)的产权管理和投资事宜均由其负责;事业部、分公司、子公司是利润中心,其主要职责是管理日常生产经营活动;工厂是成本中心,是纯粹的产品生产者。这样就可以把企业集团的最高层领导者从繁杂的企业管理事务中解脱出来,集中精力研究有关集团发展的大事,作好战略决策和长远发展规划,协调整个集团的工作,同时调动下层的积极性。世界各国采用这一领导体制的企业集团较为普遍。如美国通用汽车公司实行的是典型的事业部制领导体制。这一领导体制把公司的任务分为两类,即决策任务和执行任务。董事会是公司的决策机构,设立两个委员会,即财务委员会和执行委员会。执行委员会负责对公司活动的业务经营方面的监督,而财务委员会则拥有对公司财务工作人员的总控制。同时,把直线领导部门分成公司总管理处(或称总公司)、各事业部(分公司)以及各个工厂三级。总公司对各个事业部(分公司)的财务、生产技术和生产计划进行控制,公司的生产经营活动按不同产品或地区划分为各个事业部,这些部门都是独立经营、单独核算的单位。事业部下属有若干工厂和研究单位,负责生产研制工作。可以说,这一领导体制适用于规模较大、技术比较复杂和市场广阔多变的企业集团。

2.多核心企业集团的领导体制

多核心企业集团以日本的六大企业集团最具有典型性。这些企业集团是由金融机构、企业、个人和外商等组成,其中有一些经济实力很强、历史渊源很深的大企业通过相互之间持股(包括环状持股和垂直式持股两种主要方式)形成错综复杂的股权关系。由于其成员企业大多规模较大,很难有一个成为独一无二的核心企业,而使其他企业在它的领导下,因此,在各大企业联合组建企业集团时,一般都成立"总经理会"这种组织机构。参加"总经理会"的企业为集团的正式会员,没能参加"总经理会"的企业为准会员。总经理们每月聚会一次,协调集团内部事务。由于集团内相互持股,"总经理会"在某种意义上可以说是企业集团的董事会。企业法人代表是"代表董事",如经理、副经理、专务董事、常务董事可以同时都是"代表董事"。他们在代表本企业出席持股对象企业的股东大会时,可以自主行动,无须征询本企业股东意见。像这样的企业法人代表,对被持股的企业来说,他们虽然来自所有者,但转化成为一个经营者集团。由于有这样一个来自法人大股东的经营者集团的存在,被持股企业的经营者同最终所有者的直接联系就被隔断了。也就是说,在相互持股的条件下,在一定意义上说,作为最终所有者的股东被架空了,在企业经营上起关键作用的并非股东而是经营者。而且由于集团内企业之间关系密切,任何一家企业的利弊得失都将影响到其他企业的利益,因此,总经理会拥有一定的权力,从某种意义上说,拥有相当大的权力,不仅是企业集团的最高联络机构,同时还具有最高决策机构的性质。一般来说,总经理会主要有以下三个方面的权力:第一,在调节集团企业之间的作用方面,协调内部企业的合并,组成共同投资公司并向某一领域投资;第二,决定各大企业首脑的人选问题;第三,协调对外关系。如由总经理会讨论确定经济上调整同其他集团及其他大企业之间的关系,或企图兼并或控制集团外企业,以及与财界、政界的关系,兴办社会事业等问题。另外,这些企业集团还有其他形式的协调组织,比如商标委员会就是由集团内大企业的总务部长组成的。

3.纯粹控股企业集团的领导体制

纯粹控股企业集团的核心企业是纯粹控股公司,它通过收买其他公司的股票、债券等有价证券的方式向其他公司投资入股,从而控制一批公司,形成企业集团。由于集团内核心企业与其他成员企业之间是通过控股等关系形成的联系,因而核心企业与其他企业之间是母、子公司关系,核心企业控制各子公司。纯粹控股企业集团一般没有集团自身的领导机构,而是由控股公司(核心企业)的领导机构负责管理整个集团的工作。纯粹控股公司不从事其他的实际生产经营活动,仅仅从事资产投资经营,因而它的领导机构不庞杂,其工作也比较单纯。如以国家控股公司为核心组成的企业集团,其领导体制就属此类。

4.以家族为核心的企业集团的领导体制

以家族为核心的企业集团是以家族投资为基础而形成的。企业集团是以家族为联结纽带的,家族尽管不是核心企业,但可以被看作企业集团的核心,这个核心通过它在各企业拥有的股权而对企业进行控制。这类企业集团的领导机构通常是家族,由家族成员分别担任各企业的董事长或总经理等重要领导职务,企业集团的领导机构也类似于一个"总经理会"。当然,在这个"总经理会"中,成员之间并不具有平等地位,家长是最高决策者。如韩国的现代集团,其创业者郑周永的家族是集团最大的经营决策力量,家族成员在集团内占统治地位。现代洋行的总经理郑仁永、现代水泥公司的总经理郑顺永、现代汽车公司的总经理郑世永、现代金刚石公司的总经理郑相永等人都是郑周永的弟弟;郑周永有 4 个儿子和 1 个女婿,分别是仁川制铁公司、现代钢管公司、金刚开发公司、韩国铺装道路建设公司和亚细亚商船公司的总经理,最小的儿子也在现代建设公司担任领导职务。再如,韩国乐喜金星集团的最高领导层是由乐喜金星的创始人具仁会的家族和许准九的家族构成的。两家自 1945 年合资兴建朝鲜兴业社以来,一直共事至今,可以说,乐喜金星集团是具、许两家的联合体。由于这类企业集团是以家族血缘关系维系的,所以并不很稳固。

第三节　外国企业集团的规模经营问题

一、企业集团规模与经济效益的关系

规模经济问题是研究企业集团不容忽视的重要课题,实际上企业集团的形成与发展在很大程度上就是出于追求规模经济的动机。企业集团只有达到一定的规模,才能获得较高的规模经济效益,但也不是规模越大越好。规模同经济效益之间的关系,在一定的条件下呈现规模经济效益递增、规模经济效益恒定和规模经济效益递减三个阶段。也就是说,要获取较高的经济效益,就必须保持合理的经济规模。这从外国企业集团、巨型公司的情况就可以得到说明。

在日本,1958～1962 年,平均国民生产总值增长率为 16.05%,同期全产业利润年均递增 22.95%。在不同经济规模的企业中,利润增长幅度最大的为 200 万～499 万日元的企业,年均增长率为 51.16%;500 万～999 万日元的企业,年均增长率为 33.08%;5000 万～1 亿日元的企业,年均增长率为 27.65%;1 亿日元以上的企业,年均增长率为 24.76%;1000 万～4999 万日元的企业,年均增长率为 16.94%。在这 5 种不同规模的企业中,规模最大的企业的利润增长率却倒数第二。从六大企业集团的情况看,1951～1970 年,六大企业集团核心企业的总资本纯利润率、总资本营业利润率均大幅度下降,只有自有资本纯利润率一项指标在 1960 年和 1970 年两次出现反弹,而这段时间正是日本经济恢复和高速发展时期,企业集团利润的绝对值有长足的增长。1958～1970 年,在经常利润方面,富士集团增长了 28.65 倍,三和集团增长了 26.01 倍,三井集团增长了 19.94 倍,住友集团增长了 10.88 倍,第一劝业银行集团增长了 10.45 倍,三菱集团增长了 8.22 倍,但同时利润率连续下

跌，这表明规模和效益并未同步增长。1990 年，日本总资产经常利润率、销售额经常利润率以及股东经常利润率等较多反映效益的利润指标的 20 名最佳企业中几乎没有企业集团的名字。但经常利润这项更多反映企业规模优势的指标的 20 名最佳企业中，有 12 家企业集团榜上有名。这既表明规模和效益并非简单地成正比，又证明了规模与利润的增长确实有着密切的关系。

从当今世界巨型公司的发展状况看，一些曾经叱咤风云、独占鳌头的巨型公司正在趋向衰落，这其中有深刻的原因。公司规模过度膨胀会带来负面效应，庞大的运转费用、传统的垂直式组织结构、拒绝变革的傲慢与惰性等都严重困扰着巨型公司。而且，仅靠扩大单一产品生产规模而降低成本从而赢得竞争优势的时代正在逝去。以美国通用汽车公司为例，该公司是美国也是世界最大的工业公司，1991 年销售额为 1237.8 亿美元，总资产为 1802.36 亿美元，雇用职工 69.1 万人，都居美国第 1 位。目前，美国国内有 3 万多家中小公司为该公司提供原料、零部件和各种工艺流程，这些公司都是在通用汽车公司直接控制下进行生产的，实际上是“通用”的分支机构。庞大的雇员队伍，仅工资一项每年至少开支 22.5 亿美元。1991 年，该公司亏损 4 亿多美元。因此，公司不得不抛出股票以及银行举贷、筹款 5 亿美元，来弥补营运经费的不足。巨额的营运费用严重困扰着巨型公司（企业集团）的发展。在经营状况良好时，它大大地占据公司经营资金，使公司用于再投资和基础研究的费用相对减少；而在经营状况不佳时，这笔费用就成为一项巨大的负担。同时，巨型公司存在着拒绝变革的傲慢与惰性，这也是困扰其发展的一个严重问题。如通用汽车公司在 70 多年间一直在沿用现代企业管理的先驱阿尔费德·斯伦于 1919 年为公司制定的一整套公司组织结构的运行法规，未能根据现代市场经济多变的要求进行必要的改革与完善，结果使其在美国汽车市场所占份额从 20 世纪 60 年代初期的 52%下降到今日的 35%。另外，庞大的组织机构，尤其是传统的垂直式组织结构，容易使巨型公司产生机构臃肿、效率低下、信息传递缓慢与失真等弊端。由此可见，巨型公司或企业集团要想获取较高的规模经济效益，就必须努力建立一个精干而尽可能小的管理机构，尽可能避免采用垂直式组织管理结构，在多角化经营中不能忽视集中生产关键产品，更重要的是实行“集中管理与分权经营相结合”，实行“经营责任制”，这是对付“大企业病”的一剂“新药”。韩国企业集团在这方面作了积极探索，有些经验确实有新意。如企业集团把所属部门看作是一家家小公司，承认其独立经营地位。按各个小公司的实际需要以贷款形式向其提供经营资金，让其独立经营。经营状况良好则允许其继续扩大经营；经营不佳则以抽回或停供资金、限制增员等办法，分阶段地实施“制裁”，并限期改善经营状况。若不能按期扭亏为盈，就果断让其“破产”，实行内部裁撤，对人员和资金进行重新组合；同时，大刀阔斧地裁撤不必要的机构，精简行政管理人员，充实生产经营第一线。三星集团两年来以出售和合并方式处理了 14 家所属企业，将 40％的管理人员裁减下来送往生产经营第一线。

二、在规模经营中树立“以质量为核心”的新观念

许多国家的企业集团在发展规模经营过程中普遍重视质量问题。如韩国企业集团在经营方针上的最深刻变化就是重视摆脱“数量扩张型”的旧模式，树立“以质量为核心”的新观念。从 1994 年开始，韩国企业集团一改过去的惯例，在新年业务报告中不再把销售额等数量指标作为企业经营计划的核心内容。三星集团强调要“实践以质量为核心的经营方针”，现代集团明确宣布 1994 年为“质量型增长元年”，LG 集团则提出“为顾客创造价值”的口号，各企业集团都把“质量型经营”提上了日程，摆到了集团经营中的重要位置。企业集团如此重视质量问题的动机是十分清楚的，那就是企业的生存和发展取决于市场，市场的大小取决于顾客，而能否拥有顾客则取决于企业能否提供高质量的产品和一流的服务。因此，走“质量型经营”道路是企业的必由之路。

韩国企业集团明确把“质量型经营”的新观念放在第一位。为此，首先是企业集团引入了全公司质量管理制度。该制度包括经营领导人推动、普及质量管理教育、建立严密的质量监督体系及动员全公司参与等内容。由于这一制度执行效果明显，采用的企业越来越多。据统计，目前已有 42％的大企业建立了专门组织机构推行这一制度，其中 22.4％的企业取得了满意的效果。不少企业在实行全面质量管理的基础上，抓住重点环节，建立质量管理责任制。其次是改革考核制度，将质量、顾客满意度及研究开发等质量性指标作为业绩考核的主要指标，而把产品销售额等数量性指标作为参考，从而促使企业员工树立质量意识。再次是企业集团主要管理者具有较强的质量意识，并身体力行。不少企业集团的主要管理者深入生产第一线，亲自督导，推动“质量革新”。如大宇集团董事长金宇中坚持推行三阶段质量管

理方法，在仅仅两年中就使不合格率下降了65%，并在汽车厂安营扎寨，从零部件生产、整车组装到汽车出库，都亲自检查。最后是抓质量经营教育。企业集团在开办高级经营干部培训班时，把“21世纪的新质量经营战略”作为基本课程；即使以中层企业领导和公司职员为对象的业务培训班，也把“质量管理”列为主要的内容。通过不断教育，质量意识深入人心，“以质量为核心”变成了集团内上上下下牢固的生产经营信条。“质量型经营”已成为企业集团新经营战略的主旋律，它与规模经营的有效结合必将对国家未来产业和经济的发展产生深远的影响。

三、推动企业集团的国际化经营

企业集团形成一定规模后，都会自觉或不自觉地由国内竞争转向国际竞争。但近年来，许多外国企业集团对国际化经营有了更新的认识，认为随着乌拉圭回合谈判达成协议和世界贸易组织的成立，当今世界进入了“无国境竞争时代”，“国际化”的含义也随之发生了变化。以往把商品推向国际市场，在国外设厂和成立公司即可称为国际化经营，而现在“国际化”已经超出了单纯进入国际市场的范畴，它意味着生产、科技开发、销售、服务等所有经济活动普遍实现“当地化”，并且在技术、质量、管理、服务等各方面都能达到同世界一流企业竞争的水平。衡量国际化的标准不再是个别商品的销售额，而是在国际市场上是否具有综合竞争力。国际化经营的目的则是适应全球的需求和追求全球范围内的利润最大化。当前国际化经营已成为许多国家企业集团发展的新潮流。以日本为例，据日本通产省的报告，到1989年日本已有近万家公司在国外兴办企业。另据日本国民经济研究协会预测，1985～1995年，日本企业集团在各行业的国际化比率（国际化比率为：海外当地生产规模/总生产规模）分别增长4～25个百分点。其中，家用电器行业增长最多为25个百分点，合成纤维行业为20个百分点，汽车业为17个百分点，增长最慢的机床行业也达到4个百分点。日本企业集团的国际化经营在20世纪80年代中期以后的迅速崛起，从根本上说是适应了生产国际化的客观要求。具体地说，主要是以下三方面相互作用的结果。

第一，是为缓解贸易摩擦、开拓海外市场所采取的重大举措。20世纪80年代中期以后，随着日本经济实力的增强和企业竞争力的提高，日本的贸易收支和经常收支连年顺差，而欧美国家对日本的贸易赤字却连年增加。这种国际贸易收支的严重失衡导致日美、日欧贸易摩擦日益激化，贸易保护主义不断加强。这对于国内资源贫乏以及对世界市场依赖程度极高的日本极为不利。因此，日本力图通过扩大跨国企业集团对海外的直接投资，减少或替代国内商品的直接出口，以绕过某些贸易壁垒，并缓解同欧美国家的贸易摩擦。

第二，世界经济区域集团化日趋加强的推动作用。20 世纪 80 年代中期以来，世界经济区域集团化趋势日益明显。如 1985 年欧洲共同体开始建设统一大市场，1992 年底已基本形成；美国、加拿大、墨西哥于 1992 年正式签订《建立北美自由贸易协定》，贸易区的建设进展迅速，各国间正加速降低关税和贸易壁垒，放宽相互投资的限制，并决定将自由贸易区扩大到整个北美洲；亚太地区经济合作向组织化发展，次区域性经济集团或“经济圈”纷纷涌现，除“东盟”已决定从 1993 年 1 月 1 日起的 15 年内建立东盟自由贸易区外，东北亚经济圈、湄公河流域经济圈等正在发展；其他地区各种不同形式的经济合作组织和联盟也在积极酝酿和构建之中。区域集团化既是世界局势缓和及冷战结束后经济矛盾突出和竞争加剧的表现，是生产力发展的客观要求，又是世界经济一体化、国际化的过渡形式和必然阶段。针对此种状况，日本在没有实施集团化战略的情况下，继续推行经济国际化战略，不断增加对外直接投资，促使日本跨国企业集团迅速打入欧洲共同体、北美自由贸易区或“经济圈”，以此作为日本经济适应世界经济区域集团化趋势的一项重要措施。

第三，日本经济实力的增强以及政府的大力扶持。20 世纪 80 年代中期以后，日本经济保持较高的增长率，经济实力不断增强，因而，日本自然要求对外经济扩张和争夺世界市场，为其“过剩资本”寻求出路。与此同时，日本政府不失时机地提出了“日本国际化”战略，对海外直接投资采取了一系列鼓励、资助和扶植政策措施，如对海外投资给予税收优惠、建立海外投资保险制度等，从而为日本企业集团扩大对外直接投资提供了有力的保障。

许多外国企业集团在开展跨国经营，开拓国际市场，以及向更高阶段的国际化过渡方面积累了一些经验。其大致可概括为以下几个方面。

（一）国际化经营的组建模式

1.独家企业集团的国际化经营

它指的是对汇率变动、贸易摩擦等国际环境变化有极强适应能力的经营方式，可以在全世界设置生产厂点，能在任何时间、任何地点组织生产和销售。其标志为：一国的总公司变为世界范围的总公司，在世界范围内实行国际分工，建构国际信息通信网络，创建世界范围的研究开发体制。如日本企业集团独家进行的国际化经营，具有这样几个特点：第一，在世界范围形成自己的网络体系。日本丰田公司通过四个网络来开拓国际市场、发展国际化经营。一是建立海外生产网络。丰田公司在20个国家建立了30家工厂，从事丰田车的装配，海外年生产汽车90多万辆。二是建立海外销售网络。1980年以来，丰田公司汽车出口量都占生产量的一半以上，近年来比例有所下降，但仍有36%的汽车出口，年出口约170万辆。如此大量出口主要靠分布在150个国家的7200个销售网点。三是建立售后服务网络。为了让消费者满意，丰田公司在世界许多地方设立维修服务网点及维修保养技术培训中心。四是设立情报网络，包括海外生产子公司和联营企业、海外办事处、海外技术培训中心、海外销售网点及海外售后服务网点等都是情报网的组成部分。通过这些情报网点，获取公司开展国际化经营所必需的有关信息资料。第二，设立区域统管公司。日本许多企业集团正在加紧推行"全球四总社制"，即除在国内保留总公司外，还在西欧、北美、亚洲建立独资的区域统管公司，下设若干家生产子公司、销售子公司、技术开发研究所、金融子公司及零部件采购中心等。如佳能公司在本社成立了以总经理为委员长的"佳能全球化系统推进委员会"，在美国、欧洲分别成立了地区统管公司，弱化了事业部职能，加强了地区决策职能，从而使佳能公司的海外生产比例不断扩大，1987年为12%～13%，1988年为17%～18%，1989年为20%，预计2000年将达到60%。第三，总公司对各区域统管公司的生产经营实施战略性的指导，使其产、供、销紧密衔接，并促进最新科技成果迅速转化为生产力。同时，各区域统管公司实行一元化领导和自主经营。如统一指挥、协调所属子公司的技术开发、采购、产品生产，以及内外销售等，使各子公司的供、产、销和技术开发统合成有机整体，形成一个相互配合的地域跨国生产网。在具体经营上，则实行分权管理的方式，如在资金的筹措与运用上，可自主决定和自主经营。第四，在国内总公司和各区域统管公司之间，通过国际信息通信网络连接起来，形成综合信息和服务系统，以便互相采购零部件、产品和交流技术信息等。

2.发展与国外企业的合作关系

与国外企业合作的经营模式，在许多国家都不乏其例。在韩国，企业集团为实现向更高阶段的国际化过渡，十分重视同世界一流企业建立"战略性合作关系"，这不仅因为它是实现企业国际化经营和迅速提高本国企业技术竞争力的捷径，而且因为目前经济发达国家之间在建立横向“企业同盟”方面已远远走在前面。20世纪80年代发达国家企业之间的重要合作项目总计达到4182个，而韩国还不到20个。为摆脱落后局面，韩国企业集团决定从全新的国际化观念出发，即使同“宿敌”，也要携手合作。在日本，这一经营模式主要体现在企业集团与欧洲、北美、亚洲等国家和地区的企业建立合资公司，联合开发和生产新产品，并充分利用当地企业的销售网络。其主要特点是：第一，企业集团通过与国外企业合作，加强当地生产、开发和销售新产品，把合作企业作为国际化经营的一个据点。第二，通过国际信息网络来收集、整理和传递信息，有助于提高决策的效率和精确程度，还可以确立企业在世界范围的相互依存体制，把各合作企业联结起来，相互提供产品、零部件和协作开展技术开发。第三，实现扬长避短，克服某些企业集团在海外投资的同时所存在的生产能力有限、缺乏足够的销售网、产品对当地市场的适应性较弱等缺陷，借助国外企业共同发展。第四，通过合作实现区域分工。这种区域分工模式，一是表现在开展合作过程中，日本企业集团将低价格的成熟产品（如电饭锅、电风扇、电子计算器等）、大部分普及型产品及一些中档产品（如半导体、彩色电视机、轴承、汽车音响、通用冲压设备及精密机械、加工工序等）转移到亚洲其他国家和地区（主要是新兴工业国家和地区）；二是表现为日本企业集团从国外的合作企业采购零部件及半成品，然后在日本组装，向世界各国出口，有效地提高了产品的价格竞争力。如日本汽车公司在泰国的分公司为向其他国家出口汽车，在组装所需的零部件中，3%是从泰国采购的，车门从马来西亚购买，变速箱从菲律宾采购，发动机来自日本国内。这种择优选购，相互协作，对降低产品成本，取得整体规模效益都将产生明显的作用。

3.拉开产品档次，做到人无我有

采用这种模式的企业集团，通常是属于科技开发型或掌握专有技术的企业集团。其特点是不发展海外合作伙伴，主要通过开发、研制专有技术产品或拉开产品档次的差距，向海外提供其他国家和地区无法提供的产品。

（二）促进国际化经营的对策措施

国际化经营是当今世界经济发展的重要特征。许多外国企业集团为开拓国际市场，发展国际化经营，都在积极探索对策措施，已总结了许多值得借鉴的成功经验。

1.重视市场调查与创新

在市场经济条件下，任何企业集团的生产经营活动都必须以市场为导向。而开拓国际市场就必须了解国际市场，如日本企业集团就把“事先调查”作为开拓国际市场的成功经验之一。他们有句俗话：“不是生产出去，而是向市场引进。”只有进行市场调查并创造新的市场需求，才有利于开拓市场。进行市场调查，就需要对预定在当地生产的产品需求、未来市场占有率、不同年度销售额及利润进行预测，对投资回收期作定量分析，对国家风险和业务风险作出预测，并在事先调查的基础上对项目作出客观的评价和正确的决策，等等。通过市场调研，发现被人忽视的开拓潜在市场的机遇。日本企业集团在重视市场调研的同时，还十分重视创造新的市场需求，将市场的潜在需求视为不可多得的良机，一旦抓住就绝不放过，并在短期内开发出新产品，抢先占领市场。

2.不断调整国际化经营区位战略

第二次世界大战以后，许多外国企业集团尤其是发达国家的企业集团，对外直接投资的区域配置发生了显著变化，投资的地区分布由初期的重点在发展中国家，或发达国家与发展中国家并重，逐步演变为以发达国家为主。如韩国对外直接投资始于1968年，直到20世纪80年代中期，企业跨国经营都还是以亚洲发展中国家为主，其目的是获取资源和利用当地廉价劳动力。20世纪80年代中期以后，对外直接投资的地区流向以及产业分布均发生了巨大变化。在地区流向上以亚洲、欧美并重。美国、日本等发达国家企业集团的投资重点，先后从第二次世界大战后初期的发展中国家逐渐转移到发达国家。但在具体国家和地区分布上又有不同，如日本倾向于北美，美国则集中于欧洲。日本对外直接投资倾向于北美，首先是为了迎接北美区域集团化的严峻挑战，并力图缓和美、日日益加剧的贸易摩擦，巩固和扩大其在美国的市场；其次，美国政府鼓励外来直接投资，有较好的投资环境，并且美国的先进技术和科研成果对日本投资者颇具吸引力。美国则认为，经济高度发达的欧洲统一大市场在未来世界中的地位日益重要。在欧洲直接投资既可以绕过贸易壁垒使产品直接进入当地市场，又可以利用当地高素质及相对便宜的劳动力，而且，西欧文化背景与美国相似，投资风险小。此外，亚太地区日益成为日、美等发达国家对外投资的“热点”。1988年，在发达国家对发展中国家的直接投资中，59％流向了亚太地区，其中40％集中于亚洲“四小龙”和东盟。从发展趋势看，这一地区将进一步成为吸收外来直接投资最快的地区之一。

3.以“名、优、新”产品打入国际市场

发展“名、优、新”产品是许多外国企业集团打入国际市场，发展国际化经营的关键措施之一。日本在第二次世界大战后通过对国内产业结构的不断优化，并以先进的科技为条件，在不同时期研制出不同的名牌优质产品，如20世纪50年代的电机、船舶产品，20世纪60年代以后的汽车、摩托车、家用电器、计算机、石油化工产品等。这些产品的开发与批量生产，对日本企业集团打入国际市场起了重要作用。以丰田汽车公司的皇冠牌轿车为例，公司从1961年开始研制皇冠牌车种，并对该车的发动机、车身等进行过多次革新改造，终于使该车成为丰田的主力名牌轿车之一。从1969年起，在日本单一车种的国内销售量中，该车种连续多年居于首位。同期，在国外除个别年份外，该车年产量在世界15家大汽车公司中一直名列第一，至今仍是国际市场上的畅销车之一。不仅如此，日本企业集团还十分重视不断创新，以新制胜。如日本精工企业集团根据顾客心理创造新的消费需求，于1969年研制出了世界上第一块指针式电子石英手表，并在1973年又推出液晶式数字显示电子石英表，从根本上打破了200多年来机械表一统天下的局面，为日本争夺世界钟表市场奠定了基础。目前，集团又推出了太阳能电池表，不仅表体薄、功能多、数字显示时间，而且年误差只有3秒钟。这些产品在国际市场上极为畅销。日本企业集团利用名、优、新产品占领国际市场，主要是因为这些产品多为高新技术普及型产品，填补了世界生产和市场的空位，满足了众多国家的市场需要。发展中国家由于受技术条件和生产能力的限制，研制这类产品还存在许多困难；而欧、美等发达国家，或因重视尖端技术和军工技术而忽视高新技术普及型产品的生产，或因劳动力成本等原因在产品质量和价格竞争力上与日本尚有差距，最终导致日本企业集团的高新技术普及型产品能风靡世界。

巴西航空工业从无到有，从小到大，开展国际化经营，也是以“新”取胜，以“优”取胜。20世纪60年代巴西航空工业还几乎是一片空白，20世纪60年代末开始组建巴西航空工业公司，抓住西方传统航空工业大国一般都重点研究和发展大型、特大型民用客机及设备先进的军用飞机，而对普通小型飞机的投入较少、生产能力相对薄弱这一机遇，集中优势力量，包括众多企业的合作，政府在财政拨款、税收优惠（对出口飞机免征工业产品税和商品流通税，凡购买巴西航空工业公司一定数额股票的法人可享受减免1%所得税的优惠等)、与外国签订“航空产品特许双边条约”、金融等方面的扶持，以及成立一批专门培养航空工业人才的高等院校和科研单位，与国外有关机构进行合作研究与开发，吸收国外先进技术等，发展各种型号的普通小型飞机。在巴西航空工业公司成立后的短短5年中，巴西就生产出了滑翔机、农用机、军用教练机、小型客机等，从一个飞机进口大国发展成为能向拉美出售少量飞机的国家。20世纪80年代中期，巴西在吸收外国先进技术的基础上，自行设计和生产的小型客机，无论在外观上，还是在性能上都达到了国际先进水平，被国际航空界公认为“新一代的航空产品”。截至1992年，巴西已累计设计生产13种型号的飞机5000多架，其中约1/3的产品用于出口。据有关资料，目前，巴西国产飞机的国外用户已遍及五大洲45个国家和地区。

4.采取多种方式开拓国际市场

外国企业集团重视通过多种方式拓展国际化经营，收到了良好的效果。如日本企业集团在开展跨国经营时，改变了传统的拥有控股权的办法，而以拥有少数股权为主，并较多地采用合资、合作经营等方式。据统计，到1970年底，日本企业集团的海外子公司约有75%为合资企业，并且少数拥有股权。通过合资、合作经营，以应用灵活协调的生产、销售网络，动员一切能够利用的资源和能力来创造市场机会，保持自己的竞争力。如松下公司与德国西门子公司联合成立“西门子-松下公司”，合作开发、生产和销售电子元件。正是凭借西门子公司的实力，松下公司在欧洲市场打开了局面。少数拥有股权的投资经营行为通常表现为合作经营、产销联营、生产协作、转包合同、许可证协议、补偿贸易及交钥匙工程等。进入20世纪80年代中后期，日本企业集团的海外企业呈现出当地化发展趋势，即日本企业在海外当地牢固扎根，实现人才的当地化，培养当地人才，逐步实现当地人员进行经营管理；实现经营方式和经营手段的当地化，如转让质量管理技术等；实现业务的当地化，提高当地的国产化率，以此为当地社会所承认并给社会带来好处。采取这种集团的海外企业当地化做法是“贸易摩擦回避型”的投资，这也成为开拓国际市场的一种新形式。

总之，分析和研究各国企业集团成功的国际化经营战略与模式，对我国企业集团组织、发展跨国经营有着积极的启迪意义。

第四节　外国政府对企业集团的调控

一、政策调控

从表面看来，各市场经济国家没有直接干预企业的经营活动，也没有直接针对企业集团的特别政策，但实际上政府对企业集团是有制约的。

许多市场经济国家制定和实施产业倾斜政策，鼓励企业合并，鼓励集团化。在20世纪五六十年代，日本政府为了加快产业结构的调整，曾制定过一系列的产业合理化法规，如《企业合理化促进法》(1952年)、钢铁工业三次合理化计划(1951年、1956年、1961年)、《机械工业振兴法》(1962年)；对需要振兴的特定产业实施倾斜政策，如日本政府制定了以重化工业为主导产业的产业政策，一方面，对其扶植的这一产业采取金融优惠措施，提供大量贷款，促进它们的发展，同时对工业投资，一般实行低利率政策，对要求迅速发展的部门则采取特别利率，如对电子、电力、石化和特定机械工业，贷款利率一直压低到6.5%，而一般放款利率则为8.2%～8.7%；另一方面，采取税收政策加以扶持，如采用法人所得税低税政策和政策减税——租税特别措施，1952～1966年，法人税率从42%降到25%，由于大企业、企业集团主要是重化工业，所以低税政策对于重化工业具有很大的鼓励作用。另外，在设备投资和企业合并等方面如能按照政府意图行事，政府将给予低息、减税或免税的优惠。三家旧财阀集团的重新聚合，三家银行系列集团的兴起以及垂直式企业集团的发展都曾得到政府的默许和支持。如1971年，在得到大藏省的认可后，第一银行与劝业银行才得以合并，合并后的第一劝业银行成为世界上最大的银行。

日本政府很重视发挥企业集团的作用。如通产省在制定政策前，经常通过各种审议会的方式，听取企业集团和大企业的意见和要求，弥补政府部门在专业知识方面的不足，调节各方面的利害关系，并以此作为联结纽带来加强官民之间的信息交流，使政策不脱离实际，尽量符合企业集团和其他企业的意愿，最终通过企业集团和企业来实施、实现政府的产业政策，增强日本企业在国际市场上的竞争力。通产省鼓励八幡公司与富士公司合并组成新日铁公司就是一例。

二、通过制定法律法规，规范企业集团的竞争行为

市场经济国家普遍重视形成以竞争为基础的市场环境，并认为这是保证市场机制充分发挥资源合理配置功能的必要条件。垄断的产生使得企业谋求垄断地位制定垄断价格以攫取高额垄断利润，使资源配置向垄断组织和垄断集团倾斜，从而最终导致“市场失灵”。同时，垄断力量的存在使垄断企业产生价格共谋，价格领导、欺骗性定价、掠夺性定价等特殊价格行为影响了合理竞争的开展。鉴于此，为维护正常的市场竞争秩序，保证公正交易，各主要市场经济国家纷纷制定反托拉斯法，反垄断、反不正当竞争及限制性商业做法，对有垄断倾向的企业集团、大公司进行限制。在日本限制的主要内容包括：一是禁止已成立的公司成为持股公司，也禁止成立持股公司。持股公司是指没有经营业务，只是通过持有股票以控制国内公司的业务活动为主要事业的公司。二是对大型公司持有股票总额进行限制。对注册资金在 100 亿日元以上或纯资产在 300 亿日元以上的大型公司（金融机构除外），规定其持有国内其他公司股票的金额不能超过本公司的纯资产额（政府出资的国家政策性公司除外）。三是对公司股票持有作出必要的限制。如果公司持有国内公司的股票，实质上已限制了竞争时，那么这种股票持有将受到禁止。四是对金融机构持有股票进行限制。由于银行作为资金的贷出方对融资对象有极强的影响力，因而规定其对国内公司的股票持有禁止超出 5%（保险公司为 10%）。五是对企业合并的限制。公司的合并如果在实质上限制了一定交易领域的竞争时，将受到禁止。为保证反垄断法的有效实施，日本于 1947 年设立了直属总理府的公正交易委员会，该委员会可调查各种违法行为，并可对违法者提出劝告或罚款。如违法者不接受处理意见，可经过审判强制执行；如被审人不服，则由东京高等法院裁决。该委员会已对日本六大企业集团调查过 9 次，依法进行监督。

美国是最早通过立法来维护公平竞争、反对托拉斯即垄断的国家。在这方面有三部最重要的法律，即 1890 年国会通过的《谢尔曼反托拉斯法》、1914 年通过的《克莱顿法》和《联邦贸易委员会法》。《谢尔曼反托拉斯法》规定，两家或两家以上的公司共谋限制贸易如协议规定价格、限制产量等行为是违法的；《克莱顿法》规定，如果几家公司合并以后会成为一家垄断市场的公司，则这种合并或联合就是非法的。一旦企业违反了有关的反托拉斯法，政府就有权依法对其起诉，对违反者处以罚金或判刑，或者强制一家大垄断

企业分为若干较小的公司。为保证这些法律的实施，美国司法部设立了反托拉斯局，并根据《联邦贸易委员会法》，创立了联邦贸易委员会，它有权禁止不正当的竞争以及商业上的欺骗行为，包括禁止伪假广告和商标等。

继美国之后，德国于1909年颁布了《反对不正当竞争法》。1957年通过的《反对限制竞争法》是限制垄断、保护竞争的重要法律，被称为德国的"经济宪法"。法律原则上禁止成立卡特尔组织，并严格规定在生产和价格方面的默契和协议是违法的。单个企业或通过兼并建立的联合企业销售收入超过市场容量的一定比例时，联邦卡特尔局有权否决登记申请或宣布为占有市场而达成的协议无效。

与日、美、德、法、英等发达国家的情况有所不同，亚洲"四小龙"的中小企业发展较为普遍，为了增强本国或地区中小企业在外向型经济活动中的竞争力，避免过度竞争，因而都没有制定反托拉斯法，反而积极培育行业组织，发挥其中介作用，促进企业集团的发展。